인생은
어떻게 작동되는가

인생은
어떻게 작동되는가

우리 인생에는,
그만의 작동법과 전개방식이 따로 있다

The adult years

프레데릭 M. 허드슨 | 김경숙 옮김

사이

다시, 인생을 발견하기

내가 아홉 살이던 8월의 어느 날, 잠에서 깨어난 나는 공포에 휩싸였다. 눈동자를 제외하고는 몸의 어느 한 부분도 꼼짝할 수가 없었다. 온몸의 근육이 얼어붙은 것 같았고 목소리도 나오지 않았다. 전날 저녁에 말도 하고 팔다리를 흔들며 멀쩡히 걸어서 잠자리에 들어갔는데 다음날 아침에 잠에서 깨어보니 사지가 마비된 것이다. 어떻게든 움직여 보려고 필사적으로 노력해도 팔다리는 내 의지대로 움직여 주지 않았고 목과 턱은 바위처럼 완고했다. 나는 당황한 나머지 숨을 몰아쉬었다. 온몸이 안 아픈 데가 없었다. 당시에는 소아마비라는 질병이 예방약도 없고 이렇다 할 치료제도 없는 무서운 병이었다. 그 병에 걸린 많은 사람들이 목숨을 잃었고 용케 살아난 사람들은 평생 휠체어나 목발에 의지해 살아야 했다.

그 후의 기억은, 뉴욕 주 북부의 우리 집에서 50킬로미터쯤 떨어진 시러큐스의 병원으로 부모님이 나를 데려가는 동안 아버지의 낡은 승용차 뒷좌석에 누워 있었던 거였다. 병원까지 가는 길은 믿을 수 없을 만큼 고통스러웠다. 내 평생 그렇게 많이 아파보긴 처음이었다. 전에는 한 번도 느껴본 적 없는 무력감과 공포가 온몸을 휘감았다. 나는 어떻게 되는 걸까? 곧 죽게 되는 걸까? 이게 내 마지막 여행이 되는 걸까? 다시는 집에 돌아가지도 못하고 가족들 얼굴도 볼 수 없게 되는 걸까? 나는 앞으로 얼마나 더 참아낼 수 있을까? 그날은 마치 귀를 찢는 사이렌 소리나 번쩍 하는 빨간 불빛처럼 아직도 내 기억 속에 선명하게 남아 있다. 나는 며칠, 몇 주 혹은 몇 달밖에 남지 않은 인생을 마감하기 위해 지금 가족들 곁을 떠나 다른 곳으로 가고 있는 거라는 느낌이 들었다.

그들은 나를 격리병동의 딱딱한 침대(베개도 없는)에 눕혔다. 나는 깨어 있는 시간에는 완전히 무력감에 빠져 멀거니 천장만 바라보았다. 그것밖엔 달리 할 일이 없었다. 주로 내가 받은 치료는 뜨거운 찜질로, 밤이고 낮이고 수시로 찜질을 받느라 살갗은 익어버릴 것만 같았다. 젖은 양털을 태우는 듯한 냄새도 났다. 아마 그 냄새는 죽을 때까지 결코 잊지 못할 것이다.

미로 속에서 인생을 발견하는 법

—

이름이 수전이라고 하는 지혜로운 간호사가 당시에 나와 많은 시간을 함께 있어 주었다. 그녀는 조용하고 상냥한 사람이어서 나를 자주 찾아주고 많은 이야기를 해주었다. 그녀가 주로 했던 이야기는 이런 것이었다.

"네 미래는 말이다, 프레데릭, 저 천장에 숨겨져 있단다. 아주 뚫어져라 쳐다보면 찾을 수 있을 거야. 어른이 되어서 네가 뭘 하고 있을지 찾아보렴. 저기 천장에 그게 다 있단다. 넌 육상선수가 될까 아니면 테니스선수나 과학자가 될래? 여행가가 되어 먼 나라들을 두루 돌아다니는 건 어떨까? 대학에 가서 뭔가 특별한 사람이 되어 있을까? 결혼을 해서 가정을 꾸릴 수도 있겠지? 프레데릭, 천장을 열심히 바라보고 연구해 보렴. 네가 네 미래를 보는 순간, 그것이 현실로 이루어지기 시작할 거야!"

그 후 움직일 수 없는 몸 위로 펼쳐진 천장의 미로 속에서 미래를 찾으며 나는 몇 시간, 아니 며칠, 몇 달을 보냈다. 천장에는 회벽의 갈라진 틈이 있었고 얼룩들과 더불어 어지러운 무늬들이 널려 있었다. 내가 천장에서 맨 처음 보았던 환상은 내가 달리고, 놀고, 다시 활발해지는 것이었다. 얼마 후에는 눈을 들어 천장에 시선을 두기만

해도 활기차게 숲속을 누비는 내 모습이 보이곤 했다. 그 뒤엔 친구들과 어울리고, 나무를 기어오르고, 다시 환하게 웃는 내가 보였다. 나는 몇 분이고 천장을 바라보다가 내가 대학에 가고 언젠가 남편이 되고 아빠가 되는 모습을 그려보았다. 그러다가 의사가 된 모습을 상상하기도 했다.

수전은 천장에 내 모습을 그려보는 일을 계속하다 보면 머잖아 내 몸이 다시 움직이게 될 것이고 내가 그렸던 모든 일들이 실제로 일어나기 시작할 거라는 확신을 주었다. 나는 정말이지 그녀의 말을 믿어 의심치 않았다. 내 몸에서 움직일 수 있는 부분이라고는 눈동자밖에 없다는 것을 알고 그녀는 내 방으로 영사기를 가져와 천장에 비추면서 내가 미래를 상상하는 동안 동영상으로 된 이야기와 그림들을 보여주었다. 그녀는 나를 위해 체스판을 천장에 영사기로 비추어놓고 체스 게임을 하는 방법을 가르쳐주면서 내가 무엇을 좋아하는지를 직관적으로 알아냈다. 그녀는 머리 위의 여러 문양들에서 인생을 발견하는 법을 가르쳐주면서 책을 읽어주기도 했다. 또한 음악도 들려주었는데, 나는 그 전까지 한 번도 경험해 보지 못했던 소리의 세계가 내 앞에 펼쳐지는 것을 느꼈다.

소아마비에 걸리기 이전의 나는 공부를 썩 잘하는 학생은 아니었다. 부모님은 힘든 세상에서 살아남기 위해 발버둥치셨고 나는 한 살 위인 형과 한 살 아래인 여동생 사이에 어중간하게 낀 신세였다. 삶은 끊임없는 쟁탈전이었다. 하지만 절망적인 몸 상태로 병원에서 몇 달을 지내는 동안 내가 가진 거라곤 시간뿐이었고 나는 가능하다면 뭐든지 다 배우고 싶었다. 그리고 내가 될 수 있는 것은 무엇이든 다 되고 싶었다. 그리고 이상한 일이지만, 나는 천장에 그려보았던 꿈들이 실제로 이루어질 거라고 믿었다. 내가 상상했던 모든 일들이 가능해 보였다. 그리고 내가 거기서 더 잃을 게 무어란 말인가.

어디로 가야 할지 아는 사람이 되다
—

그러던 어느 날 내가 천장 회벽의 갈라진 틈을 따라서 넋을 놓고 숲길을 걷고 있는 상상을 하던 그 순간, 왼쪽 발가락이 살짝 움직여졌다. 별것 아닐지 모르지만 그것은 나에게 〈모든 것〉이었다. 내가 발가락을 조금이나마 움직일 수 있게 된 것이다. 회진을 하던 수전은 이것이 나의 미래가 활짝 피어나기 시작한 증거라고 힘주어 말했다. 단지 병이 낫고 건강을 되찾는 것뿐 아니라 내 꿈이 실현되고 있는 거라고 그녀는 말했다.

"이제 컨디션이 좋아졌으니 다리를 움직이는 연습을 해야 해. 그러면 곧 걸을 수 있게 되고 그 다음엔 뛸 수도 있을 거야. 네가 훌륭한 달리기 선수가 될 수 있도록 우리가 도와줄게."

수전은 내 발가락에 실을 매어서 내가 그녀를 부르고 싶을 때 종을 울릴 수 있게 해주었고, 나는 다른 간호사들이 불평을 할 만큼 시끄럽게 종을 울려댔던 것을 지금도 기억한다.

　내가 어느 정도 다리를 움직일 수 있게 되자 수전은 끈을 내 다리에 걸어 매고 사방에 도르래를 설치한 다음 내가 다리로 문과 창문을 열었다 닫았다 할 수 있게 해주었다. 머잖아 내 방은 마치 체육관처럼 보였고 나는 그곳을 떠날 생각이 전혀 없었다. 이곳은 내게 배움의 중심이었고, 내가 꿈꾸는 그 모든 것이 될 수 있는 기회의 장이었다. 목과 가슴 윗부분을 움직이는 일은 맨 마지막에 가서야 겨우 조금 가능해졌다. 비록 아직도 턱을 가슴에 대는 건 제대로 안 되지만 그 회복 기간 동안 내가 배우고 경험했던 그 모든 것들에 대해 나는 늘 고맙게 생각한다. 이제 나는 걸을 수 있고 테니스를 칠 수도 있으며, 이렇다 할 불편 없이 잘 살아가고 있다.

　내가 한 일들 중에 가장 어려웠던 게 있다면 그건 그 병원을 떠나는 것이었다. 친척아저씨의 농장으로 가기 위해 휠체어를 밀고 병원문을 나서면서 나는 괴로운 마음에 눈물을 흘렸다. 나는 농장에서 지내면서 걷는 연습을 했다. 그나마 나의 외로움을 덜어준 사람은 매일같이 정확한 시간에 나를 찾아와 주었던 정형외과 간호사였다. 하지만 그녀는 수전이 내게 주었던 가르침 같은 것은 전혀 없이 오직 걷는 연습만을 시켜주었다. 내가 다시 걸을 수 있기까지는 몇 달이 걸렸다. 그제야 비로소 나는 가족이라는 시스템 속으로 복귀했고, 내가 어디로 가야 할지를 아는 사람이 되어 전에 다니던 학교로 돌아갔다. 이제 내게는 할 일이 있었고, 인생의 목표가 있었다.

무기력하고 무력감에 빠졌을 때,
다시 시작하는 법을 배우다

—

하지만 내 인생의 행로를 놓고 고심하며 치열하게 노력했던 중년기까지도 나는 그때 수전이 내게 가르쳐주었던 것이 무엇이었는지 완벽히 이해하지 못했다. 당시 나는 컬럼비아 대학에서 박사학위를 마치고 전문가의 반열에 진입했고 결혼을 해서 한 여자의 남편이자 아이들의 아빠가 되어 있었다. 하지만 내 젊음이 소진되었다고 느끼던 40대 초반에 이미 나는 인생이 끝났다고 생각했다. 그때 나는 꿈이 바닥나 있었다. 어떻게 살아야 하는 건지도 모르겠고, 다시 내 삶을 활기차게 만드는 법도 알지 못했다. 그냥 무기력했다. 누군가에게 위로받고 싶었지만 아무도 내 마음을 알아주지 않는 것 같았다. 점점 나이 들어가는 흔적을 보여주는 변화 때문에 거울을 보고 싶은 마음도 생기지 않았다. 그냥 이런 식으로 내 남은 삶이 지나간다는 것이 서글펐다. 그러다 영혼을 탐색하는 오랜 방랑과 혼돈 끝에 나는 그 옛날 수전에게 배웠던 것들, 그러니까 꿈을 꿀 줄 알고 자신의 미래를 책임질 줄 아는 사람으로 돌아갔다. 중년에 이르러서야 나는 머리 위에 펼쳐진 하늘을 바라보게 되었고, 다시 시작하는 법을 고통스럽게 배울 수 있게 되었다. 그렇게 나이가 들어서야 나는 새로운 가능성의 세계를 발견하게 되었다.

수전에게 감사를 바친다. 그녀는 내게 꽤나 강력한 교훈을 주었다. 그것은 내 삶이 어떤 식으로 전개되는지 지켜보는 것, 내 꿈을 믿는 것, 자신의 인생행로에 책임감을 갖는 것, 배우고 배운 것을 지우고 다시 배우는 법을 배우는 것이었다.

이 책은 우리 시대에 삶의 경험들로 인해 무력감에 빠진 사람들에게 내가 그동안 받은 호의를 돌려주기 위한 나의 노력이다.

우리 인생은
어떤 모양으로 전개되는가

우리는 인생이
어떻게 작동되는지 아직 배우지 못했다

—

대부분의 성인들은 40세에서 100세까지 자신들 앞에 펼쳐진 영토에 대해 아는 것이 거의 없다. 그 시기에 대해 그들이 갖는 기대에는 현실성이 결여되어 있으며, 그래서 그들은 종종 실망감에 빠진다. 이미 그들의 꿈은 바닥났고, 새로운 꿈을 품을 능력도 없다. 일부는 평생을 함께할 배우자, 교육, 직업에 대해 젊은 시절에 내렸던 결정이나 선택에 발목이 잡힌 듯한 기분에 사로잡히기도 한다.

대부분의 사람들이 전혀 연습되지 않은, 인생이라는 긴 여행의 도중에 길을 잃어버린다. 그래서 그 긴 여정 동안 자신의 인생이 어떻게 작동되는지도 모른다. 우리 사회의 대다수 성인들은 자신의 인생을 작동시키는 방법도 아직 배우지 못하고 있는 것이다. 하지만 21세기에는 개인의 삶이 더 복잡해지고 더 취약해질 것이며, 그렇기 때문에 더욱 한 해 한 해 하루하루 의식적으로 신중하게 자신이 추구하는 대로 인생을 작동시킬 수 있는 삶의 기술을 터득해 나가야 한다.

하지만 좋은 의도를 갖고 열심히 노력하는 것만으로는 지속적인 행복과 성공을 보장받기는 힘들다. 오늘날은 성인들이 살아가는 데 필수적인 인적 능력과 더불어 인생이라는 긴 여정에 대한 〈여행 지도〉가 필요하다. 〈성인의 발달adult development〉이라는 분야는 수많은 정보를 생산해 냈지만 어떻게 하면 성인들이 지속적으로 자기쇄신self-renewal의 삶을 영위할 수 있는지, 어떻게 성인의 인생이 작동되는지에 대한 실용적인 지식은 거의 없는 실정이다. 현재 성인기 인생adult life에 대한 풍부한 조사와 탐구가 이루어지고 있긴 하지만 성인들이 어떻게 자신의 인생을 설계하고 쇄신하고 관리해야 하는지에 대한 값진 지혜는 아직 부족하다.

이 책의 집필 의도는 성인들에게 우리의 인생이 어떻게 작동되는가에 대한 지침과 지혜를 함께 제공하기 위함이다. 따라서 이 책에서 우리는 오늘날의 성인들이 인생의 항로를 확립하고, 영속성 있는 인생의 구획들을 세우고, 인생과 커리어의 변화와 전환을 관리하고, 평생에 걸친 배움과 훈련에 열중하고, 반작용적인 삶보다는 미리 예상하고 앞지르는 삶을 살고, 자기쇄신의 기술을 익히고 더불어 이 세상의 쇄신에 기여할 수 있는 방법들을 탐구하게 될 것이다. 그로 인해 성인의 인생이 작동되는 원리를 터득해 그 속에서 자신의 인생을 쇄신시키는 법을 깨닫게 될 것이다.

이 책의 가장 두드러진 주제는 오늘날의 성인들은 지속적으로 자신의 삶을 쇄신할 수 있다는 것이다. 존 W. 가드너는 이 문제에 대해 다음과 같이 기술한 바 있다. 사실 자기쇄신에 대한 그의 저술들은 내가 이 책을 집필하는 데 큰 영감을 주었다.

"우리는 남자든 여자든 나이가 중년에 접어들었다고 해서 정신과 육체가 무감각 상태에 빠질 필요는 없다는 것을 알고 있다. 우리는 그렇게 일찍부터 젊음의 탄력성을 포기하거나 배우고 성장할 능력을 놓아 버릴 필요가 없다. 자기쇄신은 언제 어느 때든 얼마든지 가능하다!"

내가 사람들과 함께 일하는 과정에서 반복적으로 듣게 되는 중심적인 질문이 한 가지 있다. 더 이상 절대적인 것이 없는 세상에서 자신이 과연 무엇을 의지할 수 있느냐 하는 것이다. 이 책은 그 질문에 대한 몇 가지 해답을 제시해 준다. 21세기에 어떻게 하면 자신 있게 자기 인생을 계획할 수 있는지 그 방법을 아는 사람은 얼마 되지 않는다. 하지만 성인들이 자기 삶에서 일어나는 변화의 과정을 알게 되면 가족과 직장, 사회를 일신하는 새로운 방법들도 발견할 수 있을 거라는 것이 이 책의 주제다.

이 책의 집필 의도는 또한 인생의 주기 동안 우리에게 힘을 부여하는 기술과 능력이 어떤 것인지를 알아보고자 함이다. 이 책은 성인기adulthood[1]라는 광대한 영역의 지도를 살피고, 21세기에 그들이 20세부터 100세까지 어떻게 하면 활력적으로 자신의 인생을 작동시킬 수 있는지에 대한 기본적인 골격을 제시해 준다. 이 책을 읽음으로써 당신은 변화의 과정에서 현재 자신의 인생이 어디에 위치하며, 개인적으로나 사회적으로 만족스러운 미래를 설계하기 위해서는 어떤 능력이 꼭 필요한지를 파악할 수 있을 것이다.

노란 벽돌길이 머지않아
끝나버릴 것을 두려워하는 사람들을 위해

—

이 책은 미래에 자신의 잠재능력과 가능성을 검토해 보고자 하는 사람들, 새로운 배움과 훈련을 통해 성인기 여정에 대해 좀 더 많은 것을 알고자 하는 사람들을 위한 것이다. 이들은 대개 열심히 일하고, 바쁘게 살고, 자원봉사를 지속적으로 하며, 수입을 관리하고, 종종

---

[1] 인간 발육의 최종기인 청년기에 이어서 심신의 발육을 마치고 어른이 된 시기를 말한다. 성인이란 성장, 발달을 완수하고 다른 사람들과 같이 사회에서의 그의 위치와 책임을 수행하고 있는 개인을 일컫는다. 성인기는 대체로 18-60세까지로 확장되나 성인 전기(18-40세), 성인 중기(40-60세), 성인 후기(노년기, 60세~사망)로 구분하기도 한다.

취미와 여가생활을 즐기고, 그러면서 동시에 노란 벽돌길[2]이 언젠가 머지않은 미래에 끝나버릴 것을 두려워하는 사람들이다. 이들은 겉으로 보기에는 매우 성공적이지만 개인적이고 자율적인 삶을 개발하지는 못한 사람들이다. 이미 성인기로 접어든 지 꽤 되어서 한편으로는 자신들이 성공했다고 느끼면서도 다른 한편으로는 아무 능력이 없다고 느끼는 것이다. 그들은 삶을 꾸려가느라 바쁘면서도 제대로 된 삶을 살지 못하고 있다. 그들은 삶의 조건에 대해, 그리고 그것이 자신들의 미래에 미칠 영향에 대해 진지하게 고민하면서도 무엇을 어떻게 해야 하는지는 알지 못한다. 또는 자신의 삶과 우선순위를 재조정하기를 원하면서도 그 방법을 모르는 사람들일 수 있다. 혹은 길을 찾고 있는 사람들 중에 일부는 일상에 갇혀 옴짝달싹하지 못한 채 권태로움을 느끼거나 실망에 빠졌을 수도 있다. 이들의 공통점은 우리 사회에서 악전고투하면서 개인적인 꿈을 이룰 방법들을 찾고 있다는 것이다. 이들은 바로 자신의 인생 작동법을 찾고 있는 것이다. 이 책은 바로 이런 사람들을 위한 것이다.

---

2 『오즈의 마법사』에서 도로시가 따라가던 길이다. 도로시와 양철 나무꾼, 허수아비, 사자는 각자 원하는 것을 얻고자 에메랄드 시를 향해 노란 벽돌길을 따라가는데 이 길은 〈희망을 찾아 떠나는 긴 여정〉을 의미한다.

이 책의 구성

—

우리 시대에 부상하고 있는 성인들에 초점을 맞추고 있는 1장은 가속화하고 있는 〈변화〉가 한편으로는 그들을 사회적, 문화적 속박으로부터 자유롭게 풀어주고 개인적으로나 직업적으로도 새로운 기회를 제공하는 반면에, 또 한편으로는 개인들을 혼란스럽게 하고 곤경에 가두어 버리는 역설에 대해 다룬다. 그래서 이 장에서는 나이 마흔이 넘은 성인이 되었는데도 삶에 대한 혼란과 방황이 끝나지 않는 이유 5가지를 살펴본다.

2장에서는 21세기에 새롭게 등장한 〈신품종 성인〉들이 변화의 한복판에서 맞고 있는 지금의 기회를 새로운 도전의 시기라고 결론지으면서, 과거와 달리 현재의 성인기 인생에 새로운 이정표 역할을 해줄 6가지 사실을 살펴보고 있다.

3장은 성인기 인생을 이해하는 두 가지 방식인 〈직선형 인생linear life〉과 〈순환형 인생cyclical life〉에 대해 살펴본다. 산업혁명 이래 우리는 성인의 삶을 직선형으로 인식해 왔는데 이는 잘못된 시각이다. 세상은 계속해서 변해 왔지만 인생을 바라보는 시각은 여전히 변하지 않고 있는데, 오늘날의 성인들의 삶을 제대로 이해하려면 인생이 작동하는 방식을 순환형으로 이해하는 근본적인 인식의 변화가 필요하다. 〈직선형 인생〉은 성인의 삶이란 〈사회적 시간표〉에 따라 규범적이고 관례적인 틀에 의해 움직이며 앞을 향해 일직선으로 쭉 나아가는 것이라고 본다.

반면 〈순환형 인생〉은 인생에는 오르내림이 있고 시작이 있으면 끝이 있고 좋을 때가 있으면 궂을 때가 있는 것으로, 결국 성인의 삶이란 안정기와 혼란기가 동시에 존재하는 과정 속에서 이러한 패턴이 원을 그리듯 계속해서 반복적으로 순환하는 것이라고 본다. 20세기 중후반까지는 직선형 인생이 성공적으로 우리에게 동기를 부여했지만, 요즘과 같은 급격한 변화의 시기에는 순환형 인생이라는 시각을 통해 삶의 절정과 나락, 축복과 저주 모두를 귀하게 여기며 그 모든 상황 속에서 의미와 가치를 추구하고 새로운 성장 가능성을 찾을 줄 알아야 한다.

이 장에서는 〈변화의 주기cycle of change〉와 〈인생의 주기life cycle〉, 이 두 종류의 주기가 성인의 인생 작동에 중요한 개념으로 소개된다. 이 책에서 계속 언급되는 〈변화의 주기〉란 성인기 인생에서 끊임없이 진행되며 반복되는 변화의 패턴을 말하는데, 이 주기 안에서 성인들은 인생의 굵직굵직한 구획들과 인생의 전환기를 통과하며 나아간다. 또한 〈인생의 주기〉는 인간이면 누구나 경험하게 되는 탄생에서 죽음까지의 여정을 말하는데, 20대부터 90대까지의 성인기를 관통하는 인생의 주기에는 몇 가지 패턴이 있다.

4장부터 8장까지는 20세부터 100세까지 10년 단위로 성인기 인생을 나눠 살펴보고 있다. 여기서는 인생 주기의 각 지점에서 성인들이 어떻게 인생의 목적을 재정의하는지가 중요한 주제로 다루어진다. 나이가 들면서 기본적인 가치의 우선순위가 재조정되는 동안 우리가 삶의 의미를 어떤 식으로 재정의하는지를 살펴본다. 5장에서는 인생을 실험하는 20대와 성공과 출세를 준비하는 30대의 삶을 살펴보면서 우리가 인생의 이 시기에 갖는 중심적 이슈들을 사례들을 통해 살펴본다. 6장은 인생의 재평가가 시작되는 40대와 인생을 즐길 줄 알게 되는 50대가 어떻게 인생의 목적을 표현하는지, 그리고 자기의존과 상호의존이 이 시기에 중요한 이슈가 되는 과정을 설명한다. 7장에서는 인생을 재설계하는 60대와 잃은 것도 많지만 남은 것도 많은 70대의 삶을, 8장에서는 가만히 앉아서 죽음을 기다리지만은 않는 80대와 90대에 나타나는 삶의 연속성과 변화를 간략히 살펴보고, 노화가 점점 더 두드러지게 진행되는 그 순간에도 성인기 삶이 계속해서 새로운 방향을 찾아가면서 고결함을 유지할 수 있는 비결을 제시한다.

9장부터 11장까지는 우리 삶에서 지속적으로 진행되는 변화의 주기를 해석하고 그 주기 속에서 인생의 구획과 인생의 전환이 진행되는 과정, 그리고 그것을 용이하게 해줄 특별한 기술들에 대해서 설명한다. 9장에서는 성인의 인생에서 변화의 주기가 네 단계로 나뉘어 반복되는 과정을 설명하고 있다. 각 단계에서 성인들이 어떻게 특정 인생 구획을 만들어 나가고 또 힘겹게 그 구획에서 빠져나와 미지의 길로 향하는 인생의 전환기를 맞게 되는지 그 과정을 살펴보고 있다. 특히 이 장에서 등장하는 다이어그램은 인생에서 변화의 주기가 어떻게 움직이는지를 보여준다.

10장에서는 새로운 〈인생의 구획〉을 성공적으로 작동시키기 위해 단계적으로 필요한 7가지 삶의 기술들을 제시한다. 또한 어떻게 강력한 성인기 인생 구획들을 구축하고 그것을 마무리할 것인지를 설명하면서, 사람들이 문제에 봉착한 인생 구획을 대개 어떤 식으로 빠져나오고 재건하는지를 기술하고 있다. 11장에서는 특정 인생 구획이 제대로 작동하지 않을 때, 그리고 그것을 교정하거나 재건하는 것도 불가능할 때 일어나는 〈인생의 전환기〉에 대해 분석한다. 인생의 전환이란 무엇이며 그것이 왜 필요한지, 그리고 인생의 전환기를 성공적으로 통과하기 위해 필요한 3가지 삶의 기술은 무엇인지 등을 살펴본다. 하나의 인생 구획에서 벗어나 자신 안에 고치를 짓고 들어앉는 복잡한 과정을 통해 어떻게 자기치유가 진행되는지도 이 장을 통해 알 수 있을 것이다.

마지막으로 12장에서는 자기쇄신을 끊임없이 이루어내는 성인들의 특성을 간략히 보여주고 우리의 인생을 제대로 작동시키기 위해서는 어떻게 자기쇄신을 이루어야 하는지 설명하고 있다.

인생을 제대로 작동시키기 위한 삶의 기술

—

로버트 리프턴은 『깨어진 연결고리*The Broken Connection*』라는 책에서 이렇게 말한다.

"40년 혹은 그 이상의 분투로 노련해진 사람들만 가질 수 있는 생명력에는 어떤 특징이 있다. 이 단계의 생명력은 특히 심오하다."

이 책은 주로 〈성인기 발달〉을 30년간 가르쳐온 나의 경험에서 나온 것이다. 뿐만 아니라 기업체, 정부기관, 종교단체, 교육기관, 그리고 전국적 세미나를 포함해 다양한 환경에서 성인들을 대상으로 훈련해온 내용을 토대로 하고 있다. 성인기 발달의 영역에서 가장 어려운 문제는, 대부분의 행동과학이나 사회과학이 그렇듯이, 방법론에 관한 것이다. 성인들을 어떻게 객관적으로 연구할 수 있을까? 성인기에 나타나는 현상들을 조사한다는 것은 마치 움직이는 목표물을 연구하는 것과 같다. 거기에는 유전적 특징, 개인적인 라이프 사이클, 가족제도, 직장, 노화 과정, 정치 경제적 문제, 사회적 사건, 그리고 환경 조건이 모두 고려되어야 한다. 성인기 연구는 그래서 무척 복잡하다.

성인의 삶이 어떻게 진행되는지를 설명하기란 어렵다. 하지만 칼 융은 이 분야에 상당한 영향을 미쳤다. 그는 정신의학자로 교육을 받았지만 그의 기본적인 지향은 영적이고 신화적인 것이었다. 우리가 인생 초기에 거치는 성 심리적 단계들을 통해 우리 인생의 모양이 잡힌다고 보았던 프로이트와 달리, 그는 인생의 후반기를 특히 개인적 반성과 재평가, 영적 깨달음을 통해 엄청나게 성장하고 발전할 수 있는 시기라고 보았다. 그는 수많은 학자들에게 지대한 영향을 미쳤다. 나는 융 학파의 이론이, 특히 그가 인생 후반기 내적 자기의 성숙이라고 보았던 개별화individuation에 관한 이론이 중년기 이후의 성인들에 대해 많은 것을 말해 주고 있음을 발견했다.

성인기 발달이라는 분야는 연구가 시작된 지 고작 60년 남짓밖엔 안 되지만 21세기 전반의 인구통계학은 성인기의 이슈들이 개인뿐만 아니라 우리 사회의 임박한 변화에 적용되면서 이해되는 것이 긴급한 사회적 과제임을 보여주고 있다.

이 책이 할 수 있는 것은 성인들이 현재 그들이 살고 경험하고 있는 이 세상 속에서 자기 삶의 윤곽을 이해할 수 있도록 도와주는 것이다. 그럼으로써 자신의 인생을 훌륭히 작동시킬 수 있는 삶의 기술을 얻도록 돕는 것이다. 미래는 우리가 요청했던 것보다 더 많은 자유를, 그리고 우리가 원했던 것보다 더 큰 복잡성을 우리에게 안겨줄 것이다. 우리가 가진 것은 이것뿐이다. 하지만 우리들 대부분이 추구하고 감수하는, 운명을 훨씬 뛰어넘는 인생의 행로를 만들어가기엔 이것만으로도 충분하다.

1

다 자란 성인이 되었는데도
왜 내 삶은 이렇게 혼란스러운 걸까

성인으로서의 책임감과 외로움에 준비되어 있는 사람은 없다.
풋풋한 젊은 시절을 내어주고 어른의 삶으로 접어들었다고 해서
나팔을 불며 신나서 떠벌리는 사람은 거의 없다.
성인의 삶이란 경계선도 구분도 없이 그저 길게 이어진 끈과 같다.
그러니, 길을 잃어버리기 딱 좋다.

허둥지둥 성인의 삶으로 진입한 사람들

—

우리 사회는 성인기를 재설계하는 길잡이 역할을 제대로 해오지 못했다. 우리가 성인으로 보내는 5, 60년 세월의 주인 노릇을 제대로 하기 위해서는 지금도 그 지형이 계속해서 변화하고 있는 인생의 봉우리(전성기)와 골짜기(침체기)를 어떻게 통과하며 삶을 헤쳐 나가야 하는지 알아야만 한다. 이전 세대와 비교해볼 때 우리의 성인기 삶에 대한 전망은 사회적 압력으로부터는 좀 더 자유로워졌지만 개인적으로는 더 복잡하고, 더 예측하기 어렵고, 더 혼란스러워졌다.

문제는 많은 사람들이 상황의 긴박함을 느끼지 못한다는 데 있다. 그들은 중년 이후 새로이 얻은 개인적 자유를 사랑하지만 동시에 사회적 보호막과 안전장치가 상실된 것을 원망한다. 그래서 능력을 갖춘 수많은 성인들이 미래에 대한 꿈을 갖는 대신 자신을 상처받기 쉬운 약한 존재라고 생각하고, 스스로를 힘 있는 존재로 보기보다 〈갇힌 존재〉라고 여긴다. 그들은 자신이 현재 답보상태이거나 혹은 내리막길로 접어들었다고 느낀다. 삶이 갖는 복잡성은 그들에게 새로운 자유와 선택권이 주어지는 바로 그 순간, 그들을 가두어 버린다. 개인적인 선택권이 확장되는 바로 그 순간, 성인들의 삶은 좀 더 문제점이 많아지고 불확실해진다. 이렇게 되면 그들이 미래를 계획할 가능성은 희박해진다. 다음의 상황을 보자.

톰은 자신이 딜레마에 빠졌음을 느낀다.

"정부에서 그동안 내가 해왔던 일은 간단히 포기할 수도 없고 그러고 싶지도 않은 혜택들을 내게 줍니다. 은퇴, 의료보험, 연금, 여유 시간 그리고 풍족한 휴가. 앞으로 7년 정도면 내가 받을 혜택이 최고조에 달할 거예요. 이런 혜택을 포기하고 직업을 바꾸는 모험을 하고 싶지는 않아요. 〈금으로 만들어진 수갑〉이 나의 미래를 지배하고 있는 셈이죠. 나는 한편으로 그것이 증오스러워요."

짐은 직장에서만 마음이 편하다. 짐은 엔지니어로서 자신의 일을 사랑한다. 하지만 그의 가정생활은 재앙 수준이다. 사람들은 그를 일중독자라 부르지만 사실 짐은 일터가 아닌 다른 곳에서는 마음이 편하지도 않고, 의욕도 없고, 아무런 보람을 느끼지도 못한다.

수전은 어쩐 일인지 자신이 항로를 벗어났다고 느낀다.

"저는 능력 있는 변호사이지만 그런 것이 이제는 더 이상 별 의미가 없어요. 아등바등 일만 해온 삶이 무슨 의미가 있나 싶어요. 저는 서른여덟 살이고 결혼생활과 아이들에게 좀 더 신경을 썼어야 했다는 생각이 들어요."

로드니는 조용한 공포 속에 살고 있다. 믿었던 직장에서 정리해고를 당한 후 로드니는 밀려들어오는 상실감에 하루하루를 힘겹게 살아가고 있다. 그에겐 남아 있는 미래가 두렵게 다가온다.

"어떤 미래도 없을지 모르는 상황에서 제게 어떻게 인생을 설계할 수 있겠습니까?"

음악가인 랄프는 에너지가 폭발했던 때를 기억한다. "그땐 아무것도 저를 막을 수 없었어요. 그것이 무엇이었는지는 몰라도 지금은 그것을 잃어버렸어요. 제게 필요한 것은 열정을 되찾는 것이고 새로운 모험을 시도하는 거예요. 그런데 그게 가능하기는 할까요?"

과거 어느 시점엔가 허둥지둥 성인기로 접어든 사람들이 예전엔 미처 예상하지 못했던 삶의 복잡성과 급속한 변화들로 인해 곤경에 빠져버린 자신을 발견하게 되면서 오늘날 이런 상황은 어디서나 볼 수 있을 정도로 흔해졌다. 이렇게 되는 데는 다음에서 살펴보는 바와 같이 적어도 5가지 이유가 있다.

다 자란 성인이 되었는데도
혼란과 방황이 끝나지 않는 이유는 무얼까?
—

첫째, 과거의 결정들 속에 갇혀 있기 때문이다

우리는 누구나 대단한 열광을 받으며 성인기로 안내되지만 그 긴 여정에 앞서 제대로 준비가 된 사람은 별로 없다. "이제 나 자신으로 살 수 있는 자유가 마음에 들어요." 중년 나이의 누군가가 불쑥 말한다. "하지만 어떻게 해야 나를 실현할 수 있는지 이젠 그 방법을 모르겠네요." 풋풋한 젊은 시절을 내어주고 대신에 성인의 삶으로 접어들었다고 해서 나팔을 불며 신나서 떠벌리는 사람은 거의 없다. 그것은 어딘가에 도착하는 것이라기보다 끝나는 것처럼 느껴진다. 성인기 삶이란 경계선도 구분도 없이 그저 하루하루, 한 해 한 해가 길게 이어진 끈과 같다. 그러니 길을 잃어버리기 딱 좋다.

　성인기 삶은 일련의 스냅사진으로 시작되고 그것은 이내 길고도 반복적인 영화의 형태를 띠게 된다. 이제 막 성인기로 접어든 젊은 이들은 일단 자기 인생에서 선택 가능한 것들을 분류하고 난 후에는 초기에 자신이 내린 인생의 결정들에 갇힌 기분을 종종 느낀다. 일부는 자신의 직업이나 가정생활에서 그들이 만들어 놓은 역할에 빠져 거기서 헤어 나오지 못하고 있다고 느끼기도 한다. 나이가 서른이 넘으면 당신은 이미 독자적으로 살아간 지 오래여서 가속페달을 밟으며 앞으로 나아가거나 혹은 성인기 초기에 내린 결정들의 역류에 휘말린다.

사람들은 직업에 대한 결정을 중심으로 초기 성인기의 삶을 만들어 가지만 그것은 10년 후에는 사리에 맞지 않을 수도 있고 바꾸기 어려울 수도 있다. 한 치과의사가 이렇게 말한다.

"내 나이 마흔이 넘으면, 이미 오래전에 흥미를 잃어버린 단순한 일상을 반복하면서 내 시간의 98퍼센트를 소모하고 있으리라는 것을 내가 치과의사가 되기로 결심했던 열여덟 살 때 어떻게 알 수 있었겠습니까? 그 열여덟 살 소년이 어떻게 지금의 내게 그런 짓을 할 수 있었겠어요?"

미용사인 로라는 일을 하러 나가는 것이 자신의 삶을 완벽한 것으로 만들어 주었던 때를 기억한다.

"이젠 이 일이 정말 짐스럽지만 너무 익숙해져 버렸어요. 이 일을 그만두고 어떻게 현재의 경제적 여유와 라이프스타일을 유지할 수 있을지도 모르겠고요."

인생의 어떤 문은 들어갈 수는 있어도 반대쪽에서는 열리지 않을 수도 있다. 성인기 삶의 어떤 지점에는 입구만 있고 출구는 없는 것처럼 보인다. 선택에는 결과가 따르고, 설령 시간이 아직은 우리 편이라고 할지라도 20대 혹은 30대의 젊은 꿈이 소진되면 삶은 진부한 일상, 망해버린 습관과 다름없게 되어버릴지도 모른다. 따라서 창조적인 성인기 인생은 새로운 꿈의 탄생과 새로운 도전에 대한 가능성, 그리고 위험을 감수할 줄 아는 흥분된 마음을 요구한다.

둘째, 젊은 시절의 기대가 우리를 배신하기 때문이다

오늘날의 성인들이 인생의 선택권에 대해 갖는 기대가 상승하고는 있지만 우리는 종종 꿈과 현실 사이에서 엄청난 거리감을 느낀다. 선택지가 늘어난 것은 사실이지만 현실적으로 선택할 수 있는 것은 그보다 훨씬 적다. 나이가 마흔쯤 되면 자신이 원했던 것은 갖지 못하고, 현재 가진 것은 자기가 바라지 않았거나 이해할 수 없는 것임을 너무나 많은 사람들이 깨닫게 된다. 비록 아직은 인생의 끝이 시야에 들어오진 않았지만 시작부의 끝에는 이미 도달했으며, 미래가 그 공백을 메워줄 수도 혹은 메워주지도 않을 거라는 느낌이 종종 든다.

젊은 시절의 기대가 그 이후의 경험과 일치하는 경우는 극히 드물다. 잘 해보겠다는 다짐으로 열심히 노력하는 사람들이 그렇게나 많아도 그들이 길을 잃고 방황하고 박탈감을 느끼거나 자신들이 가졌던 기대에 완전히 어긋나는 삶을 살게 되는 것은 놀랄 일이 아니다. 그렇다면 그들은 더 열심히 노력해야 할까, 아니면 기대를 낮추어야 할까? 그 외에 다른 대안은 없는 걸까?

많은 사람들이 성인기 초기에 획득한 안정과 아직 이루지 못한 꿈들 사이에서 균형을 찾는 방법을 생각하고 있다. 실현된 경험과 그렇지 않은 기대 사이의 분열이 성인기의 인생에 너무 오랫동안 극단적인 채로 남아 있으면 갈등이 빚어질 수밖에 없다. 만일 우리가 현실은 변변치 않은 데 비해 너무나 웅장한 기대를 갖고 있다면, 즉 현실에 비해 기대가 크다면, 그것은 우리를 만성적 실망으로 이끄는 공식이 된다. 그 반대는 특권을 박탈당한 성인들과 많은 젊은이들이 경험하고 있는, 현실에 비해 기대가 위축된 공식이다. 이것은 생존 문제가 너무 압도적인 데 비해 의욕은 낮은 상태를 가리킨다. 창조적인 성인기 삶을 위한 최적의 등식은 물론 기대와 현실이 어슷비슷한 것이며, 성인들은 그 속에서 이루지 못한 꿈과 자신이 획득한 자산 사이에서 균형을 찾아야 한다.

셋째, 사회가 우리를 보호해 주지 못하고 있기 때문이다

우리에게 새로운 것을 허락해 주고 성인기의 삶으로 나아가는 통로가 되어주었던 사회적 조건들이 이번에는 우리의 사회적 안정과 예측 가능성, 안전을 떨어뜨리기도 한다. 가정, 학교, 직업, 단체, 지역 사회, 국가라는 모호한 사회적 그릇 속에서 긴긴 성인기가 진행되는 동안 강하고 자신감이 넘치는 성인들이 지도자가 되어 방향타를 잡게 되는데, 오늘날의 세계에서 이는 갖추기 쉬운 요건이 아니다. 우리의 문화적 그릇은 그 자체가 극심한 변화를 겪으면서 많은 성인들로 하여금 그들이 선택하지도 않은 장기간의 방랑길을 정처 없이 떠돌게 한다.

성인기 삶의 사회적 환경은 예전에 비해 훨씬 안정적이지 못하다. 결혼도 이제 그다지 안정적인 것이 못 되고, 직업은 유동적이며, 경제적 안정은 유지하기가 쉽지 않다. 기업들은 격변의 한복판에 있고, 자연환경의 미래는 보잘것없으며, 경기의 순환은 예측 불가능하다. 정치적 혼란은 영원히 끝나지 않을 것처럼 보이는 것이 현재 지구촌의 현상이다. 우리는 이제 더 이상 우리의 미래가 발전하고 진보할 것이라거나 예측 가능할 거라고 믿지 않는다. 그래서 성인기 삶이 이러저러할 것이라는 우리의 생각도 변화하고 있다.

어지러운 변화가 일어나는 세계에서는, 과거에는 일직선으로 진행되었던 것이 원을 그리며 순환하는 것처럼 보인다. 전에는 안정적이라고 느꼈던 것들이 이제는 혼란스럽기 짝이 없고, 한때 영원하다고 여겼던 것들이 이제는 덧없게 느껴진다. 우리 대부분이 알고 있는 사실은 우리를 둘러싼 사회가 과거처럼 그렇게 의지할 만하지도, 안정적이지도, 존경할 만하지도 않다는 것이다. 제도들은 서로 불협화음을 내고 있고 지구촌의 운명은 어떻게 될지 알 수 없다. 우리는 명백한 문화적 핵심도 갖지 못한 채 변화의 바다에서 헤엄치고 있다.

아버지 세대와 비교해서 우리는 개인적으로나 사회적으로 자신감을 점차 잃어가고 있다. 나의 아버지는 세상에는 영원히 변하지 않는 규칙과 원칙이 있다고 생각했다. 그러나 현재 내 삶을 담고 있는 용기들은 더 이상 믿을 만한 저장고가 아니다. 그것들은 단지 나의 미래를 위한 일시적인 운송수단이 되어줄 뿐이다. 나는 내 아버지의 선택권을 제한했던 제약들로부터는 자유로워졌음을 느끼지만, 대신에 삶을 살아가는 데 있어 믿을 만하고 예측 가능한 환경은 갖지 못하고 있다.

넷째, 선택의 바다에 우리를 빠뜨리기 때문이다

우리의 문화적 그릇들이 우리 삶의 척도가 되지 못하고 우리를 위해 변화를 걸러주는 필터가 되지 못할 때 변화는 기세 좋게 우리 개개인을 직접적으로 파고든다. 오늘날은 모든 개인들이 자신이 원하거나 사용할 것보다 더 많은 정보를 접하고, 소비자로서 더 많은 결정들을 내리고, 더 많은 뉴스들을 체크한다. 우리에게 삶의 새로운 선택권을 제공하는 바로 그 힘이 선택의 바다에 우리를 잠기게 만든다. 아는 게 힘이라지만 정보는 지식이 아니다. 그것은 그저 자료일 뿐이다.

정보는 끊임없이 우리의 삶 속으로 밀려들어와 우리에게 껍데기와 알곡을 분류할 것을 요구한다. 정보의 폭발은 시시한 데이터와 중요한 자료를 구분하기 어려울 만큼 정신없는 속도로 우리 삶에 밀어닥친다.

사회적 관습으로부터의 해방은 결정의 굽이굽이마다 각 개인에게 과도하게 선택의 부담을 지운다는 문제점을 지닌다. 우리를 움켜쥐고 있던 제도의 장악력은 느슨해졌지만 개개인이 삶을 영위하는 데 요구되는 결정들은 너무나 많아져서 많은 사람들을 궁지에 빠뜨리고 그들에게 스트레스를 안겨준다.

다섯째, 변화와 친해질 방법을 모르기 때문이다

역사의 과정 내내 변화는 늘 다양한 형태로 찾아왔다. 많은 이들이 자신의 삶을 좀 더 나은 쪽으로 변화시켰거나 아니면 예상치 않았던 변화로 인해 그들의 삶이 돌이킬 수 없을 정도로 망가지기도 했다. 만일 변화라는 것이 인간조건의 개선에 도움이 된다면 그것은 새로운 가능성의 원천으로서 긍정적으로 인식될 것이다. 변화가 없다면 성장도 발전도 없고 창조적인 약진이나 발견도 없으며 아무것도 새로 생겨나지 않을 것이다. 하지만 만일 변화가 이미 이루어진 인간조건의 개선을 오히려 저해한다면 그것은 삶의 질에 대한 위협으로 인식된다. 이때 변화의 속도와 불연속성은 경험을 진부하고 쓸모없는 것으로 만드는 듯하다. 그러면 사람들은 과거에 대해 방어적인 자세를 갖게 되고 미래에 저항하게 된다.

그렇다면 변화에 대해 당신이 경험한 것은 무엇인가? 당신은 21세기에 자신이 어떤 장래성을 갖고 있다고 보는가? 변화는 당신의 친구인가 적인가? 대부분의 성인들은 변화에 익숙해지기는커녕 거기에 저항하고 있다. 성인들은 마치 그것만 아니었다면 아주 조직적이고 유기적이었을 우리 삶에 변화가 가끔씩 침범해서 귀찮게 한다는 듯한 태도로 살아간다. 싫어하든 좋아하든 간에, 복잡한 변화가 바꾸어놓고 있는 것은 바로 그 조직화된 우리의 삶 자체이기 때문이다.

오늘날 우리는 변화가 새로운 모습을 만들어낼 때 조금 동요는 하지만 크게 놀라지는 않는다. 변화가 아무 때나 불쑥 우리 삶에 끼어드는 것에 점점 더 익숙해지고 있는 것이다. 우리는 발버둥을 치고 비명을 지를 수도 있지만, 그것이 우리가 원하지 않았던 새로운 방식으로 적응할 것을 요구하는 〈또 하나의 위기〉일 뿐임을 알고 있다. 이따금씩 휘발유 가격이 오르는 것을 예로 들어보자. 원유 카르텔이 시작되면서 맨 처음으로 원유가가 치솟았을 때 사람들은 너나 할 것 없이 비명을 질렀다. 불평을 하고 차를 몰고 나가는 횟수를 조금 줄였다. 하지만 이제는 거의 모든 물가가 오르면서 원유가가 따라 올라도 그저 그런가보다 한다. 심지어 이라크가 쿠웨이트를 침공한 뒤 휘발유 가격이 천정부지로 치솟아도 사람들의 반응은 첫 번째 석유 파동 때와는 비교가 안 되었다. 그저 변화란 늘 여기에 있는 것, 우리를 성가시게 하기는 하지만 그렇다고 삶의 방식이나 일하는 방식을 달라지게 하지는 못하는, 피할 수 없는 침입자로 받아들이고 있는 것이다.

사회학자 C. 라이트 밀즈는 문제와 이슈의 차이를 이렇게 설명했다. 우리 사회에서 네다섯 명의 사람이 일자리가 없을 때 그것은 〈문제〉지만, 엄청나게 많은 수의 사람들이 실업으로 고통받고 있다면 그것은 〈이슈〉다. 우리는 변화를 하나의 이슈가 아니라 문제로 취급한다. 그러나 더더욱 안타깝게도 변화는 그저 하나의 이슈에만 머무르는 것이 아니다. 그것은 가까운 장래에는 가장 중요한 이슈이며, 우리 시대 성인들이 힘을 갖느냐 그렇지 못하느냐의 문제는 그들이 변화와 친해질 방법을 찾을 수 있느냐의 여부에 달려 있다.

우리는 변화의 물결을 타는 방법을 배우지 못했고 변화의 과정 그 자체에 새로운 인식이 뿌리내리도록 하는 것에도 저항감을 갖는다.

변화는 마치 흐르는 강물처럼 자신만의 질서를 갖고 찾아오지만 우리는 그것을 배우지 못하고 있는 것처럼 보인다. 우리는 변화의 얼굴에 차츰 익숙해지고 있지만 그게 전부다. 우리는 변화 과정의 안쪽에 존재하지도 않고 변화가 우리 내면에 있지도 않다. 하지만 우리는 적극적으로 변화와 친해져야 한다. 변화는 결코 위기가 아니다.

2

인생이라는 장거리 여행을 떠난, 21세기 〈신품종 성인들〉이 겪는 변화들

21세기는 인구의 절반이 중년인 상태에서 시작되고 있다.
그렇다면 준비되었던 각본이 다 떨어지면
우리는 남은 5, 60년을 어떻게 살아야 할까?
인생이라는 장거리 여행을 떠난 우리에겐 지금,
새로운 삶의 이정표가 필요하다.

우리 앞에 나타난, 인생의 새로운 이정표

—

성인이 되었어도 방랑과 혼란은 그칠 줄 모르게 우리 삶 속으로 파고들어온다. 우리는 마치 장거리 여행에 나섰다가 바꿔 타야 할 버스를 놓친 것 같은 기분에 빠져든다. 우왕좌왕하며 다음 버스 시간을 확인하러 이리저리 뛰어다녀 보기도 한다. 자신을 기다려 주지 않고 냉정하게 떠나버린 버스를 원망하기도 하며 제시간에 도착 못한 자신에게 화를 내기도 한다. 가고자 했던 목적지를 늦게라도 가야 하는 것이 맞는 것인지, 지금 떠나는 버스에 맞춰 목적지를 바꾸는 것이 더 현명한 선택인지도 결정하지 못하고 있다. 그저 머릿속이 텅 빈 것처럼 순식간에 여행에 대한 의욕이 확 떨어진다. 그러면서 애초 기대했던 여행에 대한 부푼 꿈은 사라지고 자신감과 희망

또한 쇠퇴한다.

그러나 다음의 6가지 새로운 사실들이 〈인생이라는 장거리 여행〉을 떠난 당신에게 새로운 이정표 역할을 해줄 것이다. 이것은 앞으로 당신이 어느 길을 통해 어디로 가야 할지를 새롭게 정하는 데 영향을 끼칠 것이다.

중간 연령이 47세까지 올라간다

수세기 동안 이어져 온 〈청년 중심의 문화〉가 고령화하고 있는 사회에 의해 서서히 변화하고 있다. 1984년에 처음으로 미국 사회의 65세 이상 인구의 수가 청소년 인구와 같아졌다. 사실, 65세가 넘은 미국인의 수는 1950년보다 두 배 이상 증가했다. 1987년에는 미국에 살고 있는 100세 노인이 2만 5천 명이었지만 2000년에는 10만 명을 넘어섰고 2020년에는 그 숫자가 무려 16만에 달할 것이다. 지난 10년간, 35세에서 44세까지의 미국인 인구는 42퍼센트가 증가한 데 비해, 45세에서 55세의 인구는 47퍼센트가 늘어났다. 오늘날 미국에서는 중간 연령median age을 40세로 잡고 있다. 즉 전체 인구의 절반이 40세 이상이고 나머지 절반이 그보다 젊다는 것이다. 하지만 2025년에 이르면 중간 연령이 47세까지 올라갈 것이다. 바야흐로 21세기는 인구의 절반이 중년인 상태에서 시작되는 것이다.

현재 가장 중요한 의미를 지니는 인구통계학적 추세는 전 세계가 고령화되고 있다는 것이다. 청년문화가 1960년대의 특징이었다면,

21세기는 〈인구지진agequake〉[3]이라는 단어로 표현된다. 예전보다 더 연령대가 높아진 성인들이 여전히 생산적인 라이프스타일을 유지하고 있는 것은 은퇴의 의미가 일로부터의 갑작스러운 단절에서 일과 그밖의 관심사들에 대한 재해석으로 빠르게 변화하고 있기 때문이다.

이러한 인구통계학적 변화는 사회적 제도에 어떤 영향을 미칠까? 늘어나는 중년과 노년의 요구에 부응하기 위해 어떤 새로운 서비스와 기회들이 생겨날 것인가? 세대 간의 전쟁과 갈등이 야기될 것인가, 아니면 가정에서나 밖에서나 보다 많이 배려하는 쪽으로 리더십이 발현될 것인가? 어쨌든 우리 사회는 점차 〈성인 중심의 문화〉를 펼치게 될 것이다.

1920년보다 무려 25년을 더 산다

남녀의 수명은 놀라울 정도로 늘어나고 있다. 1776년에는 평균 수명이 35세였고 중간 연령은 16세였다. 1886년에는 평균 수명이 40세가 되었고 중간 연령은 20세가 되었다. 1920년에 여성은 평균 54세까지 살 수 있었지만 1998년에 태어난 여성의 기대 수명은 83세이며 2040년에 이르러서는 91.5세까지 상승할 것이다. 1920년에

---

3 영국 작가인 폴 윌리스가 만들어낸 신조어로, 인구나 연령 구조의 변화로 세계가 요동치는 현상을 이르며, 저출산과 고령화 사회의 충격을 지진에 비유한 말이다.

남성의 기대 수명은 53세였지만 오늘날은 76세이며 2040년까지는 85.9세까지 뛰어오를 것으로 내다보고 있다.

1920년부터 지금까지 무려 25년 이상 수명이 늘어난 셈이다. 우리는 그 늘어난 수명으로 무엇을 할 것인가? 준비되었던 각본이 다 떨어지면 그때는 어떻게 할 것인가? 인생에서의 첫 번째 혹은 두 번째 도전으로 이미 안정된 위치에 올랐거나 정상에 다다랐다면 그 후엔 무엇을 할 것인가? 남은 5, 60년 동안 우리는 어떻게 열정과 목표의식을 유지할 것인가? 그 해답은 당신 자신에게 달려 있다.

친밀한 관계가 여러 형태로 나타나고 있다

오늘날의 성인들은 다양한 방식으로 사랑과 애정을 얻는다. 지금까지 남녀 간의 친밀한 관계는 주로 결혼과 가정생활이라는 문화적 불문율에 의해 규정되었다. 하지만 요즘 성인들은 이전 세대가 갖지 못했던 선택권을 갖고 있다. 결혼을 할 것이냐 말 것이냐, 아이를 가질 것이냐 말 것이냐, 이혼을 할 것이냐 참고 살 것이냐, 게이 혹은 레즈비언끼리의 동성연애를 할 것이냐 등등. 이전 세대는 숨기거나 부인했지만 이제는 이것이 공공연하게 애정의 한 유형으로 인정받고 있다.

성인들의 우정 또한 남녀 모두에게 친밀감의 중요한 원천으로 자리 잡았다. 오늘날의 세계에서 친밀감은 단지 배우자와의 관계뿐 아니라 일련의 유대감이나 애착을 의미한다. 특히 나이가 들수록 친구

와의 친밀감은 중년 이후의 삶에 빼놓을 수 없는 중요한 요소로 작
용하고 있다.

여가생활과 건강이 일 못지않게 중요해졌다

근대는 전통적으로 노동윤리가 지배하는 문화였지만 최근에는 여
가생활 문화가 서서히 발달해 왔고, 오늘날의 신품종 성인들에게 여
가생활은 일 못지않게 중요한 것으로 취급받고 있다. 지난 20년 동
안 꽤 많은 사람들이 음식과 칼로리, 콜레스테롤, 지방질, 다이어트,
흡연, 운동, 스트레스 조절 등에 대한 자신의 사고를 변화시켰다. 흡
연은 사회적으로 찬밥신세로 전락했고 많은 이들이 알코올 대신 소
다수를 택했다. 1920년대의 성인들과 비교해볼 때 우리는 더 활기
차게 살고 있으며, 그냥 세월 따라 저절로 나이 들어가기보다 노화
과정을 스스로 관리하겠다는 의지를 갖고 있다. 건강은 장수와 자
부심을 위한 중요한 슬로건이 되었다. 요즘의 성인들은 자신의 몸을
지속적으로 관리하고 돌보는 것과 삶의 질을 유지하면서 노년으로
접어드는 것이 떼려야 뗄 수 없는 관계임을 알고 있다.

평생 몇 가지 직업을 가질 수 있게 되었다

우리는 인생을 살면서 갖게 되는 경력이 일직선으로 진행된다고
생각해 왔다. 도제에서 출발해 궁극적으로 지도자의 단계에 이르는
것처럼 말이다. 하지만 이제 우리는 하나가 아닌 다수의 직업과 경

력을 통해 보다 다양한 직업세계를 탐구하고 자신의 더 많은 부분을 개발할 수 있게 되었다.

직업에 있어서 이 새로운 유연성의 혜택을 받는 그룹은 중년기에 노동인구에 재편입되거나 혹은 아이들이 성장해서 집을 떠난 후 처음으로 자신의 커리어를 만들기 시작한 사람들이다. 45세의 도나는 자신이 인생의 전환점에 이르렀다고 느꼈다. 애틀랜타에서 사업을 하는 그녀의 남편은 자기 일에 푹 빠져 살았다. 그들 부부의 세 자녀 중 막내마저 얼마 전에 고등학교를 마치고 대학에 진학하면서 집을 떠났다. 그러자 도나는 자신의 세계가 갈기갈기 찢겨져 나가고 있다고 느꼈다. 아내와 엄마로서 살아온 삶에 자부심을 갖고 있었지만 그녀는 버려진 기분이었고 뭔가 지위를 박탈당한 듯한 느낌이었다.

"그런 일로 눈물 흘리지 않겠다고 말했지만 참 많이도 울었어요. 제게 무슨 일이 일어난 걸까요? 아이들이 집을 떠나고 없으니 뭔가 허전하고 기분이 이상했어요. 도대체 제가 왜 이런 기분을 느껴야 하는 걸까요?"

문제는 도나가 자신을 완전한 존재라고 느끼지 못한다는 것이었다. 이제 그녀는 남들과는 별개로 자신만의 인생을 위한 새로운 의제를 설정할 필요가 있었다. 그녀는 친구들에게 자신의 생각을 얘기하면서 서서히 계획을 세워나갔다. 물론 그러기 위해서는 상당한 용기와 결단이 필요했다. 결국 몇 년 후에 도나는 그 지역의 커뮤니티 칼리지를 졸업했고 인테리어 디자이너에 도전했다. 그녀는 마치 자신이 능력 있는 사람이 된 것 같은 기분을 느꼈고 도전의식을 맛보았다. 그녀의 남편이 여행과 정원 가꾸기에 부쩍 취미를 들이면서 그녀의 결혼생활도 많이 달라졌다.

18년 동안 도널드는 지역 사회의 리더로 일해 왔다. 그는 전문 위원회, 시의회, 그리고 주 정부에서 일했다. 그는 역동적인 지도자였고 전략적 이동을 이끌어내는 법을 알았으며 사람들에게 권한을 부여할 줄도 알았다. 그래서 그는 널리 인정을 받았고 종종 칭찬의 대상이 되었다.

그러나 마흔아홉이 되자 그는 정책이나 위기, 마감시한보다는 자신의 개인적인 삶에 대해 얘기하고 이를 다른 사람들과 나누고 싶어졌다. 직업적인 성공을 훼손하지 않으면서 개인적인 삶을 풍요롭게 하는 근본적인 변화를 추구하기 위해 그는 자신을 도와줄 수 있는 전문 카운슬러를 찾았다. 늘 항해가 꿈이었던 그는 일 년 기한으로 요트를 임대해 매주 한 번씩, 주로 혼자서 배를 탔다. 그리고 자신과 비슷한 사람들이 모인 요트동호회에 가입해 큰 도움을 받았다. 도널드는 여행, 요리, 요트 타기, 새로운 친구들, 가정에서의 열정의 회복을 통해 새로운 사람으로 거듭나는 데 성공했다. 그는 환경보호단체에서 자원봉사자로 일하는 것에도 흥미를 갖게 되었고 적지 않은 시간을 그 일에 할애했다. 공적인 의무에 대한 의무감에서 조금 놓여난 그는 이제 훨씬 여유롭고 느긋한 생활을 즐기고 있다. 그는 예전의 그가 맞지만 그러면서도 더 나아진 도널드가 된 것이다.

성인의 삶을 바라보는 시각이 변하고 있다

우리가 사는 세계는 우리 부모님이 알던 그 세계가 아니다. 우리 부모 세대는 자신을 담고 있는 사회적 그릇, 즉 가정, 직장, 지역 사회, 국가 속에서 안정감을 느꼈다. 하지만 이제 우리를 담은 그 그릇은 끊임없이 변화하고 있다. 그것은 가끔씩 우리를 따로따로 떼어놓기도 하지만 종종 우리에게 새로운 역할과 기회를 경험하게 해주기도 한다. 우리 부모 세대는 나이 들어가는 사람들을 위한 규칙과 역할이 따로 정해져 있다고 믿으며 나이에 따라 수동적으로 움직였다.

하지만 우리 세대가 세월을 따라 인생행로를 나아가는 동안 우리 부모 세대보다 지켜야 할 규칙은 적어지고 선택의 폭은 넓어졌다. 우리 부모님은 〈성인의 인생〉이라는 것은 남자는 밖에 나가 일을 하고 여자는 아이들을 낳아 키우는 것이며 그러다가 적당한 나이에 은퇴하고 조부모가 되는 것이 두 사람 모두를 위한 보상이라고 여겼다. 보이지 않는 규칙들이 그들의 삶을 이끌었는데 그 규칙은 결혼은 언제 할 것이며 아이는 언제쯤 낳고 은퇴는 언제 할 것인지 등 예측 가능한 시점들에 맞추어졌다. 그들에게 부여된 문화적 기대는 비교적 획일적이었다.

하지만 우리 세대에게 성인의 인생은 불안정하게 끊임없이 요동치는 변화와 다양한 선택들로 가득 차 있다. 우리는 어느 정도는 자신이 원하는 대로 인생을 설계할 수 있고 그렇게 해도 문화적 비난을 초래하지 않는다. 그러나 동시에 우리의 삶을 지배하는 사회적 힘은 보다 사납고 거칠어져서 직업세계의 격렬한 변화에 대한 부담을 안겨준다. 우리의 삶은 전에 없던 방식으로 전 세계에서 지금 이 순간 일어나고 있는 사건들과 연결되어 있고 우리는 그것을 매 위기마다 생생하게 경험한다. 따라서 우리 세대에게 삶은 이전 세대보다 덜 확실하고 더 유연하며, 우리가 선택할 수 있는 것들은 때로 불명료하긴 하지만 더 늘어났다. 즉 성인의 인생을 바라보는 방식이 달라지고 있는 것이다.

*　*　*

오늘날의 성인들은 이처럼 새로운 기회를 맞고 있다. 그들의 삶에 새로운 변화가 일어나고 있는 것이다. 그 변화를 이해하기 위해서는 우선 성인기 삶을 바라보는 2가지 시각에 대해 알아야 한다. 각각의 시각은 우리의 인생이 어떻게 작동되는지에 대한 서로 다른 인식을 보여주는데, 과연 지금 우리는 어떤 시각으로 자신의 삶을 인식하는 것이 변화하는 세상 속에서 창조적인 삶을 유지할 수 있는 방법인지 결정해야 한다.

3

인생의 작동방식을 바라보는
서로 다른 2가지 시각

— 직선형 인생 vs. 순환형 인생

당신은 젊은 시절에 내렸던 결정에 갇혀버린 느낌이 드는가?
사회적 시간표에 따라 살아왔더니 남은 인생에 대한 해답이 보이지 않는가?
성공에 대한 데드라인이 얼마 남지 않았다는 초조함에 조급해지는가?
때때로 패배감이나 무력감이 당신의 어깨를 짓누르는가?
그렇다면, 당신은 인생이 작동되는 방식을 잘못 배워온 것이다.

당신의 인생은
직선형으로 작동되는가, 순환형으로 작동되는가?
—

긴 인생을 사는 동안에 매일같이 그리고 매 시간마다 우리는 변화하거나 변화하지 않는 자신을 변화하거나 변화하지 않는 환경에 적응시키는 일에 몰두한다. 삶이란 아닌 게 아니라 이런 〈적응 과정〉이라고 해도 과언이 아니다. 적응에 조금 실패하면 어리석은 사람이 되는 것이고, 엄청나게 적응을 못하면 제정신이 아닌 사람이 되는 것이며, 잠을 자는 것은 적응하는 것을 잠시 뒤로 미뤄두는 것이고, 적응하려는 시도를 아예 포기하면 우리는 죽은 것이다.

이처럼 우리가 사는 세상은 지금껏 변화를 거듭해 오면서 우리에게 그 변화에 적응할 것을 요구해 왔다. 하지만 세상은 그렇게 변해

왔지만 인생을 바라보는 일반적인 통념은 변하지 않았다. 오늘날 성인기의 인생을 이해하려면 인생이 작동하는 방식을 직선형에서 순환형으로 바꿔서 보는 근본적인 인식의 변화가 필요하다.

〈직선형 인생〉이란 말에는, 우리의 인생과 사회가 해마다 그리고 세대를 거치면서 굴곡 없이 일직선으로 쭉 뻗어가며 점점 더 발전한다는 의미가 내포되어 있다. 이 같은 관점에 따르면 성인의 인생은 배우고, 사랑하고, 일하고, 가정을 책임지고, 사회의 지도자가 되고, 성공하는, 일련의 〈예측 가능한〉 순서로 진행된다. 따라서 인생을 직선형 시각으로 본다는 것은 성인의 인생은 보편적인 원칙과 규율에 따라 질서정연하게 발전하는 것으로 본다는 뜻이다. 또 우리가 삶을 살아가는 것은 장차 목표를 이루고 성과를 올리기 위함이라고 본다.

반면, 〈순환형 인생〉이란 말에는 익숙한 패턴이 원을 그리며 계속 되풀이되면서 순환하는 것이라는 의미가 들어 있다. 이는 밤이 있으면 낮이 있고 또 다시 밤이 오고, 봄이 오면 여름이 오고 또 가을과 겨울이 오며 또 다시 봄이 오고, 탄생이 있으면 죽음이 있고 또 다른 탄생이 있는 것처럼, 인생사는 일직선으로 뻗어나가는 것이 아니라 계속해서 특정 패턴을 그리며 순환한다는 것을 의미한다. 이런 관점에서 보면 삶의 목적은 계속 변화하는 경험 속에서 반복적으로 순환하며 나타나는 패턴에 정통해지는 것이다. 인생을 순환형 시각으로 본다는 것은 인생에는 좋을 때가 있으면 궂을 때도 있고 또 좋을 때가 다시 오며, 오르막이 있으면 내리막이 있고 그러다 다시 오르막을 오를 기회가 오며, 시작이 있으면 끝이 있고 또 다른 시작이 반복해서 순환적으로 나타나는 것으로 본다는 뜻이다. 또 그러한 각각의 시기는 모두 우리 삶에 동일한 의미를 준다고 본다. 좋은 때든 나쁜 때든 모든 상황이 우리에게 의미 깊은 상징을 띤다고 보는 것이다. 따라서 이것도 저것도 아닌 애매모호한 것을 상당 부분 용인하고, 필요하다면 어둡고 불운한 장소에서도 살 길을 찾고 의미를 찾을 수 있다고 여긴다.

산업혁명 이후 그동안에는 직선형 시각이 우리의 의식을 지배해왔다. 직선형 시각은 인생을 단순한 것에서 복잡한 것으로, 낮은 것에서 높은 것으로, 좋은 것에서 더 좋은 것으로 발전하는 과정으로 본다. 직선형 시각이 추구하는 것은 순차적인 발전으로 여겨질 수 있는 결과물들이다. 그런 삶은 점증하는 것, 하나씩 더해가는 것, 목적이 있고 예측할 수 있는 것이다. 하지만 우리 삶은 그렇게 일직선으로만 나아가지는 않는다. 항상 오르막길만 눈앞에 펼쳐지는 것이 아니다. 굴곡도 있으며 갈림길도 나오고 단단한 돌이 장애물로 나타나 길을 우회할 수밖에 없을 때도 있다. 때로는 직선에서 이탈하게 될 수도 있다. 또 앞을 예측할 수 있는 것도 아니다. 따라서 우리는 삶을 보는 방식을 순환형 시각에 맞춰야 한다. 우리 삶에는 어둠이 있으면 밝음이 다시 오고 그 밝음 또한 영원히 지속되지 않을 것이며 어둠 또한 평생 가지 않을 것이며 이러한 과정은 평생 반복적으로 순환하며 나타나기 때문이다.

인생을
직선형 시각으로 바라본다는 것

—

인생에 대한 직선형 시각은 성인기의 여러 사건들이 어느 시점에 어떻게 전개되는지에 대해 꽤 특별한 밑그림을 갖고 있으며 인생 항로를 인간의 점진적 발달로 본다. 그러한 시각은 인생의 주기에서 학교에 다니고, 결혼을 하고, 아이를 낳고, 직업을 갖고, 은퇴를 하는 등 성인이 뭔가를 결정하고 행동하는 데 알맞은 시기가 정해져 있다고 본다. 직선형 시각이 보는 인생의 각 단계별 밑그림은 다음과 같다.

유년기에서 초기 성인기: 인생을 준비하는 시기

- 당신은 어떤 특정 지역에서 태어나 핵가족 속에서 성장한다. 건강한 부모님과 살고 휴가 때면 가족이 함께 계획을 세운다. 고등학교를 졸업할 때까지는 가족과 함께 산다.
- 20세를 전후해서 당신은 학업을 더 하기 위해 혹은 군에 입대하거나 직업을 갖기 위해 가족의 품을 떠난다.
- 20대 혹은 30대에 당신은 평생의 반려자를 만나 결혼을 하고 가정을 꾸리면서 직장생활에 정착한다.

성인기: 사랑과 일을 유지하는 시기

▪ 당신은 아이를 낳고 부모 역할을 한다.

▪ 당신은 경력을 계속 키워나간다. 당신에게 있어서 커리어란 만족감에 이르는 사다리일 뿐 아니라 가족이 바라는 행복과 성공에 당신이 기여할 수 있는 주된 수단이다. 이때 성인으로서 당신의 주된 정체성은 커리어 역할과 결합되어 있다.

▪ 또한 당신은 결혼과 가족, 자녀교육, 가정살림, 자원봉사 등을 통해 만족을 얻으며 이 모든 것들이 당신의 행복에 기여한다. 이때 성인으로서 당신의 주된 정체성은 자녀를 양육하고 보살피는 역할과 결합되어 있다.

▪ 당신은 주택을 임대하거나, 더 바람직하게는 주택을 구입하고, 가족을 부양하고, 자녀들이 당신보다 더 나은 교육을 받을 수 있도록 계획하고 뒷바라지한다.

▪ 당신은 학교, 종교단체, 시민단체 등에서 지도력을 발휘한다. 더 나은 세상을 만들기 위해 당신이 기여할 부분을 찾는다.

노년기: 완성을 위한 시기, 뒤로 한 발 물러나는 시기

▪ 당신은 직업전선에서 물러나 은퇴생활을 시작한다.

▪ 여행과 취미활동을 즐기고 파트타임으로 일하거나 혹은 자원봉사 활동을 하면서 여가생활을 한다.

▪ 비슷한 연령대의 사람들과 새롭게 우정을 맺고 종교 활동을 강

화한다.

■ 새로운 방법으로 자녀와 손자들에게 헌신한다.

성인기의 직선형 계획은 가족의 발달과 직장에서의 수직적 상승, 그리고 리더십을 요구한다. 우리는 열심히 일하고 가정생활도 잘하는 사람은 반드시 성공을 하고 보답을 받을 거라고들 생각한다. 이러한 직선형 시각은 대략 1960-70년대까지 성인기 인생을 위한 지배적인 문화 유형으로 명맥을 이어왔다.

인생에 대한 직선형 시각의 4가지 특성

성인기 삶에 대한 직선형 시각에는 다음과 같은 4가지 특징이 있다.

첫째, 직선형 시각은 성인기 삶이 어떠어떠하게 전개되어야 한다는 규범적이고 관례적인 틀에 의해 움직인다. 그것은 남자와 여자의 역할이 따로 있으며 연령대에 따라 역할이 달라진다는 생각을 옹호한다.

둘째, 직선형 시각에서는 성인의 삶이란 사회적 시간표에 따라 움직여서 예측 가능한 결과를 낳는 사건들의 연속이라고 본다. 직선형 인생이란 인생 주기 내의 특정 시기에 연령 및 성별과 결합된 역할들, 즉 결혼하고, 아이를 갖고, 경력을 키워나가고, 은퇴를 하는 역할들이 차근차근 계획되어 결합해 나가는 것을 의미한다.

셋째, 직선형 시각은 만일 개인이 잘살기 위해 그가 하도록 되어 있는 일들을 열심히만 한다면 행복과 성공은 저절로 따라올 거라는 일차방정식을 당연한 것으로 받아들인다. 이러한 시각을 개인적 관점에서 보자면, 인생이란 계속해서 변화하는 복잡한 여정이라는 사실에 초점이 맞춰진 것이 아니라 개인적인 삶의 보람에 초점이 맞춰져 있다.

넷째, 직선형 시각에서는 변화를 통제하는 것이 가능하다고 생각한다. 변화가 직선형 시각을 고양하는 것일 때 그 변화는 긍정적이라고 본다. 하지만 미리 계획된 것을 뒤엎거나 지체시키는 변화는 부정적인 것이고, 우리의 자신감과 용기를 빼앗는 것이며, 심지어 악마 같은 것이라고 인식한다. 직선형 시각에서는 통제를 벗어난 세계에서 살아간다는 것은 생각할 수도 없다.

인생을 바라보는 이러한 직선형 시각은 20세기 초중반 때까지만 해도 놀라우리만치 성공적으로 우리에게 동기를 부여했다. 그것은 우리가 인격을 쌓고, 가정을 꾸리고, 지역 사회를 돌보고, 회사와 국가를 위해 계속해서 헌신하게 만들었다. 하지만 오늘날에 와서 이러한 직선형 시각은 예전만큼 효력을 발휘하거나 동기를 부여하지 못할 뿐만 아니라 지금 우리가 살고 있는 세상에서는 오히려 분노하고, 실망하고, 겁먹고, 권력을 잃고, 반동적이고, 냉소적인 사람들을 양산하고 있을 뿐이다.

인생은 오르내림을 가진 롤러코스터와 같다

—

성인기라는 개념은 미국에서 남북전쟁 이후에 처음 등장했으며 본
격적으로 부각되기 시작한 것은 20세기 초에 이르러서였다. 성인기
에 대한 연구가 활발히 시작된 것은 성인의 행동과 기능장애를 이해
하는 데 많은 관심을 기울였던 제2차 세계대전 이후였다. 성인기 연
구의 선구자인 버니스 뉴가튼은 1967년에 이런 글을 남겼다.

"우리는 아직 성인기의 발달심리학을 갖고 있지 못하다. 과학으로서
의 심리학은 아동기와 청년기를 구성하는 생애 첫 20년에 대한 연구
에 이어 인간의 수명 중에서 성인기에 해당하는 5, 60년의 세월에 대
한 연구는 이제 막 시작했다."

20세기 중반부터 성인기라는 개념은 다음의 3단계를 거치며 서서
히 변화되어 왔다.

우선 그 첫 번째 단계로, 성인기는 한 인간이 완전히 성장해서 안
정을 이루고 대부분의 경우 개성 없이 다소 밋밋해진 정상 상태를
의미했다. 수세기 동안 우리는 성인기에 접어들면 성장이 멈추고 그
때부터 남은 인생 동안 대체로 뻔히 예측 가능한 존재로 살아가는
거라고 생각했다. 이제, 성장은 끝났다는 것이다. 성인기는 어린 시
절의 경험과 성격에 의해 형성된다. 성인들은 정신분석학의 아버지

지그문트 프로이트가 그들의 주된 활동이라고 언급했던 사랑과 일에 자신의 모든 것을 바치게끔 되어 있다. 일부에게 이것은 별로 신나는 얘기가 아니었고 그 결과 이런 표현들이 나왔다. "한물갔다. 한직으로 쫓겨났다. 유유자적하다." 성인은 행동이 한결같고 책임이 있어야 하는 반면에 뻔히 예측 가능하고 따분하고 성과 무관할 거라는 인식이 지배적이었다. 게다가 중년기는 자기만의 독특한 성격이라고 할 만한 것도 없이 〈어리석음과 지혜의 중간〉에 위치한다고 누군가가 말했다. 버니스와 모르턴 헌트는 이렇게 썼다.

"2천 년이 넘도록 중년기에 대해 칭찬이든 비난이든 그 어떤 글이라도 쓴 사람이 거의 없었던 것은 우리 문화에서 그 시기를 특별하다거나 따로 분리된 것으로 여기지 않았기 때문이었다. 오직 젊음이 있을 뿐이었고, 그것이 가고 나면 그 다음은 곧장 노년이었다."

이런 시각은 직선형 사고와 일치하는 것이었다.

그러다가 1950년과 1980년 사이에 성인기 개념에 대한 두 번째 단계에 접어드는데, 이때 성인기 삶에 대한 조금 다른 그림이 등장했다. 성인기 삶에는 〈안정과 위기〉의 시기가 동시에 존재한다고 보는 것이다. 초기 성인기에 해당하는 20대의 혼란의 시기, 30대의 적응과 갈등의 시기, 40대의 중년기의 대변동기, 그리고 5-60대의 격변기가 있다고 보게 되었다. 에릭 에릭슨과 칼 융은 독창적인 저술에서 다음과 같이 밝혔다. 그들에 따르면, 〈위기〉는 강력한 감정의 동요를 일으키는 인생의 갈림길이지만 오히려 새로운 성장의 기회가 될 수 있다는 것이다.

"위기는 한 사람에게 아내와 이혼하고 비서와 재혼하도록 이끌 수도 있고, 다른 사람에게는 직장을 그만두고 전 세계를 항해하도록 만들 수도 있다. 또 다른 이들은 위기를 맞아 의기소침해져서 술에 의지하거나 분노에 차서 입이 거칠어질지도 모른다. 또 알버트 슈바이처가 오르간 연주자로서의 커리어를 접고 아프리카에서 의사가 되었던 것처럼 직업을 바꿀 생각을 하는 사람들도 있을 것이다. 사람들이 말하는 위기는 흔히 육체의 변화들, 죽음의 불가피성에 대한 자각, 젊은 시절에 내렸던 결정에 갇혀버린 느낌, 아직 가지 않은 길에 대한 갈망, 그리고 이제 시간이 얼마 남지 않았다는 초조함과 한데 얽혀 있다."

〈중년의 위기〉라는 개념은 성인기 발달을 연구하는 초창기 학자들에 의해서는 결코 보편적인 것으로 받아들여지지 않았지만 1980년대부터 이미 대중의 마음속에 자리를 잡았고 지금까지도 여전히 폭넓은 문화적인 지지를 받고 있다. 성인들을 안정된 상태에서 흔들림 없이 자기 일을 하는 사람들로 그린 장밋빛 묘사와 비교해, 중년의 위기라는 개념은 적어도 성인기를 인간적이고, 흥미롭고, 새로운 성장 가능성이 가득한 시기로 보이도록 만들었다. 이러한 개념이 인생에 대한 단순한 직선형 시각에 의문을 제기하는 것은 사실이지만, 이는 직선형 시각을 거부하기보다는 이에 수정을 가하는 단계별 발달 이론가들에 의해 옹호되었다.

성인기라는 개념에 대한 마지막 세 번째 발달 단계는 오늘날의 시각으로, 오늘날 성인기를 바라보는 대중적인 시각은 성인기를 연속성과 변화의 주기 속에서 끝도 없이 되풀이되는 오르막과 내리막을 가진 관람차 혹은 롤러코스터로 묘사한다. 성인기 내내 우리는 안정기가 있으면 변화의 시기가 곧 그 뒤를 따른다는 것을 경험한다. 이제 성인이란 기계적으로 영구적인 안정 상태에 도달한 고정된 로봇도 아니고, 변화에 맞닥뜨려 이러지도 저러지도 못하고 괴로워하는 위기에 빠진 사람들도 아님을 깨달았다. 성인이란, 안정기와 혼란기를 헤치고 수많은 봉우리와 골짜기를 지나며 용감하게 나아가는 사람들이다. 그들에겐 그 두 가지를 다 제어할 능력이 있다. 인생에 대한 순환형 시각이 의미를 지니면서 이러한 사고에 탄력이 붙기 시작했다. 오늘날 우리는 성인기를, 긍정적인 인생의 특정 구획들과 다양한 변화들로 가득한 기나긴 시기로 본다. 프랑스의 철학자 앙리 베르그송은 이런 글을 썼다.

"존재한다는 것은 변화하는 것이다.
변화한다는 것은 성숙해지는 것이다.

성숙해진다는 것은,

끝없이 자기 자신을 창조하는 것이다."

이것이 순환적 시각이다. 그리고 이 책이 견지하고 있는 관점이다.

인생을
순환형 시각으로 바라본다는 것

—

구약의 전도서는 우리 삶에 대한 순환형 시각을 이렇게 표현하고 있다.

"무슨 일이든 다 때가 있다.

하늘 아래 모든 것에는 이룰 때가 있다.

태어날 때가 있고 죽을 때가 있으며,

나무를 심을 때가 있고 심은 것을 다시 뽑을 때가 있다."

순환적인 개념들은 우리 삶 속에서 계속 반복되면서도 그때마다
이전과는 다른 의미를 지니는 패턴을 지니고 있다. 그것들은 이전의
패턴보다 더 나을 것도 못할 것도 없으며 그저 다를 뿐이다. 예를 들
자면, 스물네 살 때 나는 성능 좋은 하이파이 오디오세트를 구입해
서 차이코프스키의 「1812년 서곡」을 들었다. 나는 공연장 전체에 그

사운드가 쩌렁쩌렁 울려 퍼졌던 연주회를 실황 녹음한 테이프를 가지고 있었다. 당시에는 그것을 듣고 있노라면 소름이 돋았었다. 하지만 요즘은 그 음악을 그다지 좋아하지도 않을뿐더러 가끔 그 녹음 테이프를 들을 때면 잡음을 피하기 위해 볼륨을 낮추곤 한다. 분명히 소리는 달라지지 않았는데 그것이 나에게 갖는 의미는 달라진 것이다.

인생에 대한 순환형 시각의 5가지 특성

성인기 삶에 대한 순환형 시각에는 다음과 같은 5가지 특징이 있다.

첫째, 순환형 시각은 삶을 복잡하고 다원적이며 변수가 많은 〈흐름〉으로 본다는 것이다. 가정과 회사, 국가 모두를 보다 크고 혼란스러운 흐름의 일부로 본다. 순환형 시각을 가진 사람은 성인기 발달을 〈변화에 대한 적응〉으로 본다. 이때의 변화는 그들 내부에서 일어나는 변화 혹은 그들이 처한 환경의 변화가 될 수 있다. 그들은 또한 변화가 제공하는 새로운 기회를 잡는 방법을 알고 있다. 순환형 시각을 가지고 인생을 산다는 것은 보다 큰 흐름, 즉 대세를 믿고 그러면서도 매일매일의 흐름을 믿는 것이다. 따라서 순환적인 시각으로 세상을 바라보는 사람들은 그것을 하나의 온전한 유기체로 여긴다.

둘째, 순환형 시각은 삶이 똑바로 일직선을 그리며 발전한다기보다 〈연속성과 변화〉라는 사이클을 통해 발전한다고 여긴다. 그것은 우리의 인생 전반을 관통하며 연속되는 것은 무엇이고 변하는 것은 무엇인지 그 두 가지 모두를 이해하는 데 초점을 맞춘다. 순환형 시각은 사랑, 성취, 가치 추구 등과 같은 삶의 주제들이 성인기 내내 어떤 식으로 반복되고 변화를 경험하면서 재조정되는지 보여준다. 인생 주기 내내 인간의 발달에 영향을 미치는 것은 우리가 인생의 어느 단계에 와 있는가 하는 것보다, 우리 모두가 어느 정도는 공유하고 있는 기본적인 가치에 대해 우리가 헌신하는 정도가 계속 달라진다는 점이다. 72세의 제인은 지금도 정신과 의사로서 전일제 진료를 계속하고 있다. 하지만 그녀가 일을 하는 것은 예전처럼 돈을 벌기 위해서가 아니라 사람들을 만나고 자기가 다른 이들에게 도움이 되고 있다는 느낌 때문이다. 그녀는 한때는 단식 테니스를 좋아하고 복식 테니스는 좋아하지 않았는데 이제는 함께 즐길 수 있는 복식을 더 좋아하게 되었다. 이처럼 그녀가 중요하게 생각하는 가치가 변하면서 그녀의 삶은 새롭게 재조정되고 있는 것이다.

셋째, 순환형 시각은 삶의 절정과 나락, 축복과 저주 두 가지 모두를 귀하게 여긴다. 갈등과 상실 또한 기쁨과 황홀이 그렇듯이 우리 삶의 한 부분으로 보는 것이다. 이들은 때로는 성인기 삶을 위한 혜택이 되기도 하고 때로는 우리가 맞닥뜨려 해결해야 할 장애물이 되기도 한다. 순환형 시각은 그런 두 가지 역할을 모두 다 기쁜 마음으로 받아들인다.

넷째, 순환형 시각은 우리 인간의 제도들을 조합이 가능하고, 유연하고, 상호작용하고, 대립적이고, 복원력이 있고, 끊임없는 적응을 허락하는 것으로 본다. 그것은 모든 시스템에는 주기가 있다고 여긴다. 연인 관계의 발전, 가족제도, 업무 시스템, 사회체계, 그리고 자연환경 등도 모두 주기가 있고 상호작용하는 복잡한 시스템들이라고 여기며, 무릇 어떤 시스템이든 시작과 끝이 있고 오르내림이 있다고 보는 것이다. 성인들은 인생의 서로 다른 시기에 서로 다른 자리에서 서로 다른 방식으로 이 시스템을 만들어 가고 이에 적응한다. 그들은 자신들만의 시나리오를 구성하고 그것을 현실에 적용시키기도 하며, 그 시스템이 제대로 작동하지 않을 때는 그것을 해체하고 새로운 것을 만들어 낸다.

　다섯째, 순환형 시각은 끊임없는 배움을 성인들의 능력을 지속적으로 재편성하는 데 필수적인 것으로 본다. 성인들에게는 변화하는 외부 세계를 움직이기 위한 지식과 훈련이 필요할 뿐 아니라 자신의 내면 세계를 효과적으로 이끌기 위한 자각과 훈련도 필요하다고 보는 것이다. 나이가 들어가면서 성인들은 낡은 습관을 벗어던지고 효율적인 삶에 도움이 되는 새로운 방법들을 터득할 필요가 있다는 것이다. 이때 일부는 개인적인 혹은 직업적인 능력을 향상시키기 위해 배우고, 일부는 아직 미지의 것으로 남아 있는 자신의 일부를 개발하기 위해 배운다. 그리고 또 다른 이들은 의식과 정신적 조화의 영역에 통달하고 싶어 한다.

인생을 바라보는 시각을 바꿀 때 일어나는 변화들

—

우리가 순환형 시각에 삶을 적응시킬 때 우리의 사고에 일어나는 가장 큰 변화는 삶을 점점 발전해 나가고 진전하는 것에서 〈변화하는 과정〉으로 보게 된다는 것이다. 따라서 이제 직선형 시각에서 순환형 시각으로 바꾸어 삶을 바라보게 될 때 일어나는 변화를 살펴보자.

변화의 과정이 우리를 더욱 성숙하게 만든다

직선형 시각을 신봉하는 사람들은 인생에 위기가 닥치거나 뜻밖의 사건이 일어나면 자신들이 퇴보하고 있다거나 실패자라고 느낀다. 그들은 계속 발전해서 성공, 안정, 행복에 도달하지 못하면 낙담하고 실망하고 우울해한다. 오늘날 성인들이 느끼는 좌절감은 자신의 무능력 때문이라기보다 거의 대부분 인생에 대한 이러한 직선형 사고방식이 갖고 있는 역기능 때문이다. 만일 우리가 실망하거나 무력감을 느끼는 대신 직선형 사고방식에서 벗어날 수 있다면 삶은 우리에게 다시금 도전할 용기를 주고 노력에 따른 보답을 안겨줄 수 있을 것이다.

〈질서〉가 변화보다 우세한 세계에서는 삶을 일직선으로 나아가는 것으로 보는 개념이 지지를 받는다. 하지만 〈변화〉가 질서를 압도하는 세계에서는 인생의 오르막길과 내리막길 모두에서 의미를 찾는 것이 더 설득력을 지닌다. 발전에 대한 기대는 질서와 혼돈상태가 공존하는 것이 아니라 질서가 혼돈을 이길 거라고 생각하는 것이다. 하지만 여기저기 혼돈지대가 산재해 있는 지금과 같은 세계는 축복된 순간뿐만 아니라 불안한 시기에도 의미를 발견할 수 있는 사고를 요구한다. 따라서 순환형 시각은 변화 과정 그 자체에서 질서를 발견한다. 인생의 전환, 실직, 사건, 사고들을 발전을 가로막는 장애물이라기보다 〈배움의 창〉으로 보는 것이다.

이런 세계에서 우리가 배우고 익힐 수 있는 것은 궁극적인 결과를 향한 발전이 아니라 끊임없는 〈변화의 과정〉이다. 하나의 과정으로서의 우리 삶은 연속성과 변화가 계속해서 순환하는 흐름이다. 미리 정해 놓은 목적지에 우리의 인생을 맞추는 대신, 일상의 경험 속에서 드러나는 변화의 패턴에 삶을 순응시키면 인생의 여정을 즐길 수 있고 배움과 삶, 그리고 리더의 역할에서 즐거움을 느낄 수 있다.

성공과 실패의 오르내림이 우리를 발전시킨다

우리가 갖고 있는 직선형 시각의 또 다른 예는, 행복을 우리가 도달하는 어떤 지점 혹은 영구적으로 획득하는 마음의 상태라고 믿는 것이다. 우리는 행복이나 안정을 소유할 수 있는 것으로 생각한다. 예를 들어, 어린이들이 읽는 동화에서는 착한 남자와 여자가 결혼을 해서 영원히 행복하게 산다. 하지만 변화의 힘이 우세한 요즘 같은 세상에서는 영원한 것이란 없으며, 물질적인 것이든 그렇지 않은 것이든 우리가 얻은 것은 조만간 변화의 강물에 녹아들게 된다. 행

73

복과 안정도 예외가 아니다. 영원히 안전하거나 안정된 것은 없다. 대부분의 사람들이 가지고 있는 것은 제한된 보호, 일시적인 안전일 뿐이다.

뒤죽박죽 엉망진창인 지금의 세상에서 우리는 행복한 순간과 그렇지 않은 순간들을 함께 끌어안고도 패배감이나 무력감에 젖지 않고 살 수 있어야 한다. 우리가 경험하는 축복과 저주, 안전과 위험, 확실함과 불확실성, 황홀함과 비참함의 정도는 사는 동안 계속 변한다. 순환형 시각이 우리에게 던지는 숙제는 성공과 실패의 오르내림 속에서도 인간의 능력을 발달시켜야 한다는 것, 그래서 인생의 여정이 우리를 어디로 이끌고 가든 간에 그 과정을 제어하고 거기에 통달할 수 있어야 한다는 것이다. 인생을 살아가는 동안 그곳이 오르막이건 내리막이건 우리가 긍정과 만족의 주된 원천을 발견할 수 있음을 알 때, 우리는 행복과 안정의 통념을 초월할 수 있을 것이다. 인도에서 깨달음을 얻고자 했던 어떤 서양 남자가 동굴 속에서 죽어가기 전에 동굴 벽에 다음과 같은 글귀를 새겼다는 이야기가 있다.

"아, 끝없는 기쁨이여, 이 세상에 행복이란 없도다."

영원히 지속되는 행복에 도달하기를 기대하기보다 오르막과 내리막이 끝도 없이 되풀이되는 인생의 모험 속에서 기쁨을 느끼는 것이 훨씬 더 현실적이고 심오한 것이라는 뜻일 것이다.

중년과 노년에 대한 가치를 새롭게 발견하게 해준다

20세기가 시작되었을 때 어린이들에 대한 정성스러운 양육과 교육이 영구적인 발전의 씨앗이 되어줄 거라는 희망으로 그 시대는 〈어린이의 시대〉로 선포되었다. 당시에 미국에는 곳곳에 단과대학과 종합대학들이 많았고 그 대학들은 젊은이들을 성인다운 삶과 책임이라는 확실한 궤도로 안내하기 위해 매진했다. 이러한 시각은 젊은이다운 속성들을 낭만적인 것으로 묘사하는 한편, 노년에는 큰 가치를 부여하지 않았다. 당신이 나이가 들어 일을 그만둘 수밖에 없게 되면 당신은 젊은이들에게 그 자리를 내어주는 것이었다. 그런 사고방식으로 보면 나이가 든다는 것은 곧 〈죽음을 준비하는 것〉이다.

이런 관점은 나이 든 사람들을 쇠약하고 성과 무관하며, 중요한 일을 처리할 능력이 없고 무기력한 존재라고 특징지음으로써 사회에서 차별을 조장한다. 나이가 든다는 것은 꾸준히 조금씩 쇠퇴해 가는 것이라는 이러한 통념은 노년에 대한 사회적 편견을 만들어 내며, 그것은 중년들과 은퇴자들에게 과거를 회상하고 추억에 잠기게 하고, 보다 젊은 육체와 젊은 꿈을 원하게끔 만든다. 이러한 차별은 나이가 들어도 뭔가를 이룰 능력이 있는 수천수만 사람들의 엄청난 잠재력을 빼앗는다. 이런 시각을 그대로 받아들이는 사람들은 자부심이 낮고 의욕도 없으며 미래에 대한 전망도 보잘것없다.

하지만 순환형 시각은 이런 사고방식을 노령화가 갖는 다차원적인 특성에 대한 정확한 정보로 바꾸어 놓는다. 예를 들어, 대부분의 사람들은 나이가 들면서 육체적 능력은 서서히 약해지는 반면 내적 자각은 더욱 깊어진다. 육체적 손실은 점진적인 것이지만 자신의 위대한 내면성에 대한 커져가는 인식은 심오한 것이다. 성장하고 사회에 기여하는 우리의 능력은 인생의 전 시기에 걸쳐 계속해서 발달한다. 그것은 가능한 것은 취하고 불가능한 것은 버리는 맞교환을 최대한 활용하는 문제다. 이처럼 순환형 관점은 노년기를 포함해 인생의 모든 시기에서 의미와 가치를 발견한다. 설령 그것이 내리막길이라도 말이다.

순환형 시각으로 인생을 재설계하는 사람들

—

몇 해 전 어느 여름에 톰, 린다, 존, 메리는 함께 한 달간의 휴가를 보내기 위해 한자리에 모였다. 그들은 저마다 휴가를 어떻게 보낼 것인지 계획을 세우고 싶어 했다. 53세인 톰은 지금까지 직선형 인생을 살아왔다. 자신의 회사를 경영하는 그는 22년 동안 회사를 키우는 일에 인생을 바쳤다. 하지만 그는 이제 지쳤고 지난 한 해는 거의 쉬지도 못했다. 그러던 중 나빠진 경기가 이윤을 좀먹자 그는 자신의 인생에서 새로운 뭔가를 찾아보게 되었다. 톰에게는 아내가 있었지만 자신의 유일한 개인적 정체성은 오로지 일과 연관되어 있었음을 요즘 뼈저리게 느끼고 있다. 그리고 그 점이 몹시 유감스럽고

화가 났다.

45세의 비서인 린다는 은퇴를 생각하고 있다. 그녀는 혼자 사는 게 좋아서 결혼은 하지 않았다. 지난 2개월 동안 그녀는 유방암 수술과 항암치료를 받았는데 이것이 그녀를 몹시 우울하게 만들었고 새삼 자신의 앞날이 걱정되었다. 앞으로 어떻게 살아야 하나? 지금 퇴직을 해서 평생 해보고 싶었던 일들을 과감히 시작해 볼까? 아니면 계속 직장에 머물면서 친구관계를 유지하고 직장생활이 주는 혜택을 누려야 하나? 그러나 막상 아무런 결정도 내리지 못하고 있었다.

모토롤라의 인사부에서 일하는 존은 자신의 개인적인 삶에 대해 얘기해 보고 싶어 했다. 46세인 그는 이혼한 지 5년 되었고 어린 두 아들에 대한 양육권을 원했다. 헤어진 전 아내가 일단 일 년 동안 그에게 양육권을 주겠다고 했지만 막상 자신이 회사에 다니면서 아이들에게 아빠 노릇을 잘 해낼 수 있을지 확신이 서지 않았다. 존은 자신이 원하는 것에 대해 양가감정을 갖고 있었다.

맥그로 힐 출판사의 지역 담당 매니저로 일하는 38세의 메리는 결혼은 했지만 아이는 없다. 그녀는 매우 열심히 일했고 자신의 경력에 자부심을 갖고 있다. 그러나 그녀의 생물학적 시계가 경종을 울리고 있었다. 아이를 가져야 할까? 아이를 가져도 될 만큼 자신들 부부의 결혼생활이 성숙한 것일까? 자녀를 가지면 수입이 줄어들 텐데 그러면 생활이 가능하기는 할까? 그녀 또한 결론을 내리지 못하고 있었다.

함께 지냈던 한 달간의 시간을 마무리할 때가 가까워오자 톰은 회사와 별개로 개인적인 삶을 설계하게 되었다. 그는 회사에서 보내는 시간을 줄이고 부하직원들에게 자신의 임무를 좀 더 많이 나눠주었으며 결국에는 회사를 매각하기로 결심했다. 그는 다람쥐 쳇바퀴처럼 반복되었던 직장생활을 그만두고 이제 어떻게 살 것인가를 생각하고 있다. 톰은 평생 처음으로 자신을 위한 사적인 삶을 즐길 기대감에 차 있다. 한 달의 휴가가 끝난 후 그의 아내 펠리시아와 그는 지난 5년 동안보다 훨씬 더 많은 시간을 함께 보내고 있다. 그의 앞에 어떤 인생이 기다리고 있을지는 알 수 없지만 그는 이 전환점에서 자신의 인생을 위해 올바른 방향을 찾았다고 믿는다.

린다는 직장생활을 계속하기로 결정했다. 하지만 주말에는 오랫동안 미뤄온 개인적인 일들을 하기 시작했다. 그녀는 호스피스 병동에서 자원봉사자로 일하면서 자신의 삶이 비로소 균형을 되찾은 것 같아 아주 기분이 좋다. 지금도 가끔 한 번씩은 우울증이 찾아오지만 건강을 유지하고 친구들과 밀접한 관계를 유지하면서 가능한 한 하루하루를 충만하게 보내려고 노력한다.

존은 자신이 새로운 커리어를 원한다는 사실을 마침내 깨달았다. 그는 서비스를 지향하는 자신의 업무에 무척 불만이 많았는데 자신이 학사학위를 갖고 있는 회계 분야로 이직할 수 있는 바람직한 방법을 찾았다. 석 달 후, 그의 바람은 현실이 되었다. 그는 이직에 성공했고 비록 급여는 예전만큼 못하지만 이제야 자신이 제대로 된 길

로 나아가고 있다는 생각에 기분이 매우 좋다. 부모로서의 역할에
대해서는 아직 아쉬운 점이 많지만 한 달에 두 번은 주말을 아이들
과 보낼 수 있도록 시간을 조정했고 내년에는 큰아들이 그와 함께
살기로 했다.

　메리는 자신의 진짜 문제는 아기를 갖느냐 마느냐가 아니라 제대
로 돌아가지 않는 결혼생활을 어떻게 할 것이냐 하는 것임을 깨달았
다. 그녀는 파경을 피하고 결혼을 유지할 방법이 있는지 알아보기
위해 남편과 함께 상담을 받아보기로 했다. 만약 방법이 없다면 이
쯤에서 정리를 하고 혼자 살 마음의 준비도 되어 있다. 메리는 자신
이 하는 일이나 친구관계 같은 삶의 전반에 대해서는 대체로 아주
만족스러운 편이었다. 다만 가장 중요한 친밀감의 원천인 부부관계
에 재평가와 쇄신이 필요한 상황이었다. 아기 문제는 여전히 해결해
야 할 과제이긴 하지만 이제는 그 압박감이 훨씬 덜해졌다.

　네 사람 모두 자신들의 복잡한 인생을 재설계하고 쇄신하고 균형
을 찾아 헤쳐 나갈 방법을 깨닫게 되었다. 이것은 우리가 순환적 사
고를 가지고 성인기 삶을 살 때 필요한 능력이다.

인생에 영향을 미치는, 두 개의 주기

—

두 개의 중요한 주기가 성인기 인생에 영향을 미친다. 〈인생의 주기〉

와 〈변화의 주기〉가 그것이다. 각각의 주기는 성인기 인생의 서로 다른 부분을 보여주며, 이 두 가지가 합쳐져서 변화하는 세상에서 통솔력과 리더십을 발달시킬 수 있는 토대가 된다. 자신의 삶에서 이 두 개의 주기가 갖는 중요성을 깨달은 사람들은 앞으로 다가올 시대를 친숙하게 그리고 도전하는 자세로 맞이할 수 있을 것이다.

〈인생의 주기〉는 인간이면 누구나 경험하게 되는 탄생에서 죽음까지의 여정을 말한다. 성인기에는 이 주기가 약 스무 살부터 시작하며 그때부터 줄곧 우리의 목적의식은 변화를 거듭하는 양상을 띤다. 한 인간의 인생 주기 내내 이 목적의식은 수많은 변수들로 인해 계속해서 변화한다. 20대부터 90대까지의 성인기를 관통하는 인생의 주기에는 몇 가지 패턴이 있다. 여기에 대해서는 4장에서부터 설명하고 있다.

〈변화의 주기〉란 성인기 인생에서 끊임없이 진행되며 반복되는 변화의 패턴을 말한다. 이 주기 안에서 성인들은 인생의 굵직굵직한 구획들과 전환기를 통과하며 나아간다. 그리고 이것은 계속 반복된다. 변화의 주기는 현대를 살아가는 성인들이 마스터해야 할 가장 중요한 주기다. 그 이유는 이것이 내부적이고 외부적인 변화와 안정의 흐름에 발맞추어 창조적으로 살 것을 우리에게 요구하기 때문이다. 변화의 주기 속에서 인생의 구획과 전환이 진행되는 과정, 그리고 그것을 용이하게 해줄 특별한 기술들에 대해서는 9장, 10장, 11장에서 자세히 설명하고 있다.

4

우리의 인생 주기는 어떻게 작동되는가

우리 인생의 주기는 빙빙 도는 만화경과 같다.
변화하는 인생의 패턴에는 예측 가능한 측면이 있는가 하면,
짐작조차 못했던 일들이 일어나기도 하고, 끝없이 사람을 놀라게 하기도 하고,
더러는 즐거움을 주기도 하고, 그리 즐거울 것 없는 일들도 일어나게 한다.
중심점은 바뀌지만 그럼에도 삶은 계속 흘러간다.

인생의 주기는
빙빙 도는 만화경과 같다

—

우리의 인생은 일련의 스냅 사진들처럼 유아기에서 아동기로, 청년기로 이어진다. 하지만 그 세월 동안의 인생 주기는 마치 현재 상영중인 영화와 비슷하다. 거기에는 전반적인 주제가 있고 갈등이 있고 등장인물들의 변화가 있다. 그러면서 계속 이어지는 스토리 속에서 또 다른 갈등이 드러나고 새로운 인물이 등장하고 플롯에 변화가 생기면서 새로운 인생 구획들이 뒤이어 등장하는데, 이와 같은 인생 구획들의 순환과 반복을 우리는 〈인생의 주기〉라고 한다.

 인생의 주기는 탄생에서 죽음까지의 사이에 진행되며 유아기, 아동기, 청년기, 초기 성인기, 중년기, 노년기를 아우르는 개념이다.

또한 인생의 주기는 사람마다 독특하면서도 보편적인 면을 지니는 개인사 혹은 인생사라고 받아들여지기도 한다.

당신이 매번 변화의 주기를 타고 새로운 인생 구획으로 진입할 때마다 그것은 이전과 다름없는 똑같은 변화의 주기 속에 당신을 던지는 것이지만 그럴 때마다 마치 모든 것이 바뀌는 새로운 상황처럼 느껴질 것이다. 이전의 인생 구획 바로 다음의 구획은 기본적인 가치, 등장하는 인물, 사회적 의제 면에서 이전의 구획과 어느 정도는 (혹은 상당히) 다르다. 그리고 각각의 인생 구획은 이전의 구획과는 다른, 당신의 목적의식을 새롭게 재정의한다. 하지만 그 구획들은 어쨌거나 바로 직전의 인생 구획의 연장이며 차이점만큼이나 많은 공통점 또한 지닌다.

성인기 삶은 커다란 곡선을 그리고 돌면서 계속해서 원을 만들어낸다(〈다이어그램 1〉 참조). 각각의 새로운 인생 구획은 지난번의 것과 비슷하면서도 다르다. 중심점은 바뀌지만 삶은 계속 흘러간다. 각각의 인생 구획마다 항상 되풀이되는 다음과 같은 인간적 질문들에 대한 대답 또한 그때그때마다 달라질 수 있다.

"나는 누구인가? 나는 어디로 가고 있는가? 지금까지의 나는 어떤 사람인가? 누가 나와 함께 가고 있는가? 나는 어떻게 목표를 이룰 것인가?"

30세에는 받아들일 만했던 대답이 50세 혹은 70세까지도 만족스러운 경우는 거의 없다. 일생에 걸쳐 당신은 이 기본적인 질문들에

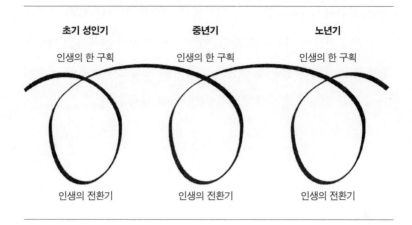

〈다이어그램 1〉 성인의 인생 주기

초기 성인기	중년기	노년기
인생의 한 구획	인생의 한 구획	인생의 한 구획
인생의 전환기	인생의 전환기	인생의 전환기

대한 대답을 계속해서 고쳐 쓰게 된다.

중년기와 노년기를 지나면서 당신의 목표의식은 자기중심적인 문제에서 보다 정신적인 것으로, 능력과 업적에서 인식과 배려로 옮겨간다. 그러나 만일 당신이 견딜 수 없는 상실을 경험하거나 삶을 즐길 만한 경제력이 부족하고 건강도 좋지 않다면 당신은 지금의 인생 주기를 내리막으로 보고 자기만의 생각에 빠져 살게 될지도 모른다.

인생의 주기는 빙빙 도는 만화경과도 같다. 변화하는 인생의 패턴에는 예측 가능한 측면이 있는가 하면, 짐작조차 못했던 일들이 일어나기도 하고, 끝없이 사람을 놀라게 하기도 하고, 더러는 즐거움을 주기도 하고, 그리 즐거울 것 없는 일들도 일어나게 한다. 그럼에도 누구나 자신의 인생을 돌아볼 때면 각각의 인생 구획들을 인식할 수가 있다. 이 구획들을 인생사라는 이름으로 풀어놓을 때 성인기 삶은 젊음에서 나이 듦으로, 시작에서 끝으로 일정한 지속 기간을 가지면서 시간에 따라 흘러간다. 이 인생의 주기가 진행되는 과정을 분명히 인식하면 할수록 당신은 더욱더 주도적으로 그것이 전개되는 순서를 결정하고 자신의 삶을 책임질 수 있게 된다.

10년 단위로 살펴보는
성인의 인생 주기

—

성인기는 매우 긴 시간이지만 그 도중에 사회적으로 경계가 정해진 지점이란 거의 없다. 거기에는 당신이 반드시 경험해야만 하는 꼭 필요한 시기라는 것도 없고, 이 사건 다음에는 이 사건이 일어나게 되어 있다는 식으로 당신이 적응해야 하는 정해진 연대기도 없으며, 당신이 스스로를 끼워 맞춰야 하는 정해진 틀도 없다. 우리가 가진 것은 현대인들의 개인적, 사회적 경험을 반영하는 다양한 연령 그룹에 대한 비교적 유사한 보고들뿐이다.

이 책에서 제시하는 인생의 구획이나 방침은 표준적인 것도 아니고 무슨 규정이 있는 것도 아니다. 또 오늘날의 성인들이 이 다양한 시기에 자신들이 경험하는 것 중에 핵심이라고 말하는 가치들은 개인적 사회적 환경에 따라 각기 다르게 나타날 것이다. 이 책의 목적은 당신이 이 특정한 전망들에 적응하도록 돕는 것이 아니라, 우리 각자는 성인기 동안 기본적인 가치의 변화와 시스템의 변화를 겪으며 나아간다는 것을 확신을 갖고 말하고자 함이다. 당신의 인생에는 여기서 보여주는 것들과는 전혀 다른 강조점이 있을지도 모른다. 혹은 당신의 경우에는 특정한 시기들이 다른 순서로 전개될 수도 있다. 가장 중요한 문제는 인생의 주기를 거치면서 당신만의 목표의식이 당신의 가치와 사회적 시스템을 통해 어떻게 변화하고 발전하는가이다.

성인기의 경험을 10년 단위로 나누어 설명하는 것이 요즘의 경향이다. 따라서 오늘날 20세에서 100세 사이의 교육받은 사람들에게는 성인기 인생에서 줄잡아 여덟 개의 인생 구획이 평가 기준 역할을 한다. 다음 장에서는 성인기를 20대부터 90대까지 여덟 개의 시기로 나누어 인생 주기의 과정을 그려보고자 한다. 연령대가 같은 사람들은 중요한 지표가 되는 사건들, 기억, 가치를 젊어서부터 서로 공유하게 된다. 그 10년이라는 기간에 속하는 사람들은 인생의 그 시기를 스스로 재정의하면서 같은 고민을 하고 같은 흥분을 나눈다. 새롭게 10년이 시작될 때마다 종종 우리는 새로운 가능성의 구획으로 넘어가면서 그동안의 삶을 평가해 보게 된다. 30번, 40번, 50번, 60번, 70번, 80번, 90번, 100번째 생일을 맞는 성인들에게 그렇게나 많은 특별한 의식과도 같은 행사가 존재하는 것은 그래서다.

각각의 인생 구획이 갖는 주제가 단 한 개의 구획에만 국한되는

〈다이어그램 2〉 10년 단위로 살펴본 성인의 인생 주기

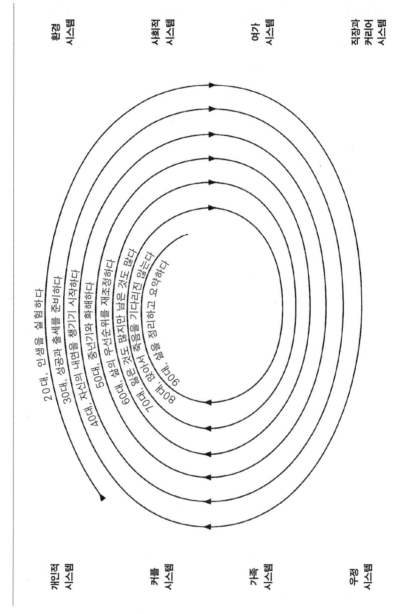

환경
시스템

사회적
시스템

여가
시스템

직장과
커리어
시스템

개인적
시스템

커플
시스템

가족
시스템

우정
시스템

20대, 인생을 실험하다
30대, 성공과 출세를 준비하다
40대, 자신의 내면을 챙기기 시작하다
50대, 중년기와 화해하다
60대, 삶의 우선순위를 재조정하다
70대, 삶의 것도 많지만 남은 것도 많다
80대, 죽음을 기다리진 않는다
90대, 삶을 정리하고 요약하다

것은 아니다. 그들은 성인기 전체를 관통하는 경우가 많다. 하지만 특정한 10년 동안에는 비슷한 연령대, 발달 단계상 비슷한 관심사를 갖는 수많은 성인들의 인생 목표를 규정함에 있어 아무래도 더 가깝게 다가오는 가치들이 있게 마련이다. 오늘날 우리 사회에서 그것들은 사회적 동질성을 형성하고 심리적, 영적 의미를 제공한다. 따라서 이제부터 20대부터 시작해서 10년 단위로 성인기 삶을 나누어 그 시기의 핵심 가치들과 인생행로에 대해 살펴보겠다.

5

성인의 인생, 그 시작

— 인생을 실험하는 20대,
성공과 출세를 준비하는 30대,
그리고 인생의 가장 큰 전환, 중년으로의 진입

"내 나이 스물두 살 때,
나는 내 자신이 불멸의 존재일 거라고 믿었다."
지그프리드 사순 / 영국의 전위시인

"서른 살이 되었지만,
아무 일도 일어나지 않았다."
댄 브라운 / 『다빈치 코드』 작가

20대,
인생을 실험하다

—

20대와 30대에 성인들은 원래의 가족을 떠나 성인기 인생의 첫 구획을 설계한다. 성인으로서의 책임감과 외로움에 준비되어 있는 사람은 별로 없지만 대부분 매우 열심히 자신의 삶을 디자인한다.

청년이 원래의 가족에서 떨어져 나와 사랑과 일, 놀이의 울타리를 자기 영역에 둘러치면서 성인기는 시작된다. 이 시기의 1차적 목표는 개인적 정체성을 확립하고, 타인과 친밀한 관계를 유지하고, 일을 손에 익히고, 원래의 가족에서 독립하는 것이다. 20대는 특히 대담성과 당당함, 자기회의, 불안정한 감정, 모험, 집중적인 배움, 정신적 경직성 등으로 대변되는 시기다. 따라서 대부분의 경우 이 시기는 두려우면서도 멋진 때다.

인생의 이 시기에 혼자 힘으로 충분히 자신의 삶을 위한 울타리를 둘러칠 수 있게 되면, 20대들은 성인기라는 시기가 마치 무한한 가능성의 의상인 것처럼 그것을 입어본다. 그들은 관계, 일, 사랑, 새로운 아이디어, 경제적 의무에 자신을 밀착시킨다. 그랬다가 공연히 그러고 싶어지면 아무 때나 가차 없이 떨어져 나온다. 비록 안정에 대한 그들의 욕구는 어딘가에 헌신하는 모습을 요구하지만, 그들은 인생을 바라볼 때 아직 자신이 두 발을 다 담그지 않은, 완전히 그 속으로 들어가지 않은 〈실험〉이라고 느낀다.

20대는 실험의 시기, 검열을 받지 않는 즐거움을 누리는 시기, 모험을 시도하는 시기다. 만일 당신이 건강하고 운이 좋다면 성인기 삶이라는, 아직 당신에게 생소한 이 영역은 〈제2의 삶〉이라는 새로운 목표를 향한 전진기지가 된다. 이 시기는 자유와 꿈과 우정이 삶을 구성하고, 때로는 사랑이 삶 자체보다 더 크게 느껴지는 때이기도 하다. 20대는 세상의 도움이 있든 없든 간에 자기가 원하는 인생을 살 수 있고, 또 그렇게 될 거라는 생각을 가지고 앞으로 나아간다. 그들은 무슨 일이 있어도 꿈을 이룰 수 있을 거라고 생각한다. 그들은 이전 세대에게 제약이었던 것들이 자신들에게도 해당될 거라고는 생각하지 않는다. 그들은 자신들이 새로운 규칙과 불가사의한 힘을 가진 신세대라고 생각한다. 영국의 전위 시인 지그프리드 사순이 예전에 20대에 대해 이렇게 말한 바 있다.

"내 나이 스물두 살 때, 나는 내 자신이 불멸의 존재일 거라고 믿었다."

그러나 비록 20대가 도덕적 선택을 놓고 실험을 하는 시기이긴 하지만, 대부분은 자신의 선택으로 인해 미래에 치르게 될지 모르는 대가를 가늠할 만한 경험이 부족하고 게다가 자신들의 선택을 되돌릴 수도 있을 거라고 믿는다. 그들의 이런 무지와 오만이 그들로 하여금 꿈을 이루기 위해 뛰어들게 하고, 흥하건 망하건 한 번 해보게 하고, 새로운 것에 도전하게 한다. 하지만 때가 되면 그들은 지금까지 자신들이 해온 선택으로 인해 인생행로가 바뀌었음을 알게 된다.

20대의 과단성과 결연함은 상처받기가 쉽다. 그래서 20대 젊은이들이 세상의 한계를 시험해볼 때 그들은 부모나 부모 세대 사람들의 보호와 지원, 지도를 받았다. 그들은 길잡이를 필요로 하고 뭔가 보장받기를 원하고 찬성을 얻고 싶어 하지만, 그와 아울러 완전한 자유를 원하고 성인들의 세계에 마음대로 접근하고 싶어 하기도 한다. 하지만 어떻게 해야 성인의 역할로 접어드는 확실한 통행권을 요구하고 또 얻을 수 있을지 그 방법을 알지 못한다. 그래서 성공과 안전을 향한 길을 앞서 걸어갔던 선배들의 조언을 따르기도 한다. 하지만 만일 그들이 자기 부모에 대한 신뢰의 문제를 해결하지 못했다면 조언자도 믿기가 쉽지 않다. 그래서 또래를 통해 확신과 승인을 얻고 싶어 하는 경우도 있다.

배우고 훈련받고 준비하는 시기가 끝나면 이제 드디어 출발할 시

간이다. 하지만 학업이 끝나면 상황이 완전히 딴판이 되고 그것에
대해서는 준비가 되어 있지 않다. 지금까지는 살아오면서 학교에 다
니며 자신의 연령집단에 걸맞은 행동에 자신을 순응시켰지만 이제
부터는 1차적으로 직장의 환경에 자신을 맞춰야 한다. 반면 개인생
활에서는 연인관계, 성적인 관계, 우정을 지속시키고 가꿔가기 위해
연애를 넘어 사랑하는 법을 배워야 한다. 또 이제는 시간과 돈, 여가
를 관리하는 법도 익혀야 한다. 도전은 멋지지만 책임은 종종 사람
을 질리게 한다. 다른 사람들이 자신들을 준비된 세대로 봐주길 바
라는 수준만큼 스스로 준비되었다고 느끼는 20대는 거의 없다.

강한 뱃심이라는 치장 밑에는
어린아이 같은 두려움이 자리 잡고 있다

—

집을 떠날 준비가 얼마나 되어 있었든 부모에게 얼마나 화가 나 있
었든 간에, 20대가 원래의 가족으로부터 떨어져 나온다는 것은 생각
했던 것보다 항상 더 어려운 일이다. 가족제도 전문가들은 이는 단
지 집을 벗어난 당사자만의 문제가 아니라 남은 가족들의 문제이기
도 하기 때문에 이러한 전환이 마무리되기까지는 몇 년이 걸린다고
말한다. 이 과정을 빈틈없이 혹은 수월하게 치러내는 사람들은 별로
없다.

20대들은 집을 떠나는 일 자체에 너무 골몰해 있어서 대개 자신들이 성인으로서 어떤 삶을 살고자 하는지에 대해서는 충분히 생각해 보지 않는다. 이제 성인기의 문턱에 도착했으니 어찌어찌 하다보면 직업, 경제적 안정, 배우자 등이 저절로 자기 앞에 뚝 떨어질 거라고 생각한다. 성인의 인생에 익숙해지는 방법을 배워야 할 거라는 생각은 좀처럼 들지 않는다. 거의 20년 동안 그들은 부모님의 자식으로 살았고 학교의 감독을 받아왔다. 하지만 이제 딸깍 하고 스위치를 올리는 소리와 함께 그들은 졸지에 제 갈 길을 가는, 다 자란, 책임 있는 성인으로 취급받게 된 것이다. 그러나 강한 뱃심이라는 한 겹의 치장 밑에는 어린아이 같은 두려움이 있다.

20대와 30대는 과거의 자신으로부터 현재의 자신을 선별하면서 그 세월을 보낸다. 생각과 감정이 여전히 원래 가족의 것을 차용했다면 그것을 자기만의 것이라고 주장하기는 어렵다. 비록 그들이 첫 번째 인생 구획이 진행되는 동안 부모와 조언자, 동년배로부터 상반되는 얘기들을 듣고 이리저리 휩쓸린다고 해도, 20대는 자기 삶을 자신이 책임지고 있다고 믿고 싶어 한다.

그들 중 일부는 20대에 개인적인 목표를 이루는 조기 출세를 하기도 한다. 그들은 자기가 수행하는 역할에 대해 어느 날 아침 졸지에 사회적으로 인정을 받게 된다. 뮤지컬 혹은 영화배우, 스포츠 스타, 큰돈을 유산으로 상속받은 경우 등도 여기 속한다. 그러나 이런 역할 뒤의 개인은 대개 명확한 정체성을 갖지 못했기에 그가 맡는 역할이 한동안 그의 삶을 지배한다. 안타깝게도 육체적 힘이나 아름다움을 중심으로 인생의 구획을 만들어 나간 사람들은 흔히 2-30대에 인생의 정상에 도달한다. 정상에 올랐으면 그 다음은 내리막인 것이 인생의 이치다. 비탈을 미끄러져 내려가는 20대 조기 출세자들은 마치 과거만을 끌어안고 살려는 노인처럼 행동한다.

　젊었을 때는 젊은이 특유의 생각으로 우리에게 미래를 만들어갈 수 있는 충분한 지식과 힘이 있다고 믿는다. 그리고 현재 가진 전망이 나중에까지 우리를 이끌어 주기에 충분하다고 생각한다. 그때는 인생의 목적이 매 십 년마다 변화한다는 것을 미처 알지 못했다. 우리는 미래에 어떤 결과가 올 것이며 어떤 변화가 필요한지 예상하는 데 어려움을 겪는다. 나이가 들고 경험이 늘어나면서 자신들의 인생관이 어떻게 변할 것인지 누가 상상할 수 있겠는가?

　따라서 미래를 볼 수 없다는 것은 청년들에게 행동의 결과를 생각하지 않고 대담한 결정을 내리게 하고 모험에 뛰어들게 한다. 그것은 일단 행동으로 옮기게, 즉석에서 해치우게, 인생을 즐기게 만든다. 그것은 미래의 선택들과 그것이 초래할 수 있는 결과들의 합리적 윤곽 없이 현재 있는 곳을 뛰쳐나오게 만든다. 그것은 청년과 중년을 막론하고 모두에게 필요한 것이기는 하지만 사실 성인보다는 청년의 원칙에 더 가깝다.

청춘이 주는
심리적, 사회적 유예기가 사라졌다
—

우리 사회에는 젊은이들이 청소년기의 〈반항기〉에서 성인기의 〈정
체성 확립 시기〉로 옮겨가는 동안 그들에게 전통적 환경을 제공해
주는 완충지대가 있었다. 대학, 군대, 평화봉사단, 직업에서의 도제
의 역할들이 젊은이들을 사회에 적응시켜서 점차 성인기로 이끌어
주었다. 이때 젊은이들은 다양한 역할, 가치, 신념 등을 가지고 실
험을 해보면서 〈심리적 및 사회적 유예기〉를 가질 수 있었다. 그들
은 여행을 하고 새로운 경험을 쌓고 종교 활동이나 정치단체에 참여
하고 생존에 필요한 돈을 벌기 위해 일을 하고 사랑을 할 수도 있다.
이런 청년문화는 20대들에게 자신들이 누구이며 어떻게 살고 싶은
지에 대해 알아볼 수 있는 시간을 연장시켜 주었다.

하지만, 오늘날에는 그것이 그리 쉽지 않다. 대학은 일반적인 교
육의 기능을 대부분 상실했고 젊은이들이 그 안에서 성장하고 사회
화할 수 있도록 품어주기보다는 사회를 그대로 반영하고 있다. 성인
의 인격과 사회적 행동을 연습해 보기 위한 완충장치가 빈약해진 것
이다. 성인기로의 통과의례를 용이하게 만들어 주는 학교는 이제 별
로 남아 있지 않다. 대학에서의 전공이라는 것이 꼭 직업과 연관이
있는 것도 아니며, 경제적인 문제로 걱정이 많은 젊은이들은 졸업
후 직업을 구해서 어느 정도의 안정을 얻고자 단기교육이나 연수 프

로그램 쪽으로 발길을 돌린다. 바로 그런 이유로 꽤 많은 20대 젊은 이들이 한순간에 갑자기 성인이 된다. 그들은 내적 갈등이나 감정적 혼란은 나중으로 미뤄두고 사회생활과 관계 속으로 풍덩 뛰어든다. 그래서 사회적, 문화적으로 인정되고 있는 유일한 전환인 청년기에서 성인기로의 전환은 그 자체로 정체성 위기에 빠져 방황하고 있는 사회로 인해 점점 그 기간이 짧아지고 부실함이 노출되고 있다.

게다가 오늘날의 20대는 마음을 혼란스럽게 하는 사회적 딜레마에 직면하고 있다. 이들이 성인기로 접어드는 시기에 사회는 에이즈의 확산, 약물 중독, 경기침체 혹은 불황, 실업, 전쟁, 환경의 위협, 정치에 대한 환멸, 만연된 테러리즘 등과 힘겨운 씨름을 하고 있다. 지금 성인이 되는 20대를 환영해 주는 분위기가 어디 있는가? 만일 위에서 언급한 것들이 그들이 물려받은 유산이라면 미래의 전망은 어떠한가? 그들은 어떤 희망을 품을 수 있는가? 현대의 많은 젊은 이들이 자신들은 버려지고 소홀히 취급되고 있다고 느끼는 것이 이상한가? 그들은 소외된 채로 자신이 누구인지 알기도 전부터 일부는 생존에 매몰되고 일부는 하위 집단의 역할에 고착된다.

그들은 종종 즉각적인 보상과 인정을 받는 것에 안주한다. 그래서 그들의 큰 꿈은 그보다 작은 것 안에 갇혀버린다. 그러면서 그들은 자신의 실수를 얼마든지 되돌릴 수 있을 거라고 믿는다. 하지만 실상 젊은이들이 방금 걸어 들어온 문은 그들이 문턱을 넘어서자마자 등 뒤에서 닫혀버리고, 만에 하나 가능하다고 해도 그 문을 다시 열려면 엄청난 고생을 해야 한다. 그들은 자신들 내면에 성인의 모습이 제대로 형성되지도 않았는데 그 상태로 평생 껴안고 살아야 하고 엄청난 고통을 치르고서야 겨우 되돌릴 수 있는 수많은 결정을 내리게 되는 것이다.

"서른 살이 되었지만,
아무 일도 일어나지 않았다."

—

20대가 직면하고 있는 세 가지 가장 큰 도전은 성인의 정체성을 획득하는 것, 타인과의 친밀한 유대를 이어 나가는 것, 그리고 분명한 직업 정체성을 확립하는 것이다. 하지만 사회화의 영향이 점점 약해지고 동시에 변하고 있기 때문에 20대 발달 과정의 이 세 가지 목표 중에서 한 가지 이상을 이루지 못하는 젊은이들이 점점 더 늘어나고 있다. 그리고 이것은 극심한 외로움으로 이어진다. 이 연령대의 사고와 자살이 늘어나는 데는 이런 연유가 있다.

　30대가 가까워지면서 그들은 자신들이 꿈을 이루는 방향으로 제대로 나아가고 있는지, 동료들과의 관계는 어떤지에 대한 심사를 스스로 수행하기 시작한다. 이처럼 10년마다 원점으로 돌아와 다시 시작하는 〈영년zero year 전환〉은 매우 흔하다. 그것은 지난 10년간 행한 선택과 결정들을 엄격하게 평가해본 후 지금까지 해온 대로 더욱 열심히 몰입할 것인지, 아니면 중대한 변화를 도입할 것인지에 대한 새로운 결정으로 이어진다. 신문 칼럼에서 『다빈치 코드』의 작가 댄 브라운은 서른 살을 평가하면서 이런 글을 쓴 적이 있다.

"서른 번째 생일날 아침, 세 살짜리 아들녀석이 내 귀에 대고 코를 골아대고 고양이가 담요 바깥에서 내 발을 갉작대는 바람에 잠에서 깼다. 아무것도 달라진 것이 없는 듯했다. GTE(미국의 통신회사)는 아직도 우리 집 전화를 연결해 주지 않았고 집세는 이미 기한을 넘겼다. 나의 주 수입원은 도랑을 파고 못을 구부리는 일이고, 시계를 힐끗 쳐다보니 오늘도 지각이다. 나는 잠시 그대로 누운 채로, 살면서 어렵게 터득한 진실을 하나 떠올린다.

'서른 살이 되었지만, 아무 일도 일어나지 않았다.'

누운 채로 나는 생각한다. 서른 살 인생의 아침이 밝았는데 왜 난 여전히 어둠 속인가? 서른 살이 된다는 것은 장래가 촉망되는 천재에서 교활한 베테랑으로, 눈에 보이지 않는 선을 넘어가는 거라고 생각했다. 아니면 적어도 서른 살쯤 되면 나 자신을 운동선수로 생각하는 것을 더 이상 그만두고 꿈을 양보하게 될 거라고 생각했었다. 하지만 천만에. 친구들과 농구를 하거나 일요일에 야구 타격 연습을 할 때면 나는 어디서 괴짜 영감탱이 한 명이 발을 질질 끌면서 내게 다가와 LA 레이커스나 다저스 팀에서 딱 나 같은 선수를 찾고 있다고 말하지 않을까 하는 기대감으로 여전히 사이드라인을 살펴보고 있을 것이다.

제기랄, 나는 서른 살이 아니라 열 살이다. 열 살 생일을 세 번째 맞는 것이다. 별로 발전한 것도 없어 보이는 채로 말이다.

아내 신디는 내가 차고에서 차를 꺼낼 때까지는 아무 말도 하지 않았다. 그러다 내가 차고에서 나오자 입을 열었다.

'이봐, 속도광.' 그녀가 대문에 서서 소리쳤다. '고개를 당당히 들어. 사소한 일에 연연할 거 없어. 그리고 내 말 명심해. 발전이 별건가? 우린 나름대로 발전하고 있는 거라고.'

차를 붕 하고 출발시킨 나는 마리오 안드레티(유명한 카레이서)처럼 첫 번째 길모퉁이를 돌았다."

20대는 자신의 인생을 만들어감에 있어 자신이 세상의 모든 시간을 다 가졌다고 믿는 경향이 있다. 성공적으로 20대를 보낸 젊은이들은 서른이 되면 삶에 대한 자신들의 실험을 자랑스럽게 생각하며 그것이 여전히 진행 중이라고 여긴다.

성숙한 20대는 경험에 대해 개방적이고, 모험을 즐기며, 자기 수용적이다. 그들은 자기 삶에 책임을 지며, 열심히 배움을 지속해 나가고, 인생의 철학, 자신들이 나아갈 방향을 이끌어 주는 내면화된 믿음과 가치들을 지킨다. 하지만 20대를 지나 30대로 접어드는 그들은 이제 〈실험의 시기〉를 거쳐 인생에서 〈가장 복잡한 시기〉로 접어드는 것이다.

30대,
성공과 출세를 준비하는
인생에서 가장 복잡한 시기다
—

20대 후반부터 30대에 이르기까지 대부분의 성인들은 성공하고 출세하는 일에 시간을 바친다. 그들은 완전히 성공하고 싶어 하고, 삶의 안락함을 느끼기를 원하고, 성공에 대해 보상과 인정을 받고 싶어 한다. 그들은 이제 더 이상 〈성인기 입문자〉가 아니다. 그들은 세상이 자신을 위해 움직이도록 만드는 데 몰두한다. 그것은 곧 커리어, 결혼, 자녀 양육, 사회적 성공 등 장기적인 문제에 시간과 노력을 들이는 것을 의미한다. 20대에 터득한 사실을 바탕으로 인생행로에 중요한 수정을 해왔다고 느끼는 그들은 이제 일등시민이 되기 위한 경주에 뛰어든다.

30대에게 있어 발달상의 중요한 이슈 중 하나는 〈성취〉다.

30대는 소유에 대한 욕망이 생기고 목표를 이루는 것에 대해 마음이 급해진다. 40대는 많은 젊은이들이 무의식적으로 마음속에 갖고 있는 〈성공에 대한 데드라인〉이다. 직업적으로 인정받고 경제적 안정, 결혼, 자녀, 우정, 지위, 뜻밖의 횡재, 여가생활, 여행, 리더 역할 등 그들이 말하는 성공을 구성하는 것들을 이룰 시한을 대부분 40대로 본다는 뜻이다. 일부는 거기서 결혼을 배제하기도 하고 또 일부는 결혼은 하되 아이는 낳지 않는 등 라이프스타일에 따라서 여러 변주가 가능하다. 그렇더라도 압박감은 같다. 이 10년 동안 인생의 절정기에 도달해야 한다는 압박감 말이다. 30대에는 해야 할 일이 많은데 시계는 계속해서 째깍째깍 가고 있다.

따라서 30대가 성인기 중에서 가장 복잡한 시기인 것도 무리가 아니다. 30대는 원래의 가족에서 형성되어 20대 시절의 경험에 의해 수정된 긴급한 의제에 쫓긴다. 이 시기는 부모, 또래집단, 조언자, 그리고 사회 자체로부터 얻은 청사진을 바탕으로 광범위한 전문지식을 갖추게 되는 시기다. 외부적인 기대에 부응하고자 하는 것이 그들의 내면적 욕구다. 따라서 이 시기는 사실 젊은이들이 너무 많은 목표를 세우고 이를 최고의 수준에서 최대한 빨리 이뤄야 한다는 압박감을 느끼는 시기다. 엄청난 과업을, 그것도 완벽하게 달성해야 하는 것이다. 결국 30대는 과도한 역할을 짊어지고 자신이 세운 꿈과 계획을 이루기 위해 자신이 설정한 데드라인을 향해 시간에 쫓기며 나아가는 시기다. 그래서 늦어도 대략 40세쯤 되면 초기 성인기의 꿈, 즉 성공, 행복, 경제적 안정 등을 어느 정도는 달성한 상태에 도달하고 싶은 것이다.

30대는 또한 기본적으로 아랫사람 노릇을 하는 데 질렸으며 책임을 지고 그만큼의 보상도 따르는 자리에 오르고 싶어 한다. 그래서 많은 사람들에게 30대 시절은 기회와 도전으로 가득한 〈유쾌한 시기〉이기도 하다. 이들 30대들은 자신들이 원하는 것을 얻고 그런 상태가 영원히 계속될 것처럼 느낀다. 하지만 그들은 또한 이 시기가 내적 외적 갈등의 전쟁 속에서 기대와 현실이 엎치락뒤치락하는 시기임을 알고 있으며, 그 결과 30대 끝 무렵에는 삶에 대한 재평가와 함께 인생의 전환이 이어지기도 한다.

30대는 성인들의 세상에서 영구적인 획득을 원하고 기대한다. 그들은 〈준비하고 있는〉 또는 〈기다리는〉 상태를 넘어서서 뭔가를 확실히 성취하고 싶어 한다. 남자들은 대개 자신들에게 주어진 특별한 임무가 출세를 해서 경제적 성과를 얻는 것이라고 생각하기에 일에 집중한다. 반면 여자들은 삶에서 자신이 맡아야 한다고 느끼는 모든 역할들 사이에서 균형을 맞추는 것이 얼마나 어려운 일인지를 깨닫는다. 그 역할에는 대체로 직업 혹은 커리어, 남편 혹은 애인, 엄마 역할, 가정살림을 계획하고 관리하는 것, 나이 든 부모님을 보살피는 것, 그리고 사교생활 등이 포함된다. 이 모든 것들을 감당하는 것이 얼마나 벅찬 일인지 경험하게 되는 것이다.

30대는 아이로 인해 인생의 가장 큰 변화가 일어나는 때이기도 하다. 아이들이 태어나면 완전히 별개의 경험 세계에 속해 있던 두 사람이 부모 역할을 통해 점차 하나가 되어가면서 부부 사이에도 긴장이 싹튼다. 일반적으로 남자들은 30대가 되면 일과 경제적 책임감에 더욱 깊이 빠져들지만 요즘은 근무시간을 줄이더라도 아빠 역할을 적극적으로 하려는 남자들을 많이 볼 수 있다. 마찬가지로 여자들도 부모 역할이나 돈을 버는 것도 남편과 함께하는 것이 30대의 보편적인 경향이다.

인생을 준비하지만
아직 제대로 즐기지는 못한다
—

30대의 또 하나의 중요한 이슈 중 하나인 〈친밀한 관계〉는 이제 장기적인 국면으로 접어들고 대화, 스킨십, 섹스는 예상이 가능할 만큼 뻔해지고 틀에 박힌 일상이 된다. 만일 30대들이 전통적인 결혼제도를 따른다면 가정생활은 아이들의 커져가는 요구에 맞춰지고 엄마와 아빠의 자아 욕구는 여기에 자리를 내어준다. 그들은 아이들의 운전기사, 학부형회 임원, 훈육자이자 부양자가 되는 다중역할로 미끄러지듯 들어간다. 직장인들에게도 매일 되풀이되는 일상이 있다. 30대 직장인들은 대개 생활수준을 유지하기 위해 늘어난 근무시간을 감수하면서 열심히 일을 한다. 하지만 그들은 자신에 대한 높은 기대에 부응하고 눈에 띄는 성과를 내기 위해 쫓기듯이 살아가느라 삶의 질 따위는 훗날로 미루게 된다. 양적인 문제들이 질적인 것을 압도하게 되는 셈이다.

해안에서 뒤로 물러가는 역류도 만만찮다. 대부분 30대에 인생의 굵직한 결정들이 내려지고 그들은 그 결과를 기다리고 있다. 하지만 헌신하고 책임져야 할 것들이 겹겹이 그들을 에워싸면서 그 속에서 쉽사리 빠져나오지 못한다. 이것이 새로 얻은 자유와 모험의 시기인 20대와 다른 점이다. 이제 그들은 복잡하면서도 한편으로는 일상이 된 가족관계와 고용계약, 경제적 책임, 자녀 양육 등에 완전히 파묻

힌다.

　20대가 다방면의 지식을 갖고 이것저것 건드려보다가 자신을 추스르고 일관성을 가져야겠다고 결심하는 시기라면, 30대에는 성공을 위해 특정한 과제나 직무에 전문성을 갖게 되는 경향이 있다. 하지만 이것은 종종 한쪽에만 너무 치우쳐 균형을 잃은 사람을 만들어낸다. 당신이 특정한 분야의 고급지식과 기술을 갖춰갈수록 그밖의 다른 의무들은 뒤로 미뤄지고 미처 개발되지 못한 능력들 또한 점점 늘어난다. 20대에 재미로 하던 것들이 30대에는 중독이 될 수도 있다. 모든 시간을 일에 바치면서 출세의 사다리를 타고 올라가는 당신에게는 일중독자라는 별명이 붙을지도 모른다. 당신은 인생을 준비하지만 아직 그다지 인생을 즐기지는 못한다. 한편으로, 가정에서보다 직장에서 더 많은 시간을 보내는 세월이 10년이 넘어가면 모처럼 집에 있거나 아이들 학교를 방문하게 될 때 당신은 아웃사이더가 된 기분을 느낀다.

　남자는 직장에서 모든 에너지를 소모하고 집에 돌아오면 보살펴줘야 할 대상이 된다. 직장에서 그리고 가정에 돌아와서까지 에너지를 소모해야 하는 아내는 저녁 시간에나 주말에 보다 적극적인 역할을 해주는 남편을 기대한다. 남자들이 가정에서 보이는 수동적인 모습은 그의 심리적 부재에 대한 배우자의 분노를 부르고 그로 인해 종종 부부 사이에 불화가 생긴다. 그들의 삶에 만족감을 주리라 생각했던 꿈이 이제 그들을 갈라놓고 있는 것처럼 보인다. 결혼은 가장 가까운 관계 대신에 오히려 곁가지가 된다. 이제 가정에 폭풍우가 밀어닥치고 있다. 둘 다 30대인 메리와 데렉 부부의 말을 들어보자.

메리: 체리가 태어났을 때 저는 서른네 살이었어요. 엄마가 되는 것만큼 제 인생을 바꿔놓은 건 없어요. 저와 체리만큼 가까운 사람이 또 있을까요? 그 아이를 중심으로 제 삶이 돌아가더라고요. 제 친구들에게도 아기를 낳아서 엄마가 되라고 제가 많이 부추겼지요. 적어도 6개월은 직장에 복귀하지 않을 생각이었어요. 데렉이 시간 외 초과근무를 시작했기 때문에 예전에 비해 그리 소득이 줄지는 않았거든요. 체리와 특별한 시간을 보낼 수 있으니 그 역시 주말에 집에 있는 것을 정말 좋아했고요.

데렉: 제가 다니는 법률회사가 제게 파트너가 되어 달라는 제의를 했던 게 제 나이 서른일곱 살 때였어요. 근무시간이 늘어나고 일도 더 많아진다는 건 알았지만 거절할 수가 없더라고요. 그만큼 인정을 받고 있다는 뜻이고 봉급도 늘고 위치도 더 탄탄해진다는 뜻이기도 했으니까요.

메리: 체리가 걸음마를 시작하기 전까지는 모든 게 수월했어요. 그런데 아이가 걷기 시작하면서 집을 싹 바꿔야 했어요. 아이와 함께 있으면 너무 행복했지만 하루 온종일 아이한테 매달리게 되더라고요. 아이를 맡길 만한 곳을 여러 군데 알아보았지만 아무래도 몇 년은 더 체리 옆에 있어 줘야 할 것 같았어요. 하지만 솔직히 병원에

서 근무할 때보다 집에 있는 게 오히려 더 피곤했던 게 사실이에요. 그러다 둘째가 생겨 아이를 하나 더 낳기로 결정했어요. 제가 마흔 살이 되면 아이들이 학교에 들어갈 것이고 그럼 저는 복직을 할 수 있을 거라고 생각했죠. 둘째 크리스토퍼를 낳았을 때 제 나이가 서른여섯이었어요.

데렉: 서른아홉 살이 되었을 무렵 저는 회사에서 꽤 인정을 받았습니다. 회의에서 연설을 하는 경우도 잦아졌고 모임도 늘어났지요. 제가 이룬 성취에 기분이 무척 뿌듯했습니다.

메리: 서른아홉 살이 되었을 때 제 삶은 완전 침체기였어요. 데렉과의 관계는 이미 온데간데없었고 저는 그에게 몹시 화가 났어요. 아이들이 아빠를 가장 필요로 할 시기에 그는 점점 더 일이 많아져서 집에서 보내는 시간이 거의 없었으니까요. 저는 파트타임으로라도 복직을 하려고 필사적으로 노력했어요. 집안일, 엄마노릇에서 좀 놓여나야 살 것 같았거든요. 내게도 내 삶이 필요했어요. 사교생활이라고 해봐야 또래 아이들을 둔 부모들과 어울리는 게 고작이었고 그나마도 간신히 이어 나가는 수준이었어요. 겉으로 보기엔 원하는 것을 다 가졌으니 뭐가 문제냐 싶었겠지만 저는 비참하고 불행했어요.

데렉: 회사 직원들도 하나같이 아내에게서 똑같은 소리를 듣는다더군요. "당신은 일을 너무 많이 해요. 그러느라 저녁에 매일 늦게 들어오잖아요. 나는 당신과 함께 가정을 이끌어 나가고 싶다고요!" 제가 지금 이러지도 저러지도 못하는 상황이라는 것을 메리가 왜 몰

라주는지 모르겠어요. 회사에서 제 위치를 유지하려면 리더가 되어야 하고 그건 곧 더 길어진 근무시간과 더 많은 봉급을 의미합니다. 요즘은 가장 가까운 친구가 회사 동료들이에요. 하지만 메리는 그들에 대해 거의 아는 게 없어요. 집에 들어오면 이방인이 된 기분이에요. 심지어 물건이 어디 있는지, 뭐가 어떻게 돌아가는지 저보다 아이들이 더 잘 알더라고요. 솔직히 말하면 부부관계도 전 같지가 않아요. 하지만 아이들이 다 크고 나면 만회를 할 수 있겠죠? 안 그래요?

30대 후반에 접어들면 삶을 반성하는 능력이 발달된다. 이때 사람들은 자기성찰을 통해 자신이 내린 인생의 결정들을 재평가하기 시작한다. 목표를 이뤄야 한다는 압박감은 여전하지만 이런 생각이 고개를 들기도 한다. "이게 전부인가? 내 인생이 이런 건가?" 그러면서 가끔 모험으로 가득한 주말을 보내거나 이국적인 곳을 여행하거나 자립, 자기치유에 관한 집중훈련을 받거나, 휴일을 멋지게 보냄으로써 일상에 활력을 불어넣기도 한다. 그럼에도 주어진 시간 중에 94퍼센트는 생활을 유지하기 위한 일에 바쳐지고 오로지 6퍼센트만이 자신이 얻은 것을 누리는 일에 쓰인다. 목표는 부자인데, 시간은 가난뱅이인 것이다. 처음 출발할 때 생각했던 건 이런 게 아니었다.

중년으로의 진입,
심하게 덜커덩거리는, 인생의 가장 큰 전환

—

30대가 끝나갈 무렵이면 당신은 젊었을 때 품었던 꿈은 잘못된 것이었음을 느끼고, 여러 가지 열정적인 활동에 지칠 대로 지쳤으며, 직업이나 관계에 갇혀 꼼짝도 못하고 있는 자신을 느낄지도 모른다. 당신은 개인적으로 심리 상담을 받아보거나 직업을 바꿔야 하는 건 아닌가 생각한다. 그밖에 또 뭘 할 수 있으려나. 초기 성인기에 세운 꿈의 데드라인이 다가올수록 당신은 여태껏 열심히 올라가고 있었던 사다리를 혹시 엉뚱한 담장에 기대어 놓았던 것은 아닐까 하는 의구심마저 든다. 설사 당신이 꿈을 이루었더라도 그 과정에서 삶의 너무나 많은 부분을 잃어버렸다고 느낄 수 있고, 그동안 당신이 일에 치여 희생했던 다른 활동들이 이제야 중요하게 느껴진다. 하지만 칼 융은 이와 같은 중년의 위기에 대해 다음과 같이 기술한 바 있다.

"중년기는 절정이 펼쳐지는 순간이다. 남자들은 여전히 모든 힘과 모든 의지를 다해 자신의 일에 몰두한다. 하지만 바로 이 순간에 해가 지기 시작하고 인생 후반기가 시작된다. 열정은 이제 얼굴이 바뀌어 〈의무〉라고 불린다. 〈내가 원하는 것〉은 움직일 수 없이 〈내가 해야만 하는 것〉으로 바뀌고, 한때 놀라움과 새로운 발견을 가져다주었던 길이 이제는 습관에 의해 지루해진다. 와인은 부글부글 끓으며 발효

되다가 침전 과정을 거쳐 비로소 맑아진다. 그는 앞을 내다보는 대신 뒤를 돌아본다. 그리고 자신에게 아직 남아 있는 것이 무엇인지 인생의 재고조사를 하기 시작하고 자기 인생이 얼마나 발전했는지 알아보려 한다. 이때 진정한 동기를 추구하고 진정한 발견이 이루어진다."

일부의 사람들은 흔히 마흔 전후에 오는 이러한 전환을 〈중년기 인생 전환〉 혹은 〈중년의 위기〉라고 일컫는다. 그 시기를 기점으로 성인기 인생은 전반기와 후반기로 나뉜다. 대부분 인생의 전환기가 우리의 삶을 10년 단위로 혹은 구획으로 나누는 역할을 하지만 중년으로의 전환은 그 역할이 좀 더 크다. 시소의 중심을 받치고 있는 받침점처럼 그것은 우리 인생의 한가운데를 의미한다. 그리고 이때 인생의 전망, 가치, 목표에 굵직한 변화가 일어난다. 이 중년의 전환기에는 외면적 확장에서 내적 명료함으로의 변화가 일어나고, 영원함에서 남아 있는 제한된 시간으로 시간에 대한 인식이 바뀐다. 중년의 전환기를 중심으로 해서 무한하던 선택의 가능성이 제한된 옵션으로, 죽음에 대한 부정은 죽음의 확실한 보증으로 바뀐다. 전에는 삶이 펼쳐지기를 기대했다면 이제는 삶이 전개되는 대로 받아들이는 자세로 바뀌게 되고, 전에는 부모로서 그리고 사회적인 역할에 몰두했다면 이제는 자기 자신에게 눈을 돌리게 된다. 이러한 변화는 자연스럽게 일어나기도 하지만 때로는 너무나 갑작스럽게 찾아와 개인으로 하여금 방향을 잃고 지금까지의 인생에 대해 환멸을 느끼게 만들기도 한다. 안톤 체호프의 희곡 「이바노프Ivanov」에 나오는 35세 이반의 독백처럼 말이다.

"나는 무거운 머리와, 나태하고 지치고 부서진 영혼으로 여기저기 돌아다닌다. 나는 이제 신념도 없고 사랑도 없고 목표도 없다. 나는 그저 그림자처럼 친구들 사이를 배회한다. 사랑은 어리석은 것이고, 포옹과 애정 행위는 달콤한 난센스이고, 일에는 아무런 의미도 없다. 노래와 열정적인 말들 또한 다 시시하고 구닥다리처럼 느껴진다. 나는 가는 곳마다 비참함과 공허한 권태, 불만, 인생에 대한 혐오를 불러일으킨다."

중년기부터 많은 사람들이 꿈을 잃어버리고 자신을 추억 속에 가둔다. 돌이켜보면 가장 좋은 날들은 이미 지났다. 그들의 인생은 정점을 지나왔고, 그래서 과거를 회상하고 현재의 삶을 그저 과거의 쪼그라든 연장으로 바라본다. 그들은 나이 든다는 것의 웅대한 가능성을 상상할 수 없다. 그들의 과거 이야기는 역사 속의 짤막한 삽화에서 자존심의 지속을 위해 윤색된, 영웅적이고 신비로운 무용담으로 점점 진화한다. 과거를 바탕으로 미래를 계획하는 사람들은 삶을 연장할 수는 있지만 그것은 오직 과거 그들 자신의 그림자로서뿐이다. 그들은 예전의 사고방식과 행동양식을 계속 되풀이하기 때문에 급격히 변화하는 사회 속에서 점점 더 자신을 이방인처럼 느낀다. 그들은 반복강박(경험으로부터 배우지 못하고 계속 특정한 강박행동만을 병적으로 되풀이하는 것)을 경험한다. 하지만 소중한 기억들과 더불어 미래에 대한 비전을 가진 사람은 결코 인생의 정점에 도달하지 않는다. 왜냐하면 그들은 하나의 경험이 끝나면 계속해서 새롭고도 소중한 또 다른 모험을 찾기 때문이다. 우리 삶은 계속해서 오르내리지만 우리의 목적의식은 각각의 시간의 틀 안에서 계속적으로 중요성과 연결점을 찾는다. 과거에 뿌리를 내린 몽상가에게는 역사가 있고 추억이 있지만 그는 그와 동시에 미래를 준비하고 있다.

중년기의 목표는
인생을 통합하는 것이다

—

최소한 6가지 이유들이 이러한 중년기 인생 전환에 원인을 제공한다.

첫째, 눈가에 세 가닥 주름이 잡히고 턱이 두 개가 되고 체중이 불고 머리숱이 적어지고 성욕이 감퇴하는 등 신체에 일어나는 생물학적 변화가 자신에 대한 재평가를 촉발한다.

둘째, 기대와 현실 사이의 괴리는 자신이 아무짝에도 쓸모없는 패배자라고 느껴지게 한다. 특히 젊은 시절의 꿈이 비현실적이고 대단한 것일수록 더욱 그렇다.

셋째, 이 시기에는 직업에 대한 만족과 경력 발전이 정체기에 도달하거나 사실상의 하향기로 접어들면서 일에 대한 재평가, 인생 전반에 대한 재평가를 부른다. 혹은 경력 발전에 있어 자신이 세웠던 목표를 이루지 못하게 되면서 안절부절못하거나 권태가 찾아오기도 한다.

넷째, 이때쯤 되면 결혼과 가정에 대한 의무를 재조정하는 경우가 많은데 이 역시 개인의 삶에 대한 총체적인 재평가로 이어질 수 있다. 중년기에는 남자들의 경우 공격성이 많이 누그러지고 사랑이나 관계에 대해 보다 관심을 갖게 되며 소박한 기쁨을 알게 된다. 반면에 여자들은 자녀 양육이나 순종적인 역할이 예전만큼 편안하게 느껴지지가 않고 외적인 도전, 자신의 의견을 강하게 피력하는 역할, 개인적인 발전에 보다 흥미를 느낀다. 커리어에 의해 정의되는 여성들의 경우에는 각 역할들의 조합이 더 복잡해진다. 이러한 변화들이 결혼생활과 가족의 역할에 영향을 미친다.

다섯째, 사회적 인정과 지위에 관한 문제들이 새롭게 현황을 점검하게 만든다. 소득 수준이 낮은 하위 직군이면 그 가족은 시원찮은 동네의 좁은 집에 살 수밖에 없다는 식의 중간 평가가 이루어진다.

여섯째, 경제적 제약, 축소된 야망, 남아 있는 시간의 양, 불가피한 죽음과 같은 삶의 한계에 대한 인식이 증가된다.

중년기 인생 전환의 목표는 인생을 분리하는 것이 아니라 〈통합〉하는 것이다. 그것은 이미 지난 세월을 앞으로 살아갈 세월과 연결하고, 젊음과 노화를, 혼자라는 느낌과 연결되어 있다는 느낌을, 무엇이든 할 수 있다는 느낌과 우리 자신보다 더 큰 존재에 의해 보살핌을 받고 있다는 느낌을 이어준다. 중년기 인생 전환의 중심 주제는, 누가 당신의 삶을 장악하고 있는지에 대해 분명히 인식하고 그것이 당신 자신이 되게 하는 것이다.

중년기 초입에
심리적 죽음을 자초하는 사람들
—

중년으로의 전환을 부인하는 사람들은 성취, 안정, 자신의 능력을 입증해 보이는 것에 대한 젊은 시절의 꿈을 계속 좇으면서 〈여전히 젊은 것처럼〉 살아간다. 이런 사람들은 현실을 부정하고 인생 후반기의 기회를 거부한다. 특히 그들은 육체의 쇠퇴와 정신의 성장과 연결된 노화의 문제를 더욱 부정하고 싶어 한다. 예순 살이 되어도 여전히 그들은 서른 살에 중요시했던 관심사에 대해 얘기한다. 대개 그들은 한두 가지 성인기 역할에 푹 빠져 있으며 자기성찰이나 스스로에 대한 보살핌, 성인기 발달 문제에 있어서는 전혀 훈련이 되어 있지 않다. 많은 사람들이, 특히 자신이 성공했다고 생각하는 사람들의 경우 중년기가 시작되면서 〈심리적인 죽음〉을 맞는다. 그들은 인생 후반기에 얻을 수 있는 점진적 이득으로부터 자신을 차단시키고 있다. 비록 그들의 몸은 나이를 먹어가지만 그들의 행동은 그렇지 않은 것이다. 결국 그들은 등장인물에 갇혀 스토리와 플롯, 각본을 발전시키지 못하고 있는 셈이다.

다행히도 중년기로의 전환은 45세까지 혹은 55세까지 등으로 연대순으로 한정되지 않는다. 인생의 중요한 변화들과 타협하고 화해할 수 있다면 중년기로의 전환은 45세든, 55세든, 65세든, 75세든, 85세든, 95세든 언제든 일어날 수 있다.

만일 당신이 20대와 30대를 거치는 동안 조금씩 이런 것에 스스로를 적응시켜 왔다면 당신은 중년기 전환을 느끼지 못하고 자연스럽게 삶을 이어갈 수 있을 것이다. 그리고 이것이 정신적인 외상을 남기는 위기여야 할 필요도 없다. 하지만 만일 당신이 성인기 인생에 대해 젊은 시절에 가졌던 고정된 이미지에 집착해 왔다면 당신은 심하게 덜커덩거리는 호된 인생의 전환기를 겪게 될 수도 있다.

6

성인의 인생, 그 한가운데
— 자신의 내면을 챙기기 시작하는 40대,
중년기와 화해를 하는 50대

40대:
자신의 삶을 스스로 책임져야 한다는 쫓기는 심정이 된다.
자신에게 아직 남아 있는 것이 무엇인지 인생의 재고조사를 시작한다.
인생에서 지금까지 억압해 왔던 부분을
이제라도 돌보고 키워야겠다는 마음으로 다급해진다.

50대:
방어기제가 느슨해지고 마음 편히 인생을 즐길 줄 알게 된다.
이전의 그 어느 시기보다 삶은 편해지고 세상은 찬란해 보인다.
야망의 껍데기, 소유의 껍데기, 자아의 껍데기가 벗겨져 떨어져 나간다.
인생에 대한 준비를 끝내고 비로소 삶을 시작한다.

40대,
자신의 내면을 챙기기 시작하다

—

40대와 50대의 성인기 인생은 초기 성인기의 활동과 책임을 대부분 그대로 이어가게 되지만 인생에 대한 조망과 관심사는 새롭게 달라진다. 40대는 흔히 자기분석과 인생에 대한 재평가에 마음을 빼앗긴다. 그들은 자신이 삶의 중심점에 이르렀음을 알고 있지만 미처 끝마치지 못한 20대 30대의 용무들과, 나이가 들어간다는 피할 수 없는 현실을 어떻게 하면 동시에 해결할 수 있을지 확신이 없다.

30대 후반과 40대 초반으로 접어들면서 많은 사람들이 자신의 삶을 스스로 책임져야 한다는 것에 대해 〈쫓기는 심정〉이 된다. 일등 시민이 되기 위해 오랫동안 줄 서서 기다리는 데 진력이 난 그들은 이제 자기 운명을 스스로 컨트롤하고 싶어 한다. 그것이 곧 요즘 40대가 주로 추구하는 〈자기신뢰〉다. 자기신뢰는 자신의 생각과 감정, 결정을 스스로 책임지는 것, 즉 자기 삶의 각본은 자기 손으로 직접 쓰고, 자신의 기쁨과 슬픔에 책임 있는 주인이 되는 것을 의미한다. 그것은 자기 아닌 자기로 살아가지 않고, 불가능한 꿈이 이루어지기를 마냥 기다리지 않고, 지금까지와는 다른 방식으로 세상에 존재하겠다는 내적 결심이다.

자기신뢰 추구하기

40대는 내적 성찰과 인생의 재평가, 인생행로의 단순화를 위한 시기이며, 그때 우리의 인생 여정에 깊이가 더해진다. 이 시기에 당신이 이루어야 할 목표는 자신만의 길을 계획하는 것, 당신 자신이 되는 것, 그리고 자신의 삶을 온전히 자기 것으로 만드는 것이다. 이 시기에 이루어지는 자기신뢰로의 전환은 가히 인생의 전환이라고 할 만한데 그 까닭은 가치관이나 행동의 변화폭이 다른 그 어느 때보다 크기 때문이다. 삶의 시간이 많지 않다는 것을 예민하게 느끼고 있는 당신은 양적인 활동에서 질적인 활동으로, 외적인 성취에서 내적인 만족으로, 그리고 남을 기쁘게 하는 것에서 스스로를 기쁘게 하는 것으로 삶의 태도가 바뀐다.

자기신뢰를 추구하는 사람들에게는 두 가지 목표가 있다. 하나는 발달상의 목표고, 다른 하나는 전환상의 목표다. 발달상의 목표는 인생의 전반기를 완성하는 것, 즉 자신의 운명을 구체화할 능력이 있는 완전한 인간으로 발전하는 것이다. 부모의 목소리나 외적인 영향력에 좌우되기보다 자신의 내적 동력에 의해 움직이면서 보다 단순하고 깊이 있는 사람으로 살아갈 준비를 하는 것, 이것이 그들이 나아가야 할 방향이다. 40대가 집중해야 할 발달 과제로는 다음과 같은 것들이 있다.

- 자기쇄신하기
- 배우자와의 관계 재평가하고 새롭게 하기
- 청소년기와 초기 성인기에 이른 자녀들에 대한 부모 역할 배우기
- 나이 들어가는 부모님 돌보기
- 여가시간에 투자하기
- 개인적으로나 직업적으로 새로운 기술 익히기
- 진로 선택에 대한 재평가하기

자기신뢰에 도달하면서 40대는 점차 피상적인 활동에서 물러나 개인적 성장과 발전에 투자하고 자신이 의식적으로 지향하는 삶을 살기 시작한다. 그들은 일, 결혼생활, 부모노릇이라는 역할을 중심으로 자신의 삶을 조직하던 것에서 이제 그 범위를 확대한다. 그들은 외면적 효과를 감소시키지 않고 자기 자신에게 투자할 방법들을 모색한다. 무엇보다도 40대들은 언제든지 은신할 수 있는 자기 내면

의 공간을 원한다. 업무환경에서는 이것이 승진과 출세만을 지향하는 빠른 궤도에서 내려서는 것을 의미할 수 있다. 가정에서는 4-50대를 전후해서 자녀들이 어느 정도 자라면 새로운 계획, 새로운 교육, 새로운 관계가 가능해진다. 그 결과로 나타나는 것은 외적인 순응에서 내적 동기로의 관점의 변화다. 40대들은 지금까지 외적인 세계에 공을 들였던 것만큼이나 이제 자신의 내면을 챙긴다. 중년에 이른 많은 남녀를 인터뷰한 후 발달심리학자인 버니스 뉴가튼은 이런 결론에 도달했다.

"대개 이 그룹은 우리가 예상하는 바와 같이 매우 자기반성적이고, 언어적으로 무척 발달했으며, 자신의 커리어, 가정, 사회적 지위의 변화에 대해, 그리고 내면적 외면적 언어를 다루는 방식의 변화에 대해 상당한 통찰력을 보인다.

우리는 또한 중년에 다다른 사람들의 정신적 삶이 보여주는 놀라운 특성들에 대해 깊은 감명을 받는다. 즉, 중년에 이루어지는 인생의 재고조사와 자기반성 그리고 무엇보다도 경험의 구성과 재구성은 새로운 정보를 자신이 이미 알고 있는 지식에 비추어 의식적으로 재처리하여 통합하는 과정이며 동시에 바람직한 목적을 이루는 데 자신의 숙달된 능력을 사용하는 것이다.

이들은 자신들이 신망과 전문성을 바탕으로 사회적 환경을 효과적으로 조종하고 있으며 자신들만의 고유한 규칙과 규범을 창조하고 있다고 느낀다. 그들은 또한 충동적 삶에 대한 통제능력이 커졌다고 생각한다. 성공적인 중년들은 종종 자신이 더 이상 어떤 것에도 휘둘리지 않으며, 스스로를 책임지고, 자신이 직접 조종간을 잡고 있다고 말한다."

인생의 재평가를, 시작하다

—

자기신뢰를 추구하는 사람들이 갖는 또 하나의 목표인 전환상의 목표는 인생의 후반기를 준비하면서 〈자아ego〉에 대한 관심을 넘어 〈자기self〉 삶에 대한 관심으로, 즉 성숙한 삶의 정신적 측면으로 나아가는 것이다.

이러한 전환은 과거를 존중하고, 현재를 살고, 미래에 기대를 갖는 마음과 정신의 문을 열어주기에 〈성인의 심리적 탄생〉이라고 부를 수도 있다. 이 시기에 당신은 삶을 구성하고 있는 그 모든 퍼즐 조각들이 난생 처음으로 눈앞에 펼쳐져 있는 듯한 느낌을 받는다. 자기신뢰를 개체화라고 일컫던 칼 융은 그 목적이 당신을 외부에 투사하기 위한 것이 아니라 당신 자신으로 살기 위해 〈당신을 완성시키는 것〉이라고 말했다. 이제 당신은 자아의 요구에 따라 사는 삶에서 자기와 더불어 사는 삶으로 나아간다. 불완전함에서 벗어나 안전과 안정을 찾으려 노력하는 대신, 당신은 수용자의 자세를 취하고 자기 내면 깊숙한 곳과 자기 주위의 삶으로 들어간다. 『현대인의 영혼을 찾아서*Modern man in search of a soul*』라는 책에서 칼 융은 이 과정을 감동적인 언어로 이렇게 설명하고 있다.

"우리는 전혀 준비되지 않은 채로 인생의 오후로 접어든다. 그리고 그보다 더 나쁜 것은 그릇된 전제를 안고 이 길에 들어선다는 것이다. 하지만 우리는 인생의 아침에 가졌던 프로그램으로 인생의 오후를 살 수는 없다. 아침에는 괜찮았던 것들이 저녁에는 쓸모없을 수 있고, 아침엔 진실이었던 것이 저녁엔 거짓이 될 수도 있기 때문이다. 나이가 들어가는 사람들은 자신들의 삶이 어딘가를 향해 오르거나 펼쳐지는 것이 아니라, 냉혹한 내면의 과정이 삶의 수축을 강요한다는 것을 알아야 한다."

40대는 흔히 가족관계, 직장 내의 역할, 자녀 양육, 경제적인 문제 등 자신이 몰두해야 하는 대상에 완전히 파묻혀 있다. 그래서 그들은 이제 삶을 단순화해서 비로소 제대로 된 삶을 살 수 있게 되기를 갈망한다. 따라서 이 시기가 인생의 재평가가 이루어지는 시기이면서도 한편으로는 인생에 대해 좋은 느낌을 갖게 되는 시기이기도 하다.

그 어느 때보다도
자기 자신이 되고 싶어 한다

—

40대에는 대개 외부의 특정한 역할에서 전문성을 발휘하는 스페셜리스트에서 자기 자신에 대한 제너럴리스트로 진화한다. 40대 초반에는 자신이 어느 한쪽으로 치우쳤다는 느낌을 받기가 쉽다. 젊었을 때 우리는 세일즈나 마케팅, 자녀 양육이나 가르치는 일, 농구 등 어떤 한 분야에 몰두해 상당히 뛰어난 자질을 보이게 되며 친구들과 조언자들도 모두 그 점을 인정한다.

"넌 그거 하나는 정말 잘해. 좀 더 기량을 닦아서 그 분야의 전문가가 되도록 해봐."

그래서 그 분야에 전문적인 능력을 갖게 되면서 우리는 그 외 인생의 다른 부분에는 점점 더 시간을 내지 못하게 된다. 그래서 40대쯤 되면 몇 가지 분야에는 매우 뛰어난 기량을 보이지만 나머지 부분은 거의 미개발 상태로 남겨지게 된다. 우리는 어떻게 하면 그 부족한 부분들을 발달시킬 수 있을까 고민하게 된다. 2-30대를 가정에서 주부로, 아내로, 엄마로 살아온 여성들은 직업을 갖고 경제적으로 자립하고 리더십을 갖추기 위해 다시 학교에 들어가기도 한다. 반면 2-30대에 풀타임 직장을 가졌던 여성들은 오히려 40대에 접어들면서 아이를 낳고 양육하는 선택을 하기도 한다. 직업과 자신을 지나치게 동일시하는 대부분의 남자들에게 이와 같은 일은 자신의 내면 세계와 접촉하는 것을 의미한다.

지금까지 억압해 왔던 자기 인생의 특정 부분들을 이제라도 돌보고 키워야겠다는 마음으로 다급해진 40대들로 가득 들어찬 방을 상상해 보라. 만일 그들이 일을 중심으로 자기 인생을 이끌어 왔다면 그들은 사람들과의 친밀한 관계를 소홀히 해왔던 것에 대해 후회하고 있을지 모른다. 일을 하느라 아직 결혼하지 못한 성취주의자, 정서적으로 아이와 너무 멀어져 버려 있으나 마나 한 아빠, 일에 치여서 아이를 가질 생각도 못했던 여성 등이 이에 속할 수 있다. 반대로 만일 그들의 인생에서 남을 돌보고 보살피는 일이 중심이었다면 그들은 이루지 못한 개인적 목표들, 즉 직업을 가져보지 못하고, 경제적 독립을 이루지 못하고, 사생활이 없고, 자신의 몸을 소홀히 한 것에 대해 스스로 실패자라고 느낄지도 모른다. 40대들은 인간의 총체적 능력이 고루 개발된 원만한 삶을 추구한다. 그들이 원하는 것은 〈완성과 조화〉다.

40대는 자기 자신이 되고 싶어 하고 타인에 대한 의존성을 줄이고 싶어 한다. 보통 40대의 내면적 꿈은 20대가 갖는 외면적인 꿈과는 매우 다르다. 대개 40대가 되면 외적 확장에 대한 기대는 낮아지고 삶의 질에 대한 기대는 커진다.

40대는 때로 자신의 한계를 시험해 보기 위해 엎치락뒤치락 좌충우돌하는 다 자란 청년 같을 때가 있다. 그들은 종종 자신의 삶에서 제대로 작동되지 않는 것들로부터 벗어나려고 분노와 좌절, 그밖의 다른 감정들을 이용한다. 그러나 40대가 청년과 다른 점은 결혼생활과 자녀, 일, 경제적 의무 등 전념하고 헌신해야 할 대상이 광범위하다는 것이다. 삶을 엉망으로 만들지 않고 회복한다는 것이 항상 쉬운 일은 아니다. 당신 자신에게 진실하기 위해서는 내면의 엄정한 정직함이 요구되지만 그렇다고 해서 지금까지 당신이 해온 모든 것을 버려야 되는 것은 아니다. 지금은 생각을 정리하고 단순화하고 당신이 진정으로 원하는 미래로 당신을 이끌어줄 디딤돌을 선택해야 할 때다.

50대,
중년기와 화해를 하다
—

50대는 대체로 중년기와 화해를 해서 그것을 적극적으로 즐기는 법을 찾았을 시기다. 대다수의 50대가 이 시기를 가리켜 자존감이 높아지고, 친밀감이 깊어지고, 여가생활이 확장되고, 경제적 압박이 줄어들고, 인생에 대해 향상된 균형 감각이 생기는 때라고 말한다. 인생의 균형 감각을 위해 이때는 맞교환이 일어나는 때이기도 하다.

맞교환은 서로 주고받는 것이다. 낡은 것, 시대에 뒤떨어진 것, 제대로 기능하지 않는 것은 새로운 것, 보다 잘 작동되는 것과 교환된다. 나이를 먹고 사회적 상황이 변하는 모습을 지켜보는 동안 우리 삶의 어떤 면은 더 나빠지는 반면 더 좋아지는 부분도 있다. 육체가 쇠해지면 야구를 직접 하던 것에서 팀을 관리하는 역할로, 10킬로 미터를 뛰던 것에서 체스 게임을 하는 것으로 옮겨간다. 돈을 버는 능력은 감소할지 몰라도 그 대신 면밀하게 예산을 세워서 돈을 쓰게 된다. 아이들이 장성해서 집을 떠나면 새로운 계획을 세우고 새 친구들을 사귄다. 젊어서는 일에 모든 것을 바쳤지만 그 대상이 사라져 버리자 이제는 여가생활을 늘려서 균형 있는 삶을 즐기기에 이른다. 우리는 부정적인 사고를 긍정적인 사고와 맞바꾸고 그 과정 자체를 즐긴다. 이때 우리는 그냥 늙어가는 것이 아니라, 나이 들수록 더 현명해지고 있는 것이다.

맞교환은 마이너스와 플러스를, 감소와 증가를, 손해와 이익을 서로 맞바꾸는 것이다. 당신은 하나의 태도, 가치, 헌신, 애착을 내어주고 그 대신 다른 것, 더 마음에 드는 것을 취한다. 당신은 야구선수로서 내리막길에 접어들었다고 느끼지만 코치로서는 누구보다 경험이 많고 유능하다. 일에 대한 당신의 사랑은 공격적인 성취로부터 직장에서 주고받는 동료애로 옮겨간다. 만일 당신이 노화를 점진적이지만 불가피한 쇠퇴라고 느끼는 한편으로 점점 깊고 풍부해지는 내면에 힘이 실리는 것이라고 본다면 당신은 하나를 잃는 대신 하나를 얻는 것이다. 그것은 꽤 쓸 만한 거래다.

맞교환에서 중요한 것은 그것이 한편으로는 당신의 근심을 덜어주고 다른 한편으로는 인생의 의미를 더해줄 것이냐 하는 점이다.

맞교환은 우리의 발달상의 요구와 노화 과정의 현실 양쪽 모두에 도움이 되는 선택을 하도록 우리를 격려한다. 그것은 또한 성공적인 성인기 발달의 기본 원칙인 〈변화에 대한 적응〉을 도와준다.

이제,
세상은 편해지고 삶은 찬란해지다
—

40대에는 자기신뢰에 초점을 두었다면 50대에는 〈상호의존〉에 초점을 둔다. 하지만 때로는 50대가 되기 전에 40대들이 자기신뢰에 물려버리는 경우도 드물지 않게 볼 수 있다. 자신의 운명을 스스로 책임지는 것이 개인적인 발전에 꼭 필요한 것이기는 하지만 자기신뢰는 그 차원을 넘어 타인들과의 상호의존으로 이어져야 한다. 자율은 종료 지점이 아니라 디딤돌이다. 그것은 사람들로 하여금 이전보다 더 깊은 신뢰도를 지닌 관계와 리더십 역할을 준비하게 해준다. 50대는 대개 상호의존에 대한 성공적인 노력들로 가득 차 있다. 보다 깊어지는 친밀한 유대감, 새로운 우정의 형성, 늘어난 여가활동에 대한 투자, 지역 사회에서나 일터에서 리더의 역할 받아들이기가 그 노력의 일환이다.

50대들은 인생을, 서로 나누고 협상하고 축하하고 수용하며 살아가는 사회적 과정이라고 본다. 상호의존은 상호작용과 서로에 대한 긍정, 다양한 우정, 그리고 즐거움의 공유를 촉진한다. 상호의존은 우리의 남성성과 여성성이 비로소 조화를 이루고 성이 더 이상 관계나 활동을 결정하는 요인이 되지 못할 때 찾아오는 경험이다. 상호의존은 서로 기뻐하고 서로 나누고 함께 참여하면서 삶이 있는 곳이라면 어디에서든 삶과 더불어 추는 춤과도 같다. 그리하여 자기신뢰의 〈나〉는 상호의존의 〈우리〉가 된다.

대부분의 사람들에게 50대는 삶의 기술을 향상시키는 데 시간과 노력을 기울이는 편안한 10년이다. 50대는 그 이전의 어느 시기보다 세상에 대해 편안하다. 그들은 예전보다 느긋하게, 즐겁게, 유머 감각을 가지고 자기 삶의 모든 부분들을 찬미한다. 다음에 나오는 사람들의 이야기를 들어보자.

헤런트 카차두리안: 물이 뚝뚝 떨어지는 헐거운 수도꼭지라도 괜찮다

"오십이 된다는 것은 새 시대의 여명처럼 멋진 걸까, 아니면 안개를 헤치고 다가오는 유조선처럼 불길한 걸까? 어느 쪽인 걸까? 나이 오십에는 어떤 일이 일어나는 걸까?

나는 꽤 큰 기대를 안고 쉰 번째 생일을 맞이했다. 직업적으로나 개인적으로도 내 인생에는 큰 위기랄 게 없었다. 하지만 전체적으로 질서가 없고 느슨한 부분이 많았는데 오십이 되면 이런 부분들이 어떻게든 매듭이 지어질 거라고 굳게 믿었다. 마치 물이 뚝뚝 떨어지는 헐거운 수도꼭지처럼 여러 해 동안 나를 지치게 하고 혼란스럽게 만들었던 문제들이 이때쯤이면 어떤 식으로든 해결이 될 거라고 생각했다.

오십이 된다는 것에 대한 나의 기대는 완전한 성인이 된다는 것에 대한 느낌과 뒤얽혔다. 하지만 나이 오십이 된다는 것은 성인이 되는 외적 증거와는 아무 상관이 없었다. 나는 이미 스무 살이 되면서부터 성인으로 보일 만큼 충분히 성숙한 행동을 했다. 이 문제는 목표 달성이나 남들의 인식과는 무관하고 오히려 성인이 된다는 것이 어떤 의미인지에 대한 나 자신의 자각과 연관되어 있었다.

내가 나이 오십이 되는 그날이, 마침내 왔다. 나는 오래도록 기다려온 한 시기의 마감이 이제 이루어졌다고 잠깐이나마 착각을 했다. 하지만 이내 수도꼭지에서 물이 떨어지는 소리가 다시 들렸고, 마술과도 같은 전환은 결코 일어나지 않았다는 일종의 즐거운 깨달음이 왔다. 나는 지금도 계속해서—때로는 더 낫게 때로는 더 못하게—조금씩 변화하고 있으며, 그때마다 아주 조금씩 다른 사람이 되어가고 있다."

리처드 L. 하이드: 30년 동안 해온 일에서 다른 일로 전환하다

"나는 지난 20년 동안, 내 안에 다른 직업적 재능이 있어서 교육 분야나 뭔가 사회적으로 중요한 일을 할 수 있었더라면 하고 바랐었다. 나는 남부 오하이오의 소도시에 있는 아버지 소유의 보험회사에서 30년을 일했고 결국 그 회사를 물려받아 성공적으로 관리해 왔다.

나는 항상 인생의 목표와 의미를 추구하는 편이었는데 최근 들어서는 사업가로서의 내 삶이 도무지 만족스럽지가 않았다. 내가 만일 이 일이 아닌 다른 일을 했더라면 30년 동안 해왔던 이 일보다 더 큰 만족감을 얻을 수 있었을까? 나는 서류 작업이나 세세한 업무를 좋아하지 않았다. 새로운 것을 배우고 새로운 환경에서 뭔가 새로운 것을 창조하고, 모험을 해보고, 사람과 조직의 잠재능력을 개발하는 일이 내게 맞았다.

50대를 보내는 동안 네 아이가 모두 대학에 진학해 집을 떠났고 아내와 나는 빈둥지에 남겨졌다. 아내는 그간 가끔씩 파트타임으로 일을 하긴 했어도 주로 가정과 아이들에 헌신해온 사람이었다. 아이들이 없으니 그녀와 나 사이에 색다른 친밀감이 생겨났다. 아내는 다시 대학에 들어가 법률 보조원이 되기 위한 일 년 과정의 수업을 받았고 덕분에 요리와 청소, 빨래는 거의 내 몫이 되었다. 나는 소소한 집안일을 하면서 비로소 내가 온전한 인간이 된 듯한 기분을 맛보았고 아내는 집안일을 하는 내게 다소 위협감을 느꼈다.

비즈니스에 관해 말하자면 나는 보험일에 의욕을 갖기가 점점 더 힘이 들었다. 그 일은 내게 따분하기 그지없었다. 그래서 한 수련센터에서 하는 인생 후반기 워크숍에 참가하고 집으로 돌아왔을 때, 나는 바야흐로 인생의 새로운 장이 시작되었다고 느꼈다.

나는 오래전부터 사람들과 그들의 직업에 대해 내가 가졌던 관심과 흥미를 비로소 제대로 인식하게 되었다. 그리고 나 자신의 잠재

능력을 활용하면서 다른 사람들에게도 같은 조언을 해줄 수 있게 되었다. 나는 새로운 활력에 넘쳐서 집 근처의 재취업 알선 회사에서 직무교육을 받았고 그곳에서 일하면서 실직한 사업가들이 다시 시작할 수 있도록 도움을 주었다. 괴롭고 어려운 결정이었지만 나는 결국 보험회사를 매각했고, 직업 전환 분야를 좀 더 깊이 있게 공부하기 위해 박사학위를 시작했다. 그러면서 상담을 하고 세미나를 열기 시작했다.

새로운 직업에 대해, 내가 지금 하고 있는 이 매력적인 일에 대해 애기할 때면 내 얼굴에서 빛이 난다고 사람들은 말한다. 사업가로서 살아온 그간의 경험은 나의 새로운 커리어에 더 없이 값진 것이었다. 뿐만 아니라 나는 학자로서도 나날이 성숙해지고 있어서 어쩌면 좀 더 빨리 박사 과정을 마칠 수 있을 것 같지만 배운다는 것 자체가 너무나 즐거워서 서둘러 졸업하고 싶지가 않다. 나는 사람들이 새로운 배움을 통해 직업을 전환함으로써 자기 인생을 책임질 수 있도록 돕는 일에 정말 많은 열정을 느낀다."

50이라는 나이는,
준비를 끝내고 비로소 삶을 시작할 시기다
—

50대에는 대개 방어기제가 느슨해지고 갈등을 직접적으로 상대하며 타인에 대한 믿음이 커진다. 50대는 현재를 과거에 비해 발전한 것으로 보지 않으며 미래가 더 행복할 거라고 생각하지도 않는다. 그들이 바라보는 현재, 지금 이 순간이, 중요성을 갖는 유일한 시간의 범위다. 그들은 삶을 위해서 산다. 오십이라는 나이는 이제 준비를 끝내고 비로소 삶을 시작할 때다. 또한 여가에 대한 유혹이 일에 대한 유혹에 필적한다.

50대는 종종 이 세상을 확대가족이라고 생각한다. 이때가 되면 결혼생활이 더 깊어지고 정신은 융성해질 수 있다. 또 아이들이 대학으로 또는 어딘가로 떠난 후 비슷한 연배끼리의 우정의 네트워크가 그 자리를 메워준다. 일이나 외적인 문제의 중요성은 감소하는 반면 친밀한 관계는 더욱 발전한다. 미국의 여배우 마리 드레슬러는 이런 글을 썼다.

"나이가 오십쯤 되면 우리는 가장 쓰라린 교훈을 얻게 된다. 그것은 세상에 정말로 중요한 일은 몇 가지 안 된다는 것이다. 그때쯤 되면 우리는 삶을 진지하게 받아들이되 우리 자신에 대해서는 결코 심각해지지 않게 된다."

대부분의 경우 50대들은 자기 자신이 아니라 삶에 몰두한다. "어쩌면 중년이란, 껍데기가 벗겨져 떨어져 나가는 시기, 그래야 하는 시기일지도 모른다. 야망의 껍데기, 물질적 축적과 소유의 껍데기,

자아의 껍데기 말이다."라고 앤 모로 린드버그(최초로 대서양을 무착륙 횡단 비행했던 찰스 린드버그의 아내로, 미국에서 여성 최초로 비행 면허를 취득했고 그 후 작가, 시인, 비행사로 살아갔다.)는 말한다. 호주의 작가이자 여성 학자인 저메인 그리어는 여기에 이렇게 덧붙인다.

"당신 자신에게는 점점 신경을 쓰지 않게 된다. 허영심과 자존심은 더 이상 당신에게 걸림돌이 되지 못한다. 당신은 균형 감각이 발달하고 어리석은 일로 감정을 소모하거나 우둔한 일에 시간을 낭비하지도 않게 된다. 당신은 열정의 지배에서 벗어나 가치 있는 목적에 시선을 고정하고 진정으로 그것을 추구할 수 있는 고요한 영역으로 접어든다."

50대에는 그 이전에 비해 미숙한 방어기제를 발동하게 되는 경우가 적어진다. 그 대신 자신이 생각하는 것을 말하고 자신의 느낌을 솔직하게 표현하며 남을 용서하고 자신이 모르는 것에는 나서지 않게 된다. 또한 남들에게 받아들여질 만하지 않다고 생각되는 것은 자기 안에 가두어놓고 그것에 대해 혼자 노력하거나 계속 체크한다.

50대들은 대개 통합의 능력을 갖게 되고 자신들의 경험에 정통해진다. 결혼생활은 보다 정신적인 차원으로 접어들어 서로 상대방의 인생 여정을 떠받쳐주는 조력자가 된다. 이 시점에는 결혼생활이 인생 과정의 가장 중심적인 제도가 되어 그의, 그녀의, 우리의 삶이 순조로울 수 있도록 해준다. 이 시기의 결혼생활은 사랑과 성을 한데 아우르는 깊은 우정을 찬미하면서 함께 늙어가는, 가장 가까운 두 친구가 내는 따스한 빛과도 같다. 또한 한편으로 이 시기의 결혼생활은 정전협정과도 같아서 언제든 전쟁이 다시 불붙을 수도 있고 종전이 될 수도 있다. 물론 일부는 비참한 결혼생활을 어떻게든 개선해 보려고 노력하지도 혹은 아예 포기하지도 않고 그저 묵묵히 견디는 사람들도 있다. 이혼을 하거나 사별로 인해 혼자되거나 아예 독신으로 완전히 다른 삶의 방식으로 사는 사람들도 점점 늘고 있다. 사실 오십이 되면서부터 우리는 애정을 주고받고 서로를 지지해 주고 재미있게 살기 위해 모든 노력을 다한다.

20대부터 일을 해온 그들은 대개 에이브러험 매슬로가 말하는 학습의 4단계, 즉 의식하고 생각하지 않아도 할 수 있는 단계인 〈무의식적 능력〉의 단계로 접어든다. 그들은 업무에 대해 많이 생각하거나 준비할 필요가 없다. 그들은 일이 되게끔 하는 방식을 알고 있고 힘들이지 않고도 그 일을 훌륭하게 해낸다. 운동 기능은 이미 떨어지기 시작했고 정확도도 예전 같지 않을지 모르지만 그보다 더 중요한 것은 50대의 〈경험의 가치〉다. 일에 싫증이 나거나 동료에게 화를 내지 않는다면 그들은 직장에 균형 감각과 안정감을 준다. 50대는 직장에서의 적극적 지휘에 대한 흥미는 감소하는 반면 리더로서의 역할, 정책 형성, 관리 등을 통해 결과를 모니터하는 소극적 지배를 선호한다.

늦게 피어나는 대기만성형의 50대도 적지 않다. 그들은 자신의 동년배에 비해 경력과 스포츠, 취미생활 등에서 뒤늦게 절정에 도달한다. 결혼을 해서 가정을 돌보느라 자기 발전은 훗날로 미뤄두었다가 늦게 자신의 능력을 한껏 펼치고 있는 여성들이 여기 속한다. 우리 사회에서 성차별이나 나이 차별이 줄어들고 환영하는 분위기가 형성되면 아마 이런 사람들은 훨씬 더 많아질 것이다.

육체의 쇠퇴는 문제가 아니다

—

50대가 되면 육체적으로는 서서히 기력이 떨어진다. 거울은 그들에게 예전만큼 우호적이지 않다. 몸매는 점차 서양 배 같은 모양이 되어간다. 그래서 균형 잡힌 섭생과 운동이 그 어느 때보다 중요해진다. 성욕은 다소 감소하며 가장 두드러지게 나타나는 신체적 증상은 여성의 폐경이다(그렇다고 해서 창조적 삶이나 애정생활이 난국에 봉착하는 것은 아니다). 뇌졸중, 심장병, 암, 당뇨병에 걸렸다는 친구들 이야기도 심심찮게 들린다. 때 이른 장애로 고통받고 있는 지인의 소식을 접할 때마다 당신의 머릿속에서는 종이 울린다. 시간이 얼마 남지 않았다고.

그러나 대부분의 50대에게 에너지는 육체적 문제보다는 동기부여에 훨씬 더 크게 좌우된다. 당신은 권태롭거나 냉소적이거나 혹은 미래에 대해 아무 희망이 없는가? 아니면 미래를 당신 인생에서 최고의 시기로 만들겠다는 의지로 충만한가? 당신의 인생을 계속되는 도전과 성장으로 볼 것이냐, 아니면 지속적인 쇠퇴로 볼 것이냐 하는 것이 이 시기의 중요한 선택이다. 이에 대한 당신의 대답이 당신의 운명을 결정한다. 현명한 대답은 인생을 계속적인 도전과 성장으로 보되 동시에 육체의 불가피한 쇠퇴를 잘 관리하는 것이다.

7

성인의 인생, 그 후반기
— 삶의 우선순위를 재조정하는 60대,
잃은 것도 많지만 남은 것도 많은 70대

60대:
인생의 주류에서 소외된다는 두려움이 상처를 준다.
하지만 흔들의자에 앉아서 세월을 보내고 싶어 하진 않는다.
인생이라는 경주의 활력적인 참가자라는 인식을 갖고
다시금 삶의 우선순위를 재조정한다.

70대:
"내가 내 딸보다 혹은 아들보다
세상을 보고 숨을 쉬고 생각할 시간을 조금 적게 가졌다고 해서
그게 결격사유가 되어야 하는가?
비록 잃은 것도 많지만 아직 남은 것도 많다.
신세계를 찾는다면, 아직 늦지 않았다."

60대,
인생을 재설계하다
—

60대, 70대, 80대, 90대는 이전 성인기의 연장이며 이 시기에도 여전히 일과 여가생활, 사람들과의 친밀한 관계가 중요하다. 그리고 이 시기에도 우리는 자신의 인생과 타협하고 화해하게 된다. 또 이 시기에는 전문적인 지식과 정통함이 계속 이어지며 종종 건강, 사회적 지위, 돈, 자기 동기부여, 가족과 같은 문제에 좌우되어 예기치 않았던 난관이 찾아올 수도 있다.

　20세기를 넘어서면서 현대인의 수명은 30년가량 연장되었지만 우리 인생의 말년에 해당하는 이 시기에 관해서 우리 사회는 아직 명확한 정의를 내리지 못하고 있다. 성인기에서 가장 긴 시간을 차지하는 이 시기, 60세부터 시작해 대개 25년에서 40년 정도 이어지는 이 여정은 인생의 주기 중에서 제대로 된 정보가 가장 적은 시기다. 우리는 은퇴가 그 시기를 정의해 준다는 생각에 익숙해져 있지만, 은퇴란 전일제 근무에서 다양한 선택의 가능성으로 넘어가는 하나의 통과의례 같은 것이지 우리 여생의 마스터플랜이 아니다.

이제 은퇴는 더 이상 일을 그만두는 것을 의미하지 않는다. 그것은 삶을 중심에 놓고 다시 시작하는 것이다. 나는 그것을 당신 인생 최고의 시기가 지속되는 데 이바지할 활동들을 계속해 나간다는 의미로 〈개성에 맞는 일을 찾기 위한 조기 퇴직〉이라 칭한다.

인생의 이 구획은 사회 문제와 직접적으로 관련되어 있다. 그 까닭은 인생의 마지막 3분의 1인 이 시기를 향해 다가가는 성인들의 수효가 미국뿐만 아니라 산업화된 다른 나라들에서도 인구 집단 중에서 가장 큰 비중을 차지하고 있기 때문이다. 아마 다음 30년 동안에는 이 시기를 거치고 있는 사람들에 의해 노화라는 인간의 현실이 제대로 표현되고, 노년기는 사회적으로 분명한 기대치를 갖는 시기로 자리 잡게 될 것이다.

50대와 60대를 거쳐 나이가 들어가는 성인들에게 일어나는 발달상의 변화는 지금까지의 연속선상에서 매우 점진적으로 이루어진다. 50대가 이 세상을 도전으로, 자신에게 만족감을 주는 대상으로 보듯이 60대도 마찬가지다. 대부분의 경우 50대, 60대에 속하는 사람들은 꽤 건강하고 활기차고 경제적으로 안정되어 있으며 사회적 멘토 역할에 대한 관심이 날로 커져간다. 50대와 60대라는 두 개의 연령층 사이에 그리 큰 차이가 있는 것은 아니다. 차이가 있다면 50대는 40대를 넘어서면서 이루었던 발전이나 향상과 관계 지어서 그 나이를 보지만, 60대는 이 10년을 불확실한 여생으로 접어드는 통로로 보는 경향이 있다. 따라서 이 시기의 사람들은 시간이 그리 많지 않다고 느끼면서 자신의 현재 계획들을 미래의 알 수 없는 현실과 결합시키려 한다.

그럼에도 불구하고 오늘날의 60대 중에 자신이 늙고 무기력하다고 느끼며 죽음을 알리는 종이 울리기를 할 일 없이 기다리고 앉아있는 사람들은 별로 없다. 그들은 오히려 양보다는 질적인 인생을 추구한다. 60대의 귓전을 울려대는 북소리는 은퇴다. 은퇴의 문제는 자유시간이 늘어난다는 것과 경제적인 계획이 필요하다는 것 두 가지로 나뉜다. 일부는 50대에, 심지어 40대에 은퇴하기도 하고 더러는 죽는 순간까지도 절대 은퇴하지 않는 사람들도 있다. 하지만 이 시기에는 누구나 한 해 한 해 늙어가기에 다가올 미래에 대한 시나리오가 필요한 것이 사실이다. 20대와 마찬가지로 60대도 다시 시작하고 싶어 한다. 그들은 시간을 들여 인생 경험과 경제적 자산, 사회적 네트워크를 쌓고 싶어 한다.

사람들은 대개 은퇴 후의 삶이 어떨 것인지에 대해 상상의 그림을 그리면서도 자신을 미래로 이끌어줄 라이프 플랜을 세우지는 않는다. 60대에게 가장 필요한 것은 앞으로 다가올 세월을 위한 각본, 즉 이제 곧 펼쳐지게 될 구체적인 이야기의 줄거리다. 우리 사회는 60대 이후 사람들에 대해 어떤 기대치를 갖고 있지 않다. 하지만 60대는 자신의 꿈을 개발해야 하고 스스로 남은 인생에 대한 계획을 세워야 한다. 아무런 희망도 계획도 없이 직장과 인생에서 밀려나면 노화 과정만 더욱 가속화될 것이다. 따라서 스스로 자신을 탐구해 보고 인생을 재설계해야 한다. 이때 재설계해야 하는 인생의 영역들은 다음과 같이 7가지로 나눌 수 있다.

60대에 재설계해야 하는 인생의 영역들

—

일

만일 지금까지 일이 당신 인생에 의미를 부여하는 주된 원천이었다면 60대, 70대 인생에도 일을 편입시켜라. 꼭 전일제 근무가 아니어도 좋고 당신이 이전에 몸담았던 분야와 다른 분야여도 상관없지만, 이 시기의 일은 그저 바쁘게 지내기 위한 수단이 아니라 당신에게 깊은 의미와 개인적 만족을 주는 원천이어야 한다. 너무나 긴긴 세월 동안 직장에서의 역할을 중심으로 자신의 인생을 정의해온 많은 사람들에게 하루아침에 갑자기 일을 그만두는 것은 충격일 수 있다. 하지만 단지 당신이 60세라는 것이 일을 그만두어야 하는 이유는 아니다. 그것은 당신에게 달렸다. 현재 분위기로 보아 아마 30년

쯤 더 지나면 노인들을 위한 취업 기회가 더 많이 늘어날 것이다. 그
때 당신이 무엇을 원하며 그것을 어떻게 이룰 것인지를 아는 것이
계속해서 일을 할 수 있는 비결이다.

노년기의 일을 위한 각본을 쓰는 데는 여러 방식이 있다.

첫째, 당신은 풀타임이든 파트타임이든 지금까지 당신이 해왔던
일을 계속할 방법을 찾아볼 수 있다. 둘째, 새로운 커리어 혹은 지금
까지와는 다른 직무 역할을 위한 재교육을 받음으로써 새로운 도전
에 나서거나 사회에 새롭게 기여할 기회를 얻을 수 있다. 셋째, 당신
은 자원봉사를 통해 자신이 속한 지역 사회를 조금이라도 나은 곳
으로 만들기 위해 열심히 노력할 수 있다. 넷째, 당신은 컨설팅 혹은
인터넷을 기반으로 한 서비스업처럼 집에서 할 수 있는 일을 찾아보
거나 또는 저술이나 대중 강연을 시작해볼 수 있다. 당신이 이전에
가졌던 긍정적인 직무 역할을 잘 생각해 보고 그것을 실마리 삼아
인생의 이 시기에 당신이 할 수 있는 일을 찾아보라. 다섯째, 당신은
개인적 직업적인 모든 일을 총망라하는 포트폴리오를 개발할 수 있
다. 여기에는 당신이 친밀한 사람과 함께하는 활동들, 자녀나 손자
들과 보내는 시간, 취미와 여가생활, 지역 사회에 대한 봉사, 자기계
발을 위한 교육 등이 모두 포함된다. 이러한 포트폴리오 작성 방식
은 당신이 하는 모든 일들을 삶 전체에 중요한 것으로 만들어 준다.

가족과 친구들

가족과 친구들은 60대에게 더욱 중요한 의미를 지닌다. 그들은 대체로 자신의 친척, 운동을 함께하는 친구들, 이웃, 사교상의 지인들과 연결되어 있기를 원한다. 그들은 흔들의자에 앉아서 세월을 보내고 싶어 하지 않는다. 그보다는 오히려 자신들이 좋아하는 사람들과 적극적으로 활발하게 교류하고 싶어 한다. 또한 동창회, 행사, 스포츠 활동, 직업 모임 등 추억이 될 수 있는 일시적 이벤트를 찾기도 한다.

모험과 여가

60대는 종종 모험과 여가활동을 통한 만족을 추구한다. 이런 식으로 시간을 보내는 것에 대해 거리낌 없이 〈예스〉라고 말한다는 것이 그들과 40대의 다른 점이다. 같은 연배의 사람들과 친밀감을 나누는 것과 더불어 여행은 그들에게 있어 꽤 높은 우선순위를 차지한다. 60대는 또한 오락과 파티, 댄스를 즐기며 허물없이 마음을 나누는 것을 좋아한다.

멘토링과 자원봉사

60대는 대개 자신이 속한 지역 사회나 직업군 모임에서 영향력을 발휘하고 싶어 한다. 해비타트, 즉 사랑의 집짓기 운동 같은 것도 이에 속한다. 이때 그들이 원하는 보상은 뭔가 자기 개인사보다 큰 일에 이바지했다는 자부심이다.

의미 추구

대부분 60대의 삶에는 자신들의 경험에서 깊은 의미를 발견하고 자 하는 강력한 정신적 욕구가 있다. 내면의 평화에 대한 갈망, 그리고 소속감과 유대감에 대한 갈망과 더불어 고독에 대한 갈망도 늘어난다.

배움

오직 노인들만을 위한 대학은(아직도!) 없지만 노인들은 지칠 줄 모르는 학생이다. 그들은 중년기에 자신이 전문성을 발휘했던 분야를 넘어서서 이제 보편적인 인생에 대해 좀 더 많은 것을 발견하기 위해 매우 열심이다. 그들은 경험적인 것, 대화를 나누면서 손으로 직접 체험할 수 있는 것, 그룹으로 참여하는 것을 선호한다. 배움의 경험은 종종 그들이 삶에 대한 열정을 키우고 새로운 친구와 미래의 방향을 찾는 데 도움이 된다.

건강관리

이것은 계획을 세워 음식을 섭취하고 운동을 하는 것을 의미한다. 비타민, 미네랄, 그밖의 영양소들이 부족하지 않도록 늘 관리하고, 필요하다면 의학적 치료를 받는 것도 이에 포함된다.

억지로 추어야 하는
사교댄스를 거절해도 되는 나이
—

다음은 미국에서 최고의 방송 인터뷰어로 손꼽히는 래리 킹의 말이다.

"오래전에 나는 60세면 노년이 시작된다고 굳게 믿었다. 〈노년〉이란 말에 더 이상 무슨 설명이 필요하겠는가. 그것은 간단히 말해, 실질적인 의미에서 인생이 끝났다는 의미였다. 나이가 60이 된 사람들은 기껏 앞을 내다봐야 빈들거리며 보내는 외로운 나날, 뜨뜻미지근한 옥수수죽, 잘 개어놓은 수의밖에 또 뭐가 있겠는가. 이 무자비한 칙령은 자부심에 넘쳤던 스무 살 시절에 생겨나 지금까지 이어져온 것으로, 그때는 그것이 몇 광년쯤 떨어진, 나와는 전혀 상관없는 이야기로 느껴졌었다.

올해 나는 예순 살이 되었고 그것은 나로 하여금 인생에 대한 많은 재평가를 하게 했다. 이제 예순을 사는 사람들이 인생이라는 경주의 〈활력적인 참가자〉라는 것은 지난날에 비해 훨씬 분명해졌다. 나이는 우리가 그 그림자를 의식하기 훨씬 전부터 부드러운 신발을 신고 살금살금 다가오기 시작한다. 그것이 우리 문 밖에서 왈각달각 소리를 내기 시작해도 우리는 그것을 안으로 들이는 것을 꺼린다. 거울이나 병원의 진료 차트가 아직 허락하는 한 우리는 그것을 성숙함이라고 부른다. 우리의 문화는 젊음이 모든 것이고 마땅히 떠받들어야 할 대상이라고 가르친다. 할머니가 혹은 심지어 나이 지긋한 중년 부인이 새 자동차 후드에 올라앉은 모습이나 늙은 카우보이가 하루의 마감을 축하하면서 맥주를 한 잔 기울이는 모습을 텔레비전에서 본 적이 있는가?

운동경기, 미인대회, 탤런트 선발대회, 드라마 등 모든 것들이 젊음을 강조하고 젊음과 매력을 동일시한다. 우리의 문화적 인식이 그렇듯 인생의 주류에서 소외되는 두려움은 새로운 10년으로 접어드는 사람들의 마음에 상처를 안겨준다. 60이라는 나이에 나는 광고방송이 나오는 텔레비전을 향해 소리를 지르며 물건들을 집어던지고 있었다. 그 광고는 나이 60에서 80까지 연령대의 사람들은 노구를 이끌고 당혹스럽기 짝이 없는 건강검진을 받을 필요 없이 지금 특정한 상품을 구매하면 된다고 떠들어대고 있었다.

노화 과정을 생각해 보면 나는 대부분의 사람들보다 운이 좋다. 건강은 그동안 내가 몸을 소중히 다루어 오지 않은 점을 감안하면 생각보다 훨씬 좋은 편이고 만일 오랜 흡연생활을 청산할 수 있다면 지금보다 훨씬 더 좋아질 것이다. 프리랜서 작가이니 강제 은퇴 규정을 따라야 할 필요도 없고 내게 의지와 능력만 있다면 언제까지라도 글을 쓸 수 있다. 이 분야의 시장 상황이 나쁘지 않아서 말년에 경제적 어려움으로 고통받을 가능성도 적다.

부모 자식 간에 갈등을 빚을 나이를 한참 지나 모두 성인이 된 세 아이들은 요즘 우리와 한창 편안하고 좋은 시간을 보내고 있다. 게다가 재혼을 통해 두 번째로 얻은 젊은 가족은 내게 또 다른 기쁨을 주고 있다. 내겐 지금 자신의 커리어에서 성공한 좋은 아내가 있고 열 살, 일곱 살 난 두 아이가 있다. 엄마의 훌륭한 지능과 경제적 안정도 그 아이들에겐 혜택이겠지만 젊은 시절에 가정을 꾸리면서 미숙해서 저질렀던 실수를 이제는 되풀이하지 않을 숙련된 아버지도 그들에겐 도움이 될 것이다.

이런 요소들은 내가 절망이 아닌 희망과 목적의식으로 하루하루 새로운 날을 맞이할 이유가 되어준다. 하지만 내가 언제나 메리 포핀스처럼 밝고 명랑할 거라는 의미는 아니다. 사실, 피곤이 풀리지 않은 몸으로 툴툴거리며 아침에 일어나 늙은 술고래 같은 면모를 여실히 드러내는 날들도 있다. 그럴 때면 내가 하루 일과를 어떻게 보내든 정기적으로 한 번씩 시무룩한 자기연민을 폭발시킬 이유가 되지는 않는다고 스스로를 일깨우거나 더러는 아내의 지적을 받기도 한다. 열에 아홉 정도, 내 뚱한 아침은 저술 프로젝트가 쉽게 풀리지 않는 것과 연관되어 있으며 컴퓨터를 앞에 놓고 몇 시간 보내고 나면 이내 사라진다.

내가 한 해 한 해 늙어가고 있다거나 노년을 향해 점점 다가가고 있다는 사실이 마음에 드는 것처럼 가장하지는 않겠다. 나이가 들어서 더 이상 운전을 할 수 없고 나무에 올라가 열매를 딸 수도 없고 담배를 끊어야 하는 상황이 되면서 내 아버지가 느꼈던 괴로움을 나는 지금 너무나도 잘 이해한다. 그러나 나는 보다 현실적으로 노화라는 개념을 잘 받아들이고 있다. 우리가 젊었을 때만큼 유연하지도 정력적이지도 않다는 것, 똑같은 분량의 일을 하는 데에 더 많은 에너지가 필요하고 회복하는 데도 점점 더 긴 시간이 요구된다는 사실을 인정하는 것이 그리 어려운 일은 아니다. 나이 60이 되면 심장발작이 올 수도 있고 알게 모르게 몸이 쇠약해질 수 있다는 것을 우리는 다 알고 있다. 그러니 해가 쨍쨍 내리쬐는 뜨거운 여름날에는 정원의 잔디를 깎는 일일랑 뒤로 미루고 무거운 가구를 이층으로 나르는 일도 누군가에게 도움을 청하라. 나이가 들어가는 남자는 생명보험과 유언장이 효력을 발휘하도록 건강을 잘 유지하는 것이 좋다는 것, 젊었을 때보다 아침에 일찍 일어나게 된다는 것, 아침에 샤워를 하러 욕실까지 걸어가다 보면 삭신이 삐걱거린다는 것, 칠리나 땅콩버터가 예전만큼 맛있지 않다는 것, 26세의 금발미녀들이 지금은 자신에게 관심조차 없다는 것을 발견하게 된다. 예전에는 어땠는지 모르지만 말이다.

하지만 다행스럽게도, 잃는 것이 있는가 하면 얻는 것도 있다. 우리의 기억은 더욱 풍요로워져서 한때는 우연히 일어난 것처럼 보였던 사건이 문득 원인과 결과를 가진 논리적인 패턴을 드러내기도 한다. 이런 깨달음은 비즈니스에 가장 큰 도움이 된다. 이쯤 되면 우리는 한때 싫어도 억지로 추어야 했던 사교댄스를 적절히 단호하게 잘라버릴 줄도 알게 된다. 이것은 은둔자의 삶을 선택하는 것이라기보다는 오히려 자신이 정말로 하고 싶은 일을 위해 시간을 남겨둔다는 의미다. 우리가 진정으로 중요하게 생각하는 것들을 발견하고 그것에 방해가 되는 것들은 한쪽으로 치워버려도 커리어에 좋지 않은 영향을 미칠까봐 혹은 영영 파티에 초대받지 못하게 될까봐 두려워하지 않아도 되는 자유로움이 대신 우리에게 주어지는 것이다.

우리가 해야 한다고 느끼는 일을 완수해야 한다는 것에 대해 조급한 마음이 드는 것도 사실이다. 시간이 한정되어 있으니까. 하지만 그 안에는 광포함도 없고 다가오는 질병과 죽음이라는 어두운 생각을 품은 비구름도 없다. 우리는 다만 남아 있는 좋은 시간들로 자기가 하고 싶은 일을 알고, 상황이 허락하는 한 가장 효율적으로 그것을 할 계획을 세울 뿐이다.

나는 인생이라는 것이 가장 더디게 배우는 학생에게조차 일찌감치 혹은 중간에 그만두고 구석진 자리로 물러나는 것보다는 그래도 한데 어울려 사는 것이 훨씬 낫다는 것을 가르친다는 것에 감사한다."

삶의 우선순위를
재조정할 수 있는 또 한 번의 시기
—

현대 사회는 60대에 도달한 사람들이 배우고 일하고 여행하고 삶을 살아가는 것에 대해 점점 개방적이 되어가고 있다. 은퇴가 선택이 된 지금 사람들은 이렇게 자문한다. "남은 인생 동안 나는 무엇을 하고 싶은가?" 그들이 스스로에게 이런 질문을 하는 것은 아마도 실제로 그 일을 할 수 있기 때문이다. 그래서 많은 60대들이 일을 계속하고 새로운 분야에 발을 들여놓고 사회적 기업을 시작한다. 어떤 이들은 학교로 돌아가 평소 배워보고 싶었던 것이나 호기심을 가졌던 분야를 공부한다. 다른 이들은 여가생활을 즐기며 우정을 가꾸는 데 시간을 투자한다. 여행이나 모험에 몰두하는 사람도 있을 것이고 반면에 한적한 곳에서 조용히 휴식을 취하는 사람도 있을 것이다. 60대에 속한 사람들은 남은 자신의 인생이 어떠하기를 원하는지에 대해 몇 번이고 결정을 바꿀 수 있다. 그들은 첫 번째 내렸던 선택과 결정에 구태여 얽매이지 않는다. 60대는 성인기 인생 여정에서 매우 활기찬 시기며 우선순위를 재조정할 수 있는 또 한 번의 기회다.

많은 60대가 갖는 가장 큰 바람은 멘토가 되고자 하는 것이다. 그들은 누군가를 이끌어주고 귀감이 되어주고 개혁하고 도와주고 봉사하고 싶어 한다. 그들은 자신의 재능을 다음 세대에게 전해주고 자신이 할 수 있는 일로 미래에 기여하기를 원한다. 조언을 하는 역할은 대개 40대, 50대에 시작되는 게 보통이지만 60대 중에도 남들에게 의욕을 불어넣고 희망을 갖게 하고 그들을 뒷받침해 주는 일을 삶의 중심에 놓고 싶어 하는 사람들이 많다. 멘토란 어떤 일을 하는 데 능력이 있을 뿐 아니라 인간적으로도 유능함을 보이는, 완벽하고 훌륭한 사람을 말한다. 어떤 멘토들은 가르쳐주고 싶은 것이 있어서 자신의 지식과 지혜를 필요로 하는 사람을 찾는다. 어떤 멘토는 선

155

배 직업인으로서 젊은 후배들에게 자신이 걸어왔던 길을 보여주고 높은 성취의 비법을 전수하기도 한다. 그들은 특정한 후배들에게 후원자가 되어주고 경험 많은 거장에게서 배울 수 있는 것은 모두 배우도록 그들을 이끌어준다. 어떤 멘토들은 세상이 어떻게 작동하는지에 대한 얘기를 들려주어 그들에게 열린 의식을 불어넣고 꿈과 추억을 갖게 해준다. 또 다른 멘토들은 평화봉사단이나 종교단체 혹은 사회봉사 단체와 같이 자신의 경험을 원하는 사람들에게 나누어줄 수 있는 수단을 찾아본다.

50대와 70대도 마찬가지지만 손자들에게 훌륭한 조부모가 되어주는 것도 60대에게 현실적으로 가능하면서 만족감을 안겨주는 멘토 역할 중의 하나다. 래리 킹처럼 나이가 많은 아버지도 점점 흔해지고 있으며 그들이 자녀들에게 해주는 역할 또한 멘토에 가깝다고 할 수 있다. 멘토링은 직장 내의 리더십, 지역 사회에서의 리더십, 여가생활에서의 리더십 등 주로 리더십의 형태를 띤다. 멘토가 되고 싶다는 열망은 40대, 50대에 일찌감치 시작되었을 수도 있지만 자신의 인생을 절정기로 보는 지금 그들은 자기 주위의 세상에 변화를 가져오고 싶어 한다.

친구는 대부분의 60대들에게 매우 중요하다. 많은 남자들이 누군가에게 친구가 되어주는 새로운 방법들을 발견하고 그 관계를 통해 즐거움을 얻는다. 하지만 우정을 유지하는 법을 결코 배우지 못한 남자들은 모든 친밀한 만남으로부터 뒷전으로 물러나서 배우자가 그 모든 역할을 대신해 주기를 기대한다. 여성들은 대개 많은 친구들을 사귀고 관리하는 일에 보다 익숙해져 있으며 이러한 관계는 은퇴를 기점으로 날로 더 풍요로워진다. 격식을 차리지 않는 친구, 동네친구, 옛날친구, 취미활동을 같이 하는 친구, 특별한 관심사를 공유하는 친구, 세대를 뛰어넘는 친구, 멘토 역할을 해주는 친구 등 그녀들에겐 친구도 많다.

60대 삶을
어둡게 인식하게끔 만드는 것들
—

60대 인생의 10년은 실현되지 못한 많은 꿈으로 가득 찰 수도 있다. 그래서 다음의 4가지 측면에서 60대의 어두운 면을 표출하기도 한다.

첫째, 은퇴는 중요한 변화이며 특히 일을 중심으로 자신의 인생을 설계해온 사람들에겐 더욱 그러하다. 그들은 역할 인식의 상실, 직장 동료와의 헤어짐, 사라져 버린 일상과 봉급, 없어져 버린 사회적 지위 등 은퇴기로 접어들면서 우리가 흔히 예상하는 것보다 훨씬 더 큰 변화를 겪게 되고 그러므로 적응해야 할 것도 더 많아진다.

둘째, 60대는 비록 자신이 늙었다고 느끼거나 그렇게 행동하지 않더라도 주위에서 노인 취급을 할 때가 종종 있다. 그들은 고령 차별, 즉 나이 들었다고 인식되는 사람들에 대한 차별을 점점 더 몸으로 느낀다. 고령 차별은 나이 든 사람들에 대한 사회의 부정적 반응을 보여주는 것으로, 나이 든다는 것을 유약함, 질병, 무능력, 쓸모 없음, 죽음과 연관 짓는 데에서 기인한다. 60대는 취업 기회, 사회적 역할, 그밖의 주류와의 연결고리에 있어 자기 인생의 문이 닫히고 있음을 느끼기 시작한다. 그들은 자신들이 사회 흐름의 가장자리로 밀려나고 있다고 느낀다. 이것은 한편으로는 그들이 느끼는 연령 차별, 즉 그들 자신이 이런 일이 일어날 것을 기대하기 때문이며, 일부는 그들을 둘러싼 사회가 실제로 연령 차별을 하고 있기 때문이다. 신체적인 변화는 그다지 눈에 띄지 않는 것 같아도 거울은 우리가 나이 들고 있음을 가차 없이 보여주며, 이때 오직 긍정적인 미래 비전을 가진 사람들만이 거울이 주는 메시지를 받아들일 수 있다.

셋째, 은퇴기로 접어드는 사람들은 흔히 여가활동 계획, 여행 스케줄 등을 짜면서 바쁘게 살기 위한 총력작전에 돌입한다. 하지만 나이가 70세쯤 되면 이미 이와 같은 바쁜 프로젝트를 모두 60대에 끝마치고는 그저 텔레비전을 보거나 먹고 마시는 등 바쁘고 진취적인 행동으로부터 자신을 떼어놓는 비교적 수동적인 일을 하며 시간을 보내게 된다.

넷째, 종종 60대를 지나는 동안 육체적인 능력이 점차 떨어지기 시작해 숨이 차고 쉽게 피곤해지고 성적 능력이 감퇴하고 기억력도 둔해진다. 신체적 운동과 정신적 활동, 영양 섭취, 의학적 도움을 통해 어느 정도는 이것들이 해결될 수 있다고 해도 귓전에서는 여전히

"저 늙은 회색 암말은 예전 같지 않다네."라는 경종이 울려댄다.

60대들은 노화의 북이 둥둥 울리고 있음을 안다. 60대의 육체는 기능이 예전 같지가 않다. 우리가 최고의 유전자와 면역체계를 물려받지 못했다면, 그리고 우리 몸을 최상의 상태로 관리해 오지 못했다면 시력과 청력의 상실, 단기기억상실 등이 60대를 거치는 동안 점점 심해진다. 모든 것이 속도가 떨어진다. 모든 신체 기관과 기능에 적용되는 규칙은 다음과 같다.

"당신이 그것을 사용하지 않으면 그것은 기능을 잃어버리게 될 것이다!"

당신 자신을
인생의 가장자리로 끌고 가지 마라

—

건강한 60대는 앞으로도 40년을 더 살 수 있으며 그 세월을 살아낸다는 것은 추억 속에 사는 것이 아니라 하나의 도전이다. 이 40년은 우리 사회에서 거의 미지의 영역으로 남아 있다. 우리는 60대에 은퇴하는 것에 대해서는 난리법석을 피우지만 70대, 80대, 90대에 인간으로서 우리가 어떤 발달 과정을 거치고 어떻게 살 것인지에 대해서는 아무 생각이 없다. 마지막 40년에 접근하는 한 가지 방법은 40년 계획을 세워보는 것이다. 그 기간은 대부분의 사람들의 삶에서 가장 긴 기간 중 하나인데, 만일 당신이 면밀한 계획을 세우고 이전 단계에서 가졌던 문제들과 역할에 여전히 충실한 상태를 유지한다면 당신은 나이가 들어 육체적으로는 점점 쇠약해지지만 동시에 보다 발전하고 성숙해질 수 있을 것이다.

노년기를 바라보면서 재생의 사이클을 반복적으로 도는 것이라고 생각하라. 나이 들었다고 해서 젊었을 때와 크게 다를 것이 없다. 당신 자신을 인생의 가장자리로 끌고 가지 마라. 만약 그렇다면 당신은 누구보다 빨리 나이 들 것이고 노년이 주는 도전을 놓치고 말 것이다. 긍정적인 노화의 두 가지 모습은 첫째 멘토의 역할을 통해, 그리고 관대함과 우정, 유산, 리더십, 여가생활, 일을 통해 이 시기의 도전을 받아들이는 것이고, 둘째 노화의 불가피한 과정이 갖는 결점들에 때론 맞서고 때론 적응하면서 이를 잘 관리하는 것이다.

지금 시점에서는 백 살 남짓까지 인간의 발달을 위한 최적의 선택들을 이해하는 데 도움이 되는 어떤 정보도 지침도 없다. 하지만 다음 30년 동안에는 역할 모델과 홍보 캠페인까지 두루 갖춰진 각본이 만들어질 것이다. 왜냐하면 70대 혹은 그 이상의 연령이 되는 성인들의 숫자가 매우 많아질 것이고, 우리 사회가 이들 노년 인구가 적극적으로 생산적인 역할을 담당해 주기를 원하고 또 필요로 할 것이기 때문이다. 또 노년층이 매우 중요하면서도 새로운 구매층을 형성할 것이다. 새로운 기회의 문이 열리면서 이들을 부르고 있다.

70대,
잃은 것도 많지만 남은 것도 많다

—

활력적인 70대에겐 세 가지 임무가 있다. 자기 본연의 모습으로 사는 것, 자신의 충만함을 찬미하는 것, 그리고 개인적인 욕구를 넘어 사회에 기여하는 것이다. 이 세 가지 주제는 중년기부터 형태를 갖추기 시작해 계속해서 그 중요성이 커져가지만 70대 이후에는 거부할 수 없는 크기로 다가온다. 당신 본연의 모습으로 산다는 것은 핵심 가치와 관계가 있다. 그렇다면 당신에게 가장 중요한 것은 무엇이며 어떤 식으로 그것에 이바지할 것인가?

70대를 사는 사람들은 많은 동년배들이 세상을 떠난다는 것을 알고 있다. 사망률 차트가 그들을 정면으로 응시하고 있다. 그래서 그들은 자신이 가진 재능과 부, 자산을 살아 있는 동안 잘 관리하고 싶어 한다. 따라서 노년 세대가 베풂에 관대해지고, 미래를 염려하고, 아량이 커지고, 자발적으로 봉사할 기회를 찾는 것은 자연스러운 일이며, 사회적 리더십 또한 그들이 자신의 가치를 입증하기 위해 흔히 선택하는 길이다.

타인에 대한 연민이 가장 커지는 시기

전부 다 그런 것은 아니지만 대부분 노인이 되면 타인에 대한 연민이 커진다. 자신보다 젊은 사람들이 무분별하게 아무 의식 없이 이 지구를 사용하고 있는 것에 대해서도 그들은 깊은 우려를 갖고 이를 관리하는 일을 자임하기도 한다. 비영리단체에서 활동하는 자원봉사자의 상당 비중을 차지하고 있는 그들은 자신들의 힘으로 어떻게든 이 사회의 전망을 개선하고 싶어 한다. 나는 이처럼 타인에 대한 연민을 바탕으로 빛나는 70대를 살았거나 살고 있는 인사들을 다음과 같이 네 명 꼽아보았다.

▣ 엘리자베스 퀴블러 로스

(Elizabeth Kübler-Ross, 1926년 7월 8일-2004년 8월 24일, 정신과 의사이자 죽음과 그 과정에 대한 선구적인 작품을 쓴 작가)

"이 세상을 살고 있는 인간에 대한 저의 이해는 단순히 우리 모두가 똑같은 신의 자녀들이라는 것입니다. 우리는 말 그대로 형제자매들인 것입니다. 우리 모두가 깨달아야 하는 궁극적인 교훈은 무조건적인 사랑이며, 그것은 타인에 대한 사랑뿐 아니라 우리 자신에 대한 사랑도 포함하는 것입니다. 관대함, 연민, 이해, 사랑은 똑같은 종류의 씨앗을 심을 것이고 우리가 그것을 필요로 할 때 우리에게로 돌아올 것입니다. 우리는 세상을 바꿀 수 있지만 그것은 오직 우리 자신을 바꿈으로써만이 가능합니다. 매일매일 자신의 행동을 의식하고, 자신이 하는 말의 주인이 되고, 우리의 생각을 스스로 지배할 때 우리는 세상을 변화시킬 수 있습니다."

■ 에드워드 O. 윌슨

(Edward O. Wilson, 1929년 7월 10일- , 저술가이자 교수이며 곤충학자이
자 사회생물학자)

"모든 인간은 자신의 신념체계를 중심으로 삶을 구축합니다. 나
의 신념체계는 나를 환경보호주의자로 이끌었고, 나는 환경문제를
위해 노력하고 있는 각종 단체나 위원회에서의 봉사활동을 통해, 그
리고 저술활동을 통해 그 문제에 기여하기 위해 온 힘을 썼습니다.
그리고 내성적인 나의 성격이 허락하는 한, 특별히 생존을 위협받
는 종들과 서식자들 편에 서서 능동적인 활동을 펼치기도 했습니다.
이 지구상에 있는 각 나라의 동식물군은 국가적 유산의 일부이며 역
사나 예술 못지않게 중요한 것입니다. 저는 우리 후손들은 그것들을
지금보다 훨씬 소중하게 여겨줄 거라고 확신하고 있습니다. 그리고
현재 환경의 피폐라는 병목을 어렵사리 통과하면서 우리가 구해준
모든 종들이 결국에는 우리에게 크나큰 이익을 돌려줄 것으로 굳게
믿습니다."

■ 엘리엇 리처드슨

(Elliot Richadson, 1920년 7월 20일-1999년 12월 31일, 미국 법무장관, 국방장관, 상공부 장관 등 엮임)

"우리가 해야 할 일은 그저 남에게 피해를 주지 않으려고 조심하는 것에서 그치지 않고 어려움에 처한 사람들을 돕는 것이고 그것은 무엇보다도 우리와 가장 가까운 사람들, 감정적 거리가 멀어지는 것만큼 점점 약해지는 사람들에게 가장 강력하게 실천되어야 합니다. 점점 넓어지는 동심원은 내 가족에서 시작해서 이웃으로 확대되고 더 넓은 지역 사회로, 국가로 뻗어나가게 됩니다. 시간적으로나 공간적으로 가장 멀리 뻗어나가면 정신적 유대감은 가장 약해지긴 하지만 그래도 그것은 여전히 그곳에 존재합니다. 그것은 전 세계를 한데 아우릅니다. 모든 인간 하나하나가, 아직 태어나지 않은 아기들까지 포함해서 내게 도움을 요구할 자격이 있고 나 또한 그들에게 그럴 권리가 있습니다."

■ 지미 카터

(Jimmy Carter, 1924년 10월 1일- , 미국 전직 대통령, 애틀랜타 카터 센터 설립자)

"우리는 우리의 삶을, 축소하는 것이 아닌 확장하는 것으로 보아야 합니다. 현대의 테크놀로지는 이러한 야망이 보다 쉽게 실현되도록 도울 수 있습니다. 지금 우리는 더 오래 살게 되었을 뿐만 아니라 어떤 면에서 보면 한 해 한 해가 예전의 몇 년에 해당한다고 할 수 있습니다. 우리는 아리스토텔레스 시대에 비해 열다섯 배나 많은 지식에 노출되어 있습니다. 우리 중에는 마르코 폴로가 평생 했던 것보다 더 많은 곳을 일 년 동안 다니는 사람도 많습니다.

우리 중에 누구도 폭넓은 접근 기회를 제공하는 현대 사회의 테크놀로지 덕분에 무능력한 동면상태로 빠져들어 사회적으로 남에게 의존하거나 종속될 필요가 없습니다. 노인 전문 요양시설에 가본 사람이라면 알겠지만 보통 노인들은 주당 43시간 정도 텔레비전을 봅니다. 하지만 푹신한 의자와 깜빡이는 화면 바깥에 더 큰 세상이 있습니다. 우리는 수동적으로 살 필요가 없습니다. 우리는 아직 옛날 좋은 시절의 적극적인 즐거움들을 찾을 수 있습니다.

건강상태가 좋다는 것이 무엇입니까? 그것은 단지 육체적으로 병이 없는 상태를 의미하는 것도 아니고 고통이 없는 긴 휴식 같은 것을 의미하는 것도 아닙니다. 감히 말하건대, 좋은 건강이란 아무런 문제가 없는 강건한 신체라는 개념을 넘어서, 자중자애, 우리 자신의 문제에 대한 통제력, 타인들과의 강한 유대, 그리고 삶에 대한 목적의식을 가진 상태를 말합니다. 이런 것들은 저절로 얻어지는 것이 아니며 힘들여서 추구하고 유지해 나가야 하는 것입니다.

은퇴기란 수동적이고 비활동적인 삶을 살 수도 있는 시기입니다.

하지만 그보다 모험으로 가득 차 있는 멋진 삶이 있습니다. 우리는 새로 발견한 자유를 충분히 활용할 수 있으며 새롭고도 신나는 모험 여행을 떠날 수 있습니다. 우리에겐 이전에 이루지 못한 꿈을 이룰 시간이 있습니다. 설사 실수를 하더라도 만회할 시간도 충분합니다. 지나치게 몸을 사리고 조심할 필요가 없습니다. 은퇴기는 우리가 여생을 성공적으로 산다는 것에 대해 정의하고, 몇 번이고 재정의할 수 있는 시기입니다. 물론 그 정의는 우리가 젊은 시절에 가졌던 것과는 상당히 다를 것입니다. 회한이 꿈 대신 그 자리에 들어앉을 때, 당신은 비로소 늙은 것입니다."

"거울에 비친 모습보다
내 감정에 더 큰 진실이 담겨 있습니다."

—

로버트 E. 리: 신세계를 찾기엔 아직 늦지 않았다

"우리가 손을 뻗치고 탐험하고 해석하고 재해석해야 하는 영역이 우리 앞에 드넓게 펼쳐져 있다. 내 평생에 세계가 축적해온 새로운 정보의 양이 전 인류가 수천 년을 축적해온 정보보다 더 많다. 그리고 우리는 이제 겨우 시작일 뿐이다.

나는 청년이 아니다. 그래서? 내가 내 딸보다 혹은 아들보다 세상을 보고 숨을 쉬고 생각할 시간을 조금 적게 가졌다고 해서 그게 결격사유가 되어야 하는가? 여든이 한참 넘은 내 장인어른은 심장이 멈추기 한 주 전까지도 뒷마당에서 일을 하셨다. 당신이 줄줄이 심어 놓은 과일나무들을 가리키며 그분은 이렇게 말씀하셨다.

'20년이면 우리가 아마 다 먹지도 못할 만큼 많은 열매가 열릴 걸세!'

그 어른 말씀이 맞았다. 그 나무들에는 지금 아주 잘생긴 배와 복숭아와 사과가 주렁주렁 열린다. 지금 그분은 여기 안 계셔서 과일을 맛보실 수 없지만 그래도 다른 이들이 먹지 않는가. 아니 어쩌면 자신도 생전의 미각으로 그 맛을 상상하면서 즐기고 계실는지도 모른다. 그 어른이 자신의 높은 연세와 허약해진 신체에 연연하기보다 이 나무들을 심은 것이 천 배쯤 더 잘하신 일이 아니었다고 누가 말할 수 있겠는가. 신랄하고도 달콤한 영국의 낭만시인 테니슨 경은 이렇게 읊고 있다.

〈비록 잃은 것도 많지만 아직 남은 것도 많다. 신세계를 찾는다면 아직 늦지 않았다!〉

며칠 전에 거울에 비친 내 모습을 힐끗 보았다. 나는 거울을 자주 보지는 않는다. 그것이 보여주는 것을 믿지 않기 때문이다. 내 기분은 스물두 살과 같다. 그리고 거울에 비친 모습보다는 내 감정에 더 큰 진실이 담겨 있다고 나는 생각한다."

말콤 머거릿지: 방학을 기다리는 소년처럼

"설명하기 가장 어려운 문제는 죽음이 가까워오면 뒤에 남겨질 것들, 그러니까 우리가 사는 이 땅, 그 모양과 그 냄새와 그 색깔, 그리고 생명들, 우리가 살고 사랑하고 더불어 살았던 그 모든 것들이 어떤 신비한 이유에서인지 몰라도 더욱 황홀하게 보인다는 것이다.

그래서 마치 석방을 기다리는 죄수처럼, 방학을 기다리는 소년처럼, 남쪽으로 날아갈 준비를 하는 철새처럼, 퇴원할 수 있을지 의사의 표정을 초조하게 살피는 환자처럼, 나는 떠남을 갈망한다. 그것은 오랫동안 거주했던 육신에서 나 자신을 분리하고, 시간이라는 자물쇠 속에서 열쇠가 딸깍 돌아가는 소리와 함께 영원의 문이 활짝 열리면, 지루하게 긴 수수께끼로부터 내 영혼을 해방시키고 나의 피곤한 자아를 지긋지긋한 고집에서 놓여나게 해줄 것이다. 그것이 〈죽음〉에 대한 내 생각이다."

"내가 더 이상
젊지 않다는 게 얼마나 다행인가!"
—

아직도 우리 사회는 노인을 늙고 쓸모없고 죽어가는 생명체로 본다. 70대는 우리가 차마 직시하고 싶어 하지 않는 특징들, 즉 굽어진 자세, 주름진 얼굴, 불편한 걸음걸이, 늘어난 뱃살, 늦어진 반응 속도,

청각과 시각의 장애, 검버섯으로 얼룩덜룩해진 피부 등을 그대로 보여준다. 우리는 이 연령대의 사람들을 똑바로 쳐다보고 싶어 하지 않는다. 이러한 신체적 특징 뒤에 숨은 그들의 〈현명함〉을 발견할 방법을 모르기 때문이다. 그리고 많은 노인들이 자기 자신에게서 어떻게 하면 이러한 것을 볼 수 있는지를 모른다.

고령 차별은 많은 노인세대(심지어 5-60대까지도)의 운명을 결정한다. 그들의 입증된 능력에 상응하는 보수를 주어가며 누가 그들을 고용하겠는가? 후배들에게 멘토가 되어주고 길을 제시해 주기 위해 그들에게 어떤 리더십 역할이 가능할 것인가? 70대들은 자신에게 남은 인생을 뭔가 중요한 일에 쓰고 싶어 한다. 하지만 그 방법을 찾아보던 노년층들은 자신들이 아무리 몇 세대에 걸쳐 축적된 대단한 경험을 가졌다고 해도 이 사회의 주류는 그들이 하고자 하는 말에 별 흥미가 없다는 것을 발견한다. 아프리카에는 이런 속담이 있다.

"노인이 한 명 죽는 것은 도서관이 불에 타 무너지는 것과 같다."

70대는 노년기라는 시간과 공간에 존재하며 그것은 현자의 영역이다. 75세의 로버트 태넌바움은 이렇게 말했다.

"긴 세월 동안 다채로운 삶을 살아온 것에 대해 주어지는 보상이 있다면 그것은 어느 정도의 지혜를 얻게 되는 것이다. 그것은 개인이 얼마나 마음을 열고 새로운 것을 받아들이느냐에 달렸다. 우리는 세상을 사는 동안에 가지각색의 폭넓은 경험을 하게 된다. 그리고 그로부터 얻어지는 세상을 보는 시각과 관점은 우리가 마주치게 되는 어떤 문제든 그 깊은 의미를 이해할 수 있는 배경막을 제공해 준다."

미국의 대표적 정신분석학자 에릭 에릭슨은 자신의 저서 『정체성: 젊음과 위기*Identity: Youth and Crisis*』에서 노인이 지닌 지혜의 가치를 이렇게 기술하고 있다.

"무르익은 위트에서부터 축적된 지식까지, 성숙한 판단력과 포괄적 이해력까지 우리는 그것을 통틀어 〈지혜〉라고 부른다. 각 개인이 혼자 힘으로 지혜의 진화를 이룰 수는 없다. 대개의 경우 살아 있는 전통이 지혜의 정수를 제공한다. 하지만 인생 주기의 마지막에 가까워졌다는 것 역시 자신의 정체성의 한계를 초월할 수 있는 변화에는 어떤 것이 있으며, 세대가 끊임없이 이어지는 가운데 그에게 주어진 단한 번의 인생 주기에 대한, 종종 비극적이고 간혹 심하게 희비극적인 몰입을 뛰어넘을 변화란 어떤 것인지에 대한 궁극적인 관심을 환기시킨다. 문명은 그것이 인생의 주기 전체에 던져주는 의미에 의해 가늠될 수 있다. 왜냐하면 그 의미는 혹은 그 의미의 결여는 반드시 다음 세대의 시작으로 이어지게 되어 있고 그것은 다시 궁극적인 질문에 대한 명쾌하고 강력한 답을 찾으려는 다른 이들의 변화 속으로 비집고 들어갈 것이기 때문이다.

어떤 심오한 궁극적 관심이 각 개인을 인도하든 간에, 심리사회적 존재인 인간은 자기 인생의 종말이 가까워오면서 정체성 위기의 새로운 버전에 직면할 것이며 우리는 그것을 이런 말로 표현할 수 있을 것이다.

〈나는 나의 생존을 초월한다.〉"

영화 「지지Gigi」(프랑스 여성 극작가 꼴레트의 소설을 원작으로 한 영화)에서 모리스 쉬발리에는 이렇게 노래한다.

"내가 더 이상 젊지 않다는 게 얼마나 다행인가."

이는 나이 든 사람들은 사회가 젊은이와 중년에게 가하는 압력에서 비껴나 있고 온갖 근심들을 초월해 있다는 의미다. 노년은, 말하고 존재하고 자기가 믿는 그대로 행동하는 데 있어 훨씬 더 자유롭다고 그는 노래한다. 자신이 살아온 과거에 만족하고, 현재에 적극적이고, 미래에 새로운 목표를 이루려 노력하는 70대는 젊은이들이 따르고 싶어 하는 역할 모델이자 멘토다. 목적의식을 갖고 자족적인 인생을 삶으로써 중년기를 연장하는 70대는 나이 듦에 대해 주로 부정적인 이미지를 갖고 있는 젊은 세대에게도 고마운 존재다. 우리 사회는 그 현자들과의 창조적인 교섭을 필요로 한다. 바람직하게 늙어가기 위해서 젊은이들은 현자들로부터 배우고 그들을 존경할 필요가 있다.

죽음을 슬퍼하는 것이 아닌,
놓칠 수밖에 없는 미래를 아쉬워하다

—

노인들은 죽음을 두려워하기보다는 오히려 남에게 완전히 의지하거나 생명 유지 장치에 의존해서 목숨을 유지하게 되는 것을 더 두려워한다. 그들은 경제력이나 육체적인 기능을 완전히 상실해서 자신에게 아무런 선택권도 없이 어떤 시설이나 사람들에게 맡겨져 죽음을 맞이하는 것을 두려워한다. 그들은 단지 자신의 죽음을 슬퍼하는 것이 아니라 자신들이 놓칠 수밖에 없는 미래를 아쉬워한다. 그들은 자신들의 삶의 배경이, 특히 가족과 친구들이 세월이 흘러 어떻게 발전할지 그 모습을 놓치고 싶지 않은 것이다.

이들은 종종 자신의 인생 경험을 돌아보고 반추해 보고 또 재차 확인하고는 자신들은 경험하지 못할 수도 있는 미래 세계에 대해 조언과 축복을 해준다. 그들이 갖는 공통점은 하나다. 인생의 시작이나 중간지점보다는 마무리에 보다 가깝다는 것이다. 하지만 이 시기의 사람이라고 해서 모두 똑같은 것은 아니다. 그들이 처한 조건, 라이프스타일, 인생에 대한 전망은 각기 다르다. 육체적인 문제에 대처하고 죽음에 대한 견해를 갖는 것은 이 시기의 주된 관심사지만, 건강을 유지하고 관계를 지속하며 미래에 대한 비전과 경제력을 잃지 않는 사람들은 80대, 90대까지도 신념과 목적의식을 갖고 충만하고 활기찬 삶을 살아간다.

그렇다면 무엇이 이 시기의 성공적인 삶과 노화 과정에 이바지하는가? 그것은 무관심보다는 꺼지지 않는 열정, 그리고 어떤 문제를 자기 탓으로 혹은 남들 탓으로 돌리기보다 자신의 삶에 대한 개인적인 책임을 기꺼이 받아들이는 것이다. 그리고 당신이 원하는 것과 당신이 얻는 것 사이에 큰 차이가 벌어지지 않도록 유지하는 것, 긍정적인 자아 개념, 부정적인 감정보다 우세한 긍정적 감정 또한 성공적인 노화에 기여하는 요인들이다.

8

성인의 인생, 그 마무리

— 가만히 앉아서 죽음을 기다리진 않는 80대,
삶을 정리하고 요약하는 90대

"이쯤 살았다고 해서 예전과 감정이 다른 건 없어요.
다만 목적의식을 갖고 살 수 있는 삶을 남들보다 조금 더 많이 부여받은 것이니
그에 따라 보다 의미 있게 살아가야죠."

80대,
나이는 들었지만
나이 든 사람처럼 살진 않는다

―

현재 우리 사회는 80대, 90대 연령층에 속한 사람들의 인생 목적의
식과 사명에 대해 제대로 정의하지 못하고 있다. 노인학을 연구하는
현재의 학자들은 그들을 〈후기 노년기late old age〉라고 일컫지만 미
래의 학자들이 아마 그들의 사회적 중요성과 생의 약진에 걸맞은 적
절한 단어를 찾아낼 거라 예상한다. 인구통계학적으로 점점 더 많은
비중을 차지하고 있는 이들 세대는 확실히 이전의 80대보다 훨씬 건
강하고 오래도록 사회적 역할이나 기능을 유지하고 싶어 한다. 그들
은 사회가 그들을 위해 오랜 세월 유지해온 의제, 즉 〈죽음을 기다

리는 것〉을 거부한다.

21세기 중반이 되기 전에 아마 일터에서, 선출직에서, 지역 사회 리더 역할에서 점점 더 많은 80대 노동력을 발견할 수 있을 것이다. 남에게 의지하지 않는 자립적인 삶을 위해 많은 80대들이 고군분투하고 있다. 미국에서 지난 25년간 85세를 넘긴 인구의 증가세는 전체 인구 증가율에 비해 무려 6배나 된다. 그러나 가장 급속히 증가하는 인구층은 100세 이상의 연령층이다. 1956년에 2,500명이었던 이들 장수 인구가 1986년에는 2만 5천 명으로 늘었고, 2050년에는 무려 110만 명이 넘을 것으로 전망되고 있다.

나는 올해 80세가 된 사람들을 500명 정도 만나볼 기회가 있었다. 그들은 서로 영감을 얻고 무료 건강검진을 받고 친목을 도모하기 위해 모인 사람들이었다. 수년 동안 계속되어온 이 연간 행사에는 많은 부부들이 함께 참여했고 더러는 혼자 오거나 단체로 참여한 사람들도 있었다. 방에는 휠체어도 꽤 있었고 보청기와 그밖의 의료장비들이 구비되어 있었다. 나는 〈어떻게 100세를 살 것인가〉라는 주제로 약 30분가량 강의를 한 후에 참석자들의 질문을 받았다. 그들은 스트레스를 관리하고, 육체적으로나 정신적으로 활력을 잃지 않고, 배움을 계속해 나가고, 가족과 친구들에게 시간을 투자하고, 폭넓은 활동을 지속하고, 장수에 대한 여러 연구 결과들을 뒤떨어지지 않게 파악하려면 어떻게 해야 하는지에 대해 물었다.

그곳 분위기는 마치 사회적 격변이 한창 진행되던 1960년대 말쯤에 20대들이 모인 것 같았다. 비록 듣고 말하고 행동하는 능력은 저마다 달랐지만 그들에겐 공통의 관심사가 있었다. 자신들의 발언권을 갖는 것, 활기차게 사는 것, 서로를 배려하는 것, 더 넓은 지역 사회와 교류하는 것, 그리고 다음 선거에서 하나의 계층으로 단합해 영향력을 행사하는 것이 그것이었다.

이들 80대의 육체는 이런저런 장애를 갖고 있지만 그들 자신은 놀라울 정도로 정력적이고 적극적이며 서로 돕겠다는 마음으로 충만해 있다. 신체적 장애를 가진 사람들도 자신들의 시간과 노력을 잘 활용할 수 있는 경우가 많다. 때로 젊은 사람들은 만성적인 질환이 곧 인생의 끝을 의미하는 것이라고 생각하지만, 흔한 경우 그것은 보다 잘 작동하는 신체기관을 남들과 조금 다르게 사용하는 것을 의미한다. 나는 그들의 모임에 함께함으로써 가장 큰 이득을 본 사람이 바로 나 자신이라고 느꼈다. 나이가 80대인 사람들은 죽을 준비를 하는 것 말고 달리 할 일이 뭐가 있겠냐고 생각하는 일이 앞으로는 절대 없을 테니까 말이다.

수년간 나는 80대를 넘어 90대로 접어드는 사람들을 유심히 지켜보았다. 주위 사람들 못지않게 그들 자신도 자신의 장수에 깜짝 놀라고 있었다. 그들은 종종 이렇게 말한다.

"이쯤 살았다고 해서 뭐 예전과 감정이 다른 건 없어요. 다만 목적의식을 갖고 살 수 있는 삶을 남들보다 조금 더 많이 부여받은 것이고 그러니 그에 따라서 감사하며 살아야죠."

80대는 70대와 모든 면에서 그리 다르지 않다. 그들은 여전히 활력적이고 건강하며 사회에 기여하겠다는 마음으로 충만하다. 좋은 소식은, 인생을 즐기면서 활기차고 탄력적인 삶을 영위하는 80대들이 점점 늘어나고 있다는 사실이다. 그들이 나이 들어가고 있는 것은 사실이지만(그건 누구나 마찬가지 아니겠는가?) 그렇다고 노인으로 행동하지는 않는다. 일부는 커리어에서, 취미생활에서, 그리고 인생 경험에서 뒤늦게 피어나기도 한다.

"우리를, 곧 죽을 사람으로 취급하지 말라."

—

최근에 나는 무작위로 각 지역에 거주하는 80세 노인들에 대한 조사를 실시한 적이 있었는데 그들이 가장 불만스럽게 생각하는 것은 대체로 이런 순서였다. 첫째, 너무나 많은 사람들이 그들을 약하고 아프고 곧 죽을 사람들로 취급한다는 것이다. 사회가 그들에게 리더 역할을 해주기를 바라는 것은 차치하고라도 사회로부터 환영받고 격려받는 존재라는 느낌이 조금도 들지 않는다는 것이다. 둘째, 그들은 일터가 자신들에게 닫혀 있다고 느낀다. 80대의 사람들은 만일 자신이 어떤 일자리에서 요구하는 능력을 갖췄다면 자신들도 충분히 고려의 대상이 될 자격이 있다고 믿는다. 셋째, 그들은 노쇠하거나 죽어가고 있는 같은 연령대 사람들의 수효가 자신들을 낙담시키고 용기를 꺾는다고 말한다. 넷째, 그들은 시력과 청력의 문제, 평형감각의 상실, 기억력 감퇴, 근육 감소, 성적 능력 저하, 골절, 수술 등 육체적으로 문제가 생기는 것을 경험한다. 이때 생겨나는 육체적인 문제들은 열거하자면 끝이 없다. 다섯째, 그들은 사람들을 더 많이 만나고 관계를 맺고 싶다는 욕구를 느끼며 나눔과 교류를 추구하지만 그럼에도 불구하고 사회적으로 소외되고 있다고 느낀다. 그들은 누군가가 돌봐줘야 할 대상이 아니라 진심으로 인정받고 있다는 느낌을 원한다.

노화의 진행 속도나 체감 정도는 사람들마다 다 다르다는 것을 기억하는 것이 중요하다. 더러는 50대, 60대부터 이미 경미하거나 심각한 노화 증상을 보이기도 하고 더러는 90대가 되어도 육체적으로 별 문제 없이 잘 지내기도 한다. 노화란 진행성 질병이 아니다. 그러므로 당신은 80대가 70대보다 건강이 좋지 못할 거라는 생각은 버려야 한다. 노인들은 다 비슷한 것 같아도 다 다르다는 것을 잊지 말라.

물론 일부는 사회적 지원과 의료 서비스를 필요로 하는 경우도 있지만 우리 사회는 이들 노인 인구를 사회 전체에 가치를 더해주는 〈인간자본〉으로 활용하지는 않는다. 하지만 앞으로는 아마도 이들 80대들이 보다 사회에 공헌할 수 있는 큰 역할을 만들어 내고 자신들도 그것을 통해 삶의 의미와 목적을 가질 수 있게 될 것이다. 2030년이 되기 전에 그런 날이 오리라 믿는다. 그들은 현대 문화의 일부로서 성공적인 노화 과정을 밟고 있는 많은 이들의 이야기를 발굴해낼 것이다.

90대,
의미 있는 죽음을 갈망하다

—

90대라는 인생의 시기를 그리 많은 이들이 경험하지는 못할 것이다. 하지만 점점 그 연령대 인구가 늘어나고 있는 것이 사실이다. 100세를 넘기는 장수 노인들 또한 마찬가지로 급속히 그 수가 증가하고 있다. 이 시기를 발달과 성취, 사회적 기여의 시기라고 생각하는 사람은 별로 없을 것이다. 하지만 공정하게 말하면 우리는 이들 연령층에 대한 부정적 기대와 전제에 의심을 제기할 필요가 있다.

적극적인 운동과 건강한 섭생에 대한 인식이 확산되면서 많은 고령 노인들이 건강한 라이프스타일을 유지하고 기대 이상의 장수를 누리고 있다. 이제 더 이상 90세 노인을 만나는 것이 신기한 일이 아니며 나이가 90대라 하더라도 나이를 짐작하기 어려운 경우도 너무나 많다.

내 아내에게는 작년에 100세를 넘기신 할머니가 계시다. 그분은 놀라울 정도로 건강하고 활동적이고 미래 지향적이시다. 그분은 미국 중서부의 소도시에 정부 보조금이 지원되는 노인전용 주택단지에서 15년째 생활하고 계신다. 당신 소유의 아파트도 한 채 있는데, 그곳에서 가끔 요리도 하고 다른 이들을 돌보기도 하고 지역 사회에서 주 1회 봉사활동을 하는 등 활기찬 생활을 하신다. 할아버지가 돌아가신 지 무려 50년이 넘었지만 할머니는 재혼을 하지 않으셨다. 주택단지 안에서 얼마든지 사람을 사귀고 교제를 할 수 있기 때문이다. 그분은 아침에 일찍 일어나 하루 중 대부분의 시간 동안 일을 하고 친구들과 친밀한 관계를 유지하고 있으며 육체적으로 특별히 아픈 데도 없다. 일요일이 되면 교회에 가시고 미래에 대해 염려하거나 자기연민에 빠지는 일도 없다. 우리 눈에 비친 그녀의 모습은 참으로 놀라웠으며 모두에게 귀감이 될 만했다.

인생은 하나의 〈작은 죽음〉을 계속 경험하는 것

죽는다는 것은 삶의 일부다. 그것은 대부분의 사람들에게 인생의 주기를 관통하는 긴 과정이다. 인생의 전환기는 그때마다 하나의 〈작은 죽음〉을 겪는 것과 같으며, 그것은 더 이상 예전과 같지 않은 삶의 일부를 놓아 보내는 것이다. 당신이 일생 동안 여러 차례 인생의 전환기를 거쳤다면 어느 정도는 미지의 것을 믿고, 체념 속에서 평화와 희망을 발견하고, 어둠 속에서 새 길을 찾는 법을 배웠을 것이다. 비유적으로 말해 우리는 삶의 굽이굽이마다 〈죽어가는 경험〉을 해왔기에 우리의 마지막 죽음이 어떠할 것인지에 대해 어느 정도의 느낌은 갖고 있다.

그러나 죽음은 절대적인 전환점이다. 그것은 죽어가는 것처럼 하나의 과정일 뿐 아니라 이것 아니면 저것인 흑백의 사건이다. 죽음의 종료성은 존재하지 않음에 대한 두려움, 우리의 정체성 자체가 삭제될 가능성에 대한 두려움을 갖게 한다. 죽어가는 과정에서 우리는 평화로운 마음으로 마지막 작별을 고할 수도 있고 죽음을 거부할 수도 있다. 하지만 성숙한 사람은 내면적으로 그리고 자신이 사랑하는 사람들과 더불어 작별의 과정을 치를 수 있는, 의미 있는 죽음을 원한다.

죽음의 위기는, 생명이 다하는 그 순간까지 우리 삶을 표현하는 주된 수단이었던 육체가 더 이상 기능을 하지 않는 것이다. 그것은 더 이상 그 안에 거주하던 자기를 담아내지 못한다. 그 이후에는 어떻게 될 것인지에 대해서는 확실한 답이 없다. 하지만 그들은 지금까지 인생의 전환기를 거칠 때마다 〈죽음의 얼굴〉을 보아왔다. 그들은 미지의 것들, 무력감, 공허한 고독함, 미래의 부재와 더불어 살아온 셈이었다. 그리고 그때마다 그들은 새로운 힘을 내고 새 희망과 비전을 갖게 되었다. 어쩌면 평생에 걸친 인생의 전환을 경험하는 것은 〈죽음에 대한 리허설〉이라 할 수 있을 것이며, 그것은 아무런 통제력을 갖지 못하는 죽음과 더불어 살아가기 위한 우리의 가장 위대한 자산이다.

100세 장수를 위하여 필요한 것들

—

장수란 당신이 할 수 있는 한 오랫동안 활기차게 잘 사는 것을 의미한다. 장수는 당신이 원하는 미래를 스스로의 책임 하에 설계하고, 사랑하는 이들이나 친구들, 보다 광범위한 사회와의 활발한 관계를 유지하면서 삶에 대한 관여를 유지하는 것이다. 장수에 대한 개념은 젊었을 때부터 미리 확실하게 세워두어야 육체와 정신이 인생의 그 긴 시기를 준비할 수 있다. 100세까지 장수하기 위해 당신이 미리 알아야 할 몇 가지 사항들을 아래에 뽑아보았다.

〈나이 들어가는 것〉과 〈늙어가는 것〉은 다름을 인식하라

나이 들어간다는 것은 삶의 변화를 관리할 방법을 찾아서 최대한 활기차게 적극적으로 바쁘게 사는 것을 말한다. 건강한 노화에는 삶에 대한 긍정적인 태도와 바람직한 스트레스 해소법, 건강을 증진하는 행동, 일상의 문제들을 해결하는 삶의 기술, 그리고 병에 걸리거나 심각한 부상을 당하지 않는 행운까지 포함되어 있다. 100세가 되도록 장수하는 사람들은 낙관주의적인 성향이 강하다. 그들은 웬만해서는 낙담하지 않는다.

반면에 늙어간다는 것은 우리 사회가 노인들에게 기대하는 대로 행동하는 것, 즉 삶에 대한 흥미를 상실하고, 변화를 가져오기엔 너무 늦었다는 생각을 그대로 받아들이고, 인생이 더 이상 중요하지 않다고 믿고, 삶의 목표나 헌신할 대상을 찾지 못하고, 아무것도 놀 랄 일이라곤 없고, 수동적이고 지루한 삶에 무릎을 꿇는 것이다. 노 화란 구경하는 스포츠가 아니다. 스탠드에서 내려서서 당신이 장수 를 누릴 가능성을 높여주는 무슨 일이라도 하라. 그리고 나이 듦에 대해 우리 사회가 갖고 있는 생각을 바꿔놓는 데 당신의 몫을 하라. 나이 드는 과정은 어느 누구도 막을 수 없지만 마음부터 지레 늙어 갈 필요는 없다.

100세까지 산다는 것을 되도록 빨리 마음에 새겨라

100세까지 살기로 마음먹는다고 해서 누구나 100세를 누릴 수 있 는 것은 아니지만 장수 인구는 날로 늘어나고 있다. 당신이 그 혜택 을 누린다고 상상해 보라. 그리고 노화에 대한 모든 편견에 의문을 제기해 보라. 설사 육체는 여러 면에서 서서히 노화의 징후를 보이 더라도 더 잘 나이 들 수 있는 계획을 세워라. 당신의 생애를 긴 눈 으로 바라보고 그것을 하루, 일주일 단위로 짧게 나누어 보라. 그래 서 미래의 꿈을 실현하려고 힘써라. 그러면 당신의 두뇌(전두엽)가 자극을 받아 일상적인 행동을 통해 비전을 이루는 데 도움이 될 것 이다. 100세까지 산다는 것을 빨리 마음에 새길수록 당신은 여생에 대한 비전과 계획을 일찌감치 마련할 수 있다.

당신의 두뇌에 대해 편한 마음을 가져라

당신의 두뇌는 긍정적인 노화에 투자하기에 가장 중요한 신체 기관이다. 독서와 사고, 그리고 다양한 연령층과의 토론 등에 당신의 두뇌를 사용하라. 있을 수 있는 정상적인 건망증에 대해, 나이가 들어가면서 두뇌의 기능이 느려지는 것에 대해 마음을 편하게 가져라.

평생에 걸친 당신의 경험으로 거대해진 기억의 저장고를 존중하고 내부의 운영체계가 느려지는 것을 편하게 받아들여라. 당신의 두뇌와 나이에 맞게 점점 작아지는 과제를 주되 항상 그것을 잊지 말고 챙겨라. 두뇌의 퇴행성 질환을 이해하고 알츠하이머, 파킨슨씨병, 정신분열증, 우울증, 암, 심장병, 뇌졸중 등을 피하기 위해 당신이 할 수 있는 일이 무엇인지를 알아두고 이를 생활 속에서 실천하라.

장수는 스트레스를 얼마나 잘 관리하느냐에 달려 있음을 기억하라

당신의 두뇌가 건강할 때는 육체도 질병에 저항하는 일을 제법 잘 해낸다. 육체가 최고의 기능을 하고 있을 때는 두뇌도 적절한 자극을 받으며 감정은 더욱 긍정적이 된다. 당신의 통제력 밖에 있거나 당신이 아무런 영향력을 미칠 수 없는 일일랑 그냥 놓아 버려라. 스트레스를 잔뜩 받은 상태의 반대는 행복감을 느끼는 것이다. 친구들과 좋은 관계를 유지하고 지인들이나 다른 사람들과도 관계의 끈을 놓지 마라. 자기 안으로 자꾸 움츠러들거나 배우자와의 관계를 유일한 인간관계로 만들지 마라. 신뢰의 부족은 정신건강에 지대한 영향을 미친다. 믿음을 바탕으로 낙관적인 마음을 갖는 연습을 하라. 그리고 건강한 유머감각을 유지하라.

새로운 흥미를 개발하라

만일 평생 당신에게 중요했던 재능과 기술이 이지러지기 시작하면 당신 자신도 위축되기 시작한다. 하지만 만일 당신이 지금까지 관심을 두었던 분야가 아닌 새로운 것에 흥미가 생긴다면 그것도 좋을 것이다. 배움은 창조적인 나이 듦의 중요한 특징이다. 〈지속적인 배움〉은 과학자들이 모든 요소에 우선해 첫손에 꼽는 장수와 건강 유지 비결이다. 사물에 대한 호기심을 잃지 말고 특히 당신에게 목적의식을 불어넣는 것에 대해 관심을 가져라. 그리고 배우는 동안 열정을 다하라.

할 수 있는 한 높은 체력 수준을 유지하라

근육의 힘, 유연성, 지구력을 키워라. 만일 당신이 몸을 소홀히 취급한다면 건강을 잃는 것은 잠깐이다. 목적은 젊게 보이기 위한 것이 아니라 당신 나이에 맞게 효과적으로 몸을 유지하기 위한 것이다. 할 수 있다면 다음 6개월 동안 매달 당신의 삶에서 다음의 요소들을 10퍼센트 향상시키도록 노력해 보라. 신체활동, 복합 탄수화물 식이요법, 섬유질 섭취, 밤잠과 낮잠, 독서와 그밖의 지적 자극 활동. 그리고 다음의 요소들은 매달 10퍼센트 줄이려고 노력해 보라.

칼로리, 지방질, 알코올, 스트레스. 간접흡연까지 포함해서 담배는 완전히 끊고, TV 시청을 비롯한 수동적 오락도 줄이거나 아예 끊어라. 가장 중요한 것은 변화하겠다는 결정이다.

가족이나 친구들과의 관계에 투자하라

당신의 확대가족 혹은 친구들을 중심으로 삶의 틀을 짜라. 그들을 위해 멘토가 되어주어라. 만일 당신에게 가족이 없다면 가족을 만들어 그것을 가장 우선순위에 놓고 보살펴라. 그렇게 하는 목적은 당신의 가장 소중한 자산이자 유산인 가족에게 투자함으로써 마지막 순간까지 절친한 관계를 잃어버리지 않기 위함이다.

장수에 대한 연구 결과를 놓치지 마라

앞으로 노인 세대는 더욱더 증가할 것이다. 장수와 관련한 과학자들의 연구는 날로 새로운 결과들을 쏟아내고 있다. 어떤 이론이 당신에게 적용될지 모른다. 이런 생각을 하는 것은 영원히 죽지 않고 살기 위해서가 아니라 사는 동안에는 가능한 한 충만한 삶을 살기 위해서, 그리고 누군가의 표현을 빌자면 가능하면 최대한 늦게 세상을 떠나기 위해서다.

9

성인의 인생에서 겪는 변화의 4단계

당신이 길을 잃었다고 가정해 보라.
당황해서 헤맬수록 점점 길에서 멀어진다.
이때는 조용히, 그리고 우아하게 뒤로 물러나라.
어찌할 도리가 없어 보일 때가 바로 당신의 신념을 믿어야 할 때고
무엇보다 당신 자신에게 충실해야 할 때다.

당신이 곧
당신의 이야기다

—

당신이 자신의 삶을 묘사하거나 자신에 대해 설명하는 방식은 당신이 하루하루를 어떻게 살아가느냐와 직접적인 관련성을 갖고 있다. 당신이 세상에 태어났을 때는 당신의 부모, 사회, 문화가 당신이 자신의 것이라 부르게 된 이야기의 주제와 플롯(줄거리), 주요 등장인물들을 만들어 냈다. 그러나 당신이 성숙한 성인이 되면 당신은 자신만의 각본을 쓰고 자신의 인생을 감독할 수 있는 기회를 갖는다. 사실 당신은 의식적으로든 무의식적으로든 끊임없이 그 이야기를 수정하고 있다. 당신이 인생의 전환기를 겪고 있을 때는 이야기의 큰 틀을 고치는 셈이고, 특정한 인생의 구획 내에 있을 때는 자잘한 수정을 가하고 있는 것이다. 그러므로 이렇게 자문해 보는 것이 중요하다.

"나는 내 자신의 이야기를 살고 있는가? 아니면 누군가 다른 사람의 이야기를 대신 살아주고 있는가? 나는 의식적으로 (혹은 무의식적으로) 내 이야기의 다음 장을 구성하는 데 관여하고 있는가?"

당신이 의식적으로 하루, 일주일, 한 해의 삶에 대해 숙고와 선택을 통해 드라마틱한 패턴을 만들어 가면 갈수록 당신은 더욱더 당신 자신이 되어 스스로 플롯을 결정하고 새로운 등장인물을 투입하고 친숙한 인물들이 계속해서 성장, 변화하도록 해줄 수 있다. 그러니 시간을 내어 스스로에게 이런 질문을 던져보라.

- 현재 내 이야기의 플롯은 무엇인가?
- 이 플롯들을 담아내고 이것들이 제대로 기능하게끔 만드는 더 큰 틀의 이야기는 무엇인가?
- 내 이야기의 주된 패턴 혹은 주제는 무엇인가?
- 내 이야기 속의 주요 등장인물인 나는 어떤 사람인가? 나 자신을 어떻게 설명할 것인가?
- 이야기 속에서 내가 맡은 몇 개의 서로 다른 역할들에 대해 나는 어떻게 느끼는가?
- 내 이야기의 등장인물들에는 누구누구가 있는가?
- 지금까지 내 삶의 구획은 어떻게 되는가? 그 구획과 구획 사이에

내게는 어떤 인생의 전환이 있었는가?

■ 내 이야기의 중요한 분기점은 어디이며, 나는 어떻게 변화했는가?

■ 내 인생의 이야기에 대해 만일 책을 쓴다면 책 제목은 무엇이 될 것인가?

■ 오늘날 내 인생에서 어떤 점이 가장 마음에 드는가? 또 어떤 점이 가장 싫은가?

인생의 구획 vs. 인생의 전환기

—

우리는 항상 자신의 이야기를 구성하고 또한 해체하고 있다. 인생에서 자잘한 이야기들을 모으고 편집할 때는 인생의 한 〈구획〉 안에 있는 것이고, 지금까지의 역할을 해체하고 인생이라는 이야기의 줄거리를 다시 고쳐 쓸 때는 인생의 〈전환기〉를 맞고 있는 것이다.

〈인생의 구획life chapter〉이란, 당신이 삶에서 중요한 것들을 이루는, 즉 직업을 갖고 가정을 꾸리고 목표를 달성하는 등 외적으로 삶을 체계적으로 조직해 나가는 시기를 말한다. 따라서 이 시기는 비교적 안정적이고 예측 가능한 도전의 시기라고 할 수 있다. 예를 들어, 대학에서 보낸 4년이 하나의 인생 구획이 될 수 있고, IBM에서 근무한 10년의 세월도 하나의 인생 구획으로 묶을 수 있을 것이며, 이혼을 하고 다시 독신으로 보낸 시기도, 퇴직 후의 시기도 각기 하나의 인생 구획이 될 수 있을 것이다. 이처럼 인생의 구획은 평생 여러 개로 나뉠 수 있으며 그 내용 또한 무척 다양하다. 또 어떤 구획은 길고 어떤 구획은 매우 짧다. 결론적으로 말하자면, 인생의 구획이란 당신이 뚜렷한 목표와 목적의식을 갖고 어떤 일을 하며 그것을 통해 당신의 자아가 외면화되고 구체화되는 시기를 말한다.

반면에 〈인생의 전환기life transition〉란, 당신이 인생의 특정한 구획에서 빠져나와 자신의 내면으로 향하면서 새로운 자아를 탐색하는 시기를 말한다. 따라서 이 시기는 옛것을 떨쳐내 버리고 새로운 것을 발견하는 불안정한 시기라 할 수 있다. 즉 인생의 구획이 비교적 안정된 시기라면, 인생의 전환기는 불안정한 시기다. 인생의 구획이 외적 형태로 나타난다면, 인생의 전환기는 내적 형태로 나타낸다. 따라서 인생의 전환기를 힘겹게 겪고 있는 사람을 겉으로는 알아챌 수 없다. 물론 일부는 직장을 그만두거나, 배우자와 이혼을 하거나, 새로운 지역으로 이사를 하거나, 학교로 돌아가거나, 사고를 당하거나, 심각한 병에 걸리거나 하는 등의 외적인 사건에 의해 인생의 전환기를 겪는 경우도 있다. 하지만 권태, 정신적 우울, 육체적 변화들, 강력하고도 새로운 소명처럼 내적인 원인에 의해 인생의 전환기가 오기도 한다. 인생의 전환기를 거친다는 것은 그동안 자신이 맡았던 역할들을 놓아 보내고, 꼬인 정체성을 풀고, 내면에서부터 당신 자신의 새로운 차원을 발견하는 고통스러운 것이다. 하지만 이러한 전환기는 자신을 새롭게 하는 쇄신과 활력, 그리고 다시 튀어

오르는 탄성을 만들어 낸다.

이 전환기가 오래 계속되기를 바라는 사람은 없지만, 그렇다고 이 것이 그리 짧은 시간에 지나가는 것은 아니다. 과거의 당신으로부터 현재 진행 중인 탈바꿈이 마무리되기까지의 과정에는 시간이 걸린 다. 감정적이고 반성적인 과정은 대개 여러 달 혹은 여러 해가 걸릴 수 있다. 인생의 전환기를 겪고 있는 사람들이 몸이 아픈 것은 아니 다. 그들은 대개 일을 할 수 있고 비교적 활발하게 일상생활을 영위 하지만, 그들의 내면적 상황이 워낙 적잖은 에너지와 관심을 요구하 기 때문에 그들은 종종 어딘가에 정신이 팔렸거나 우울하게 보인다. 하지만 그들은 새로운 〈내적 도약〉을 준비하는 것이다.

성인의 인생에서 겪는 변화의 4단계
—

모든 이들의 이야기에 배경막이 되어주는 21세기는 결코 끝나지 않 는 급류와도 같다. 우리는 오늘날 뗏목에 몸을 싣고 도도한 바다 위 에 떠서 어디론가 하염없이 흘러가고 있는 듯한 기분을 느낀다. 우 리 각자의 뗏목에는 오직 작은 돛대와 돛, 키, 장대 몇 개뿐이다. 가 끔 물살이 잔잔할 때면 우리의 여행은 꽤나 수월하다. 그럴 때 우리 는 물결에 실려 해변의 모래사장으로 밀려와서 잠시 야영을 할 수 도 있을 것이다. 하지만 또 어떤 때는 급류가 휘몰아쳐 우리가 가진 모든 기술을 시험하고, 그럴 때 우리는 암초와 소용돌이를 가까스로 피하면서 뜻하지 않은 방향으로 나아가기도 한다.

3장 마지막에서 우리는 성인의 인생에 영향을 미치는 두 개의 주기 중 하나로 〈변화의 주기〉를 들었다. 바다는 변화에 대한 우리의 경험에 두 가지 중요한 이미지를 제공해 준다. 하나는 우리의 통제권을 벗어난 거칠고 사나운 힘의 느낌이고, 나머지 하나는 우리에게 끊임없는 경계와 준비 태세를 요구하는, 영원히 끝나지 않을 모험의 느낌이다. 바다는 우리에게 외적인 것만이 아니라 내적인 것이기도 하다. 사람들이 바다 위에서 편안함을 느낄 때 그들은 그 흐름과 하나가 된 것이고, 항해하는 방법을 아는 것이며, 곧 닿게 될 기항지를 예상할 수 있다. 이때 그들은 연속성과 변화를 그럭저럭 잘 관리하고 있는 것이다. 이처럼 바다를 여행하는 것과도 같은 우리의 인생 여정은 비슷비슷한 유형의 사건들과 삶의 과제들이 계속 반복되면서 원을 그리며 돈다. 이와 같은 변화의 주기는 비교적 안정된 시기(인생의 구획)에서 그렇지 않은 시기(인생의 전환기)로, 그리고 다시 새로운 인생의 구획으로 넘어가는 것이다. 우리가 사는 동안 내내 멈추지 않고 계속되는 이 변화의 주기는 〈다이어그램 3〉에서 보는 바와 같이 4단계를 거치며 반복된다.

변화의 주기에는 이처럼 4개의 단계 혹은 4개의 시기가 있다. 각각의 단계에는 그것을 규정하는 구성 원리가 있으며 그 원리를 뒷받침하는 활동과 과제들이 있다. 각 단계는 천천히 혹은 빠르게 시계

〈다이어그램 3〉 인생에 영향을 미치는 변화의 주기
인생의 구획과 인생의 전환기

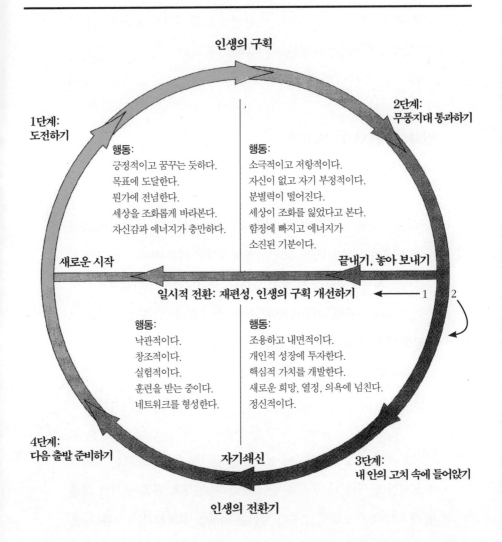

인생의 구획

1단계:
도전하기

2단계:
무풍지대 통과하기

행동:
긍정적이고 꿈꾸는 듯하다.
목표에 도달한다.
뭔가에 전념한다.
세상을 조화롭게 바라본다.
자신감과 에너지가 충만하다.

행동:
소극적이고 저항적이다.
자신이 없고 자기 부정적이다.
분별력이 떨어진다.
세상이 조화를 잃었다고 본다.
함정에 빠지고 에너지가
소진된 기분이다.

새로운 시작

끝내기, 놓아 보내기

일시적 전환: 재편성, 인생의 구획 개선하기 ◄── 1   2

행동:
낙관적이다.
창조적이다.
실험적이다.
훈련을 받는 중이다.
네트워크를 형성한다.

행동:
조용하고 내면적이다.
개인적 성장에 투자한다.
핵심적 가치를 개발한다.
새로운 희망, 열정, 의욕에 넘친다.
정신적이다.

4단계:
다음 출발 준비하기

자기쇄신

3단계:
내 안의 고치 속에 들어앉기

인생의 전환기

방향으로 돌면서 변화의 과정을 만들어 낸다. 그리고 인생에서 이러한 변화의 과정은 계속 반복되면서 순환된다. 이제 각각의 단계에 대해 구체적으로 살펴보겠다. 각 단계에 대한 설명은 중국의 고전인 『역경易經』에 나오는 개념들로 시작하겠다.

변화의 제1단계: 도전하기
새로운 인생 구획에 대한 희망에 들뜨다

—

"당신의 명분이 정당하다면 성공하기 위해서는 계획을 세울 필요가 있다. 올바른 일을 하라. 그러면 절로 보답이 따를 것이다. 도전하라. 그러면 지원은 따라오게 되어 있다. 성공하더라도 자기절제와 극기는 계속해 나가라. 지도력을 지닌 당신은 대임을 맡게 될 것이고 신임을 받을 것이다. 그러면 당신이 재물을 좇지 않아도 저절로 재물이 따를 것이다. 당신의 앞길은 아무런 걸림돌이 없는 탄탄대로일 것이다."

변화의 주기 중 제1단계에 접어들면 당신은 의식적으로든 무의식적으로든 인생의 한 구획을 만들어 낸다. 인생의 다음 구획에 대한 꿈과 희망에 사로잡혀 고무된 당신은 미래를 설계하기 시작한다. 올바른 꿈이 빛을 밝히면서 당신은 신이 나고 그 꿈을 반드시 이루겠다는 결심을 한다. 당신이 꾸는 꿈은 당신이 정말로 되고자 하는 모습이다. 이제, 당신은 바야흐로 변화의 코스에 올라섰다.

　당신은 인생의 마지막 장에 꼭 이루어지기를 바라는 중요한 사건들과 주제, 즉 직업적 성공, 경제적 독립, 결혼과 가정, 타인에 대한 배려, 우주와의 조화 등에 초점을 맞춰 앞으로 일어날 일들의 줄거리를 창조한다. 당신이 상상 속에서 그려낸 일련의 사건들을 엮어서 줄거리를 만들어갈 때 당신은 스스로 작가가 되고 주인공이 되고 무대 감독에 연출가도 되는 하나의 드라마를 구성하는 것이다. 당신은 개인적으로 그 드라마를 추천하고 거기에 참여한다. 당신은 지금 최고의 상태다. 당신은 다른 사람들로 하여금 당신의 이야기를 믿게끔 하고 당신이 만든 드라마의 배역을 맡긴다. 당신은 자신이 원하는 지점에 무대장치를 하고 그 다음 장의 전후관계를 창조한다. 연극 시작! 당신은 무대의 왼쪽에서 등장하고 극이 시작된다. 1막, 2막……. 극이 진행되면서 당신은 성취와 모험, 행복, 성공을 극의 내용 속에 한데 짜넣는다. 당신은 머잖아 영웅이 될 것 같은 기분을 느낀다.

　연기에 대한 세세한 지침과 시간 설정, 그리고 각본에 대한 무수한 수정 작업을 거쳐 극이 시작되면 어느새 이상주의적인 꿈은 현실적인 꿈에 자리를 내어준다. 그 꿈이 현실이 되기까지는 여러 해가 걸릴 수도 있지만 그건 아무래도 좋다. 왜냐하면 이건 당신의 개인적인 사명이기 때문이다. 당신은 제대로 가고 있다고 느낀다. 변화의 1단계가 진행되는 동안 당신은 하나의 시스템에서 다른 시스템으로 차례로 옮겨간다. 즉 학교라는 시스템에서 직업이라는 시스템으로, 결혼이라는 시스템으로 옮겨간다. 그러나 각각의 시스템은 서로 동떨어진 것이 아니라 서로를 떠받치고 있는 것처럼 보인다.

만일 당신이 변화의 1단계에서 추구해온 꿈같은 자신의 계획에 여전히 몰두해 있고 그것을 지속적으로 추구해 왔다면 결국은 변화의 2단계인 무풍지대에 도달할 가능성이 있다. 여기서 〈무풍지대〉란 바람이 불지 않는 지역으로, 재난이나 번거로움이 미치지 않는 평화롭고 안전한 곳을 비유적으로 이르는 말이다. 당신이 변화의 1단계를 지나 2단계인 무풍지대로 들어선다는 것은 당신이 꿈을 실현한 상태를 뜻한다. 당신을 힘겹게 하는 바람 한 점 없는 〈정체된 안정상태〉인 무풍지대는 축복일 수도 있고 저주일 수도 있다. 축복으로 보는 것은, 그것이 당신의 성공과 승리를 반영하며 세상을 움직이는 당신의 능력을 보여주기 때문이다. 반면 무풍지대를 저주로 보는 것은 이제 꿈을 이루었으니 의욕이 떨어질 일만 남았기 때문이다.

무풍지대에 들어서게 되면 자신이 세운 목표에 완벽하게 도달한 당신은 그 상태를 그럭저럭 유지하기보다는 새로운 과제에 다시 또 도전해 보는 것이 낫다고 느낄 수도 있다. 혹은 어쩌면 그동안 열심히 노력해 이 지점까지 왔으니 여기에 한동안 머무르면서 향유할 자격이 있다고 생각해 새로운 목표를 세워 그것을 발전시킬 방안을 찾아보는 것은 나중으로 미루고 싶어 할 것이다. 변화의 주기 1단계를 지나 2단계로 접어들어 그곳에서 인생을 보내는 방식은 이처럼 사람마다 다른 모습으로 나타날 수 있다.

자신의 남은 인생 활용하기

앤 브래들리는 이제 자신의 인생을 활용할 준비가 되어 있었다. 그녀는 미국 내 유명한 공인회계사무소인 투시 로스 사가 딜로이트 하스킨스 앤드 셀즈 사와 합병하면서 자신의 직장생활이 끝나버린 과정에 대해 잊으려고 일 년 넘게 무진 노력해 왔다. 그녀는 자신이 25년간 헌신해온 회사에 배신감을 느꼈다. 하지만 3년이 지난 후 그녀는 새로운 미래를 창조했다.

"오랜 고민 끝에 마침내 깨닫게 된 것은 제가 항상 제 사업을 해보고 싶었다는 것이었어요. 왜 있잖아요, 가업을 잇거나 소규모 자영업을 하는 사람들을 상대로 한 작은 회계사무소 말이에요. 사실 미국의 8대 회계사무소는 그런 소규모 회사들은 거들떠보지도 않거든요. 그래서 오리건 주 포틀랜드에 자리를 잡아볼까 생각 중이에요. 그곳 강가에 아파트를 하나 얻어 살면서 친구들도 좀 사귀고, 제 사업체도 꾸려보고, 본업 외에 뭐든 할 만한 일이 있으면 해보기도 하고요. 제 생각이 어때요?"

분명 앤에게는 꿈이 있었다. 그리고 그 꿈이 꽤나 구체적이었기 때문에 그녀는 회사에 대한 분노와 배신감을 떨쳐버리고 곧 자신만의 계획을 수립할 수 있었다. 비록 3년이라는 시간이 필요하기는 했지만 나와 인터뷰를 한 후 2년쯤 지나자 그녀는 자신의 근황을 이렇게 전해왔다.

"솔직히 말하면 50대에 첫 사업을 시작한다는 게 쉽지는 않지만 저는 그게 좋아요. 꼭 하고 말겠다는 의지가 충만해지는 것을 느껴요. 그러면서도 자유롭고요. 처음에 생각했던 것만큼 진전이 빠른 건 아니지만 어쨌든 그 길로 가고 있고 이제야 제 인생을 살고 있는 것 같아 기분이 좋습니다."

그녀가 결국 해냈다는 소식이 들려온 것은 그로부터 한참이 지나서였다.

"담당자님, 미국 8대 공인회계사무소 중 한 곳에서 그저 보조적인 역할에 머물렀던 앤 브래들리가 이제 자신의 회계사무소의 오너로 성공했음을 알려드리는 바입니다."

변화의 제2단계: 무풍지대 통과하기

견뎌내면서 놓아 보내기

—

"세상의 만물은 차면 기운다는 것을 알라. 성공 역시 점차 단계적으로 찾아와 정상에 도달하게 되지만 결코 영원히 계속되지는 않는다. 현실적인 눈으로 자신을 바라보라. 당신은 혼자 서 있는 것이 아니라 다른 사람들에게 반응을 보이고 그들과 어울려 살아가는 한 개인

일 뿐이다. 당신이 사회의 어디에 어떻게 적합하고 소용되는지 아는 것이 목표다. 만일 상황이 희망 없어 보인다면 그것은 당신이 잘못된 방식에 이미 익숙해져 있기 때문이다. 당신은 길을 잃었다. 당황해서 헤맬수록 점점 길에서 멀어진다. 이때는 조용히 그리고 우아하게 뒤로 물러나라. 선택의 여지가 별로 없다. 뒤로 물러나야 할 필요성이 너무나 명백해서 여기에는 의문이 있을 수 없다. 어찌할 도리가 없어 보일 때가 바로 당신의 신념을 믿어야 할 때이고, 무엇보다 당신 자신에게 충실해야 할 때다. 이렇게 하면 끝을 잘 맺을 수 있을 것이다."

변화의 주기 중 2단계에 접어들면 당신은 1단계의 극적인 장을 계속 이어 나가면서도 한편으로는 왠지 자신이 그것에서 점점 멀어지고 있다고 느낀다. 이 단계 내내 당신은 인생의 특정 구획들이 손가락 사이로 미끄러져 빠져나가는 것을 느낀다. 이제 당신은 바람 한 점 불지 않는 조용한 무풍지대에 발을 들여놓았다. 당신은 이전만큼 꿈에 사로잡혀 있지도 않고 성취에 홀려 있지도 않다. 당신은 삶을 살아가는 것이 아니라 마치 잠깐 방문한 듯한 느낌을 받는다. 당신은 자신의 이야기를 잃어버리고 수렁에 빠지고 있는 자신을 바라본다. 2단계의 구성 원리는 당신이 인생의 한 구획에서 변화시킬 필요가 있는 것들과 본질적인 것들을 분류하는 것, 즉 〈견뎌내면서 놓아보내는 것〉이다.

무풍지대에 빨려들어온 당신은 자신의 풍선을 다시 빵빵하게 부풀게 할 방법들을 찾는 데 집착한다. 하지만 어림해서 서투르게 수선한다. 자신과 타인에 대해서도 자꾸 비판적인 마음을 갖게 된다. 수리할 것, 수선할 것, 바꿀 것, 탓할 것이 없나 찾아본다. 인생의 이 구획을 어서 빨리 구출해서 그 어느 때보다 나은 것으로 만들 방법을 찾는다. 하지만 인생의 이 구획을 교정하려고 애를 쓰면 쓸수록 마음속에서 분노가 일어나는 것을 느낀다. 화가 나고 겁도 나고, 슬프고, 덫에 걸린 듯한 심정이 된다. 또 외부적 자극에 민감해지면서 상황에 따라 그때그때 예민하게 대응하게 되는데 그런 방식에서 빠져나올 방법은 좀처럼 떠오르지 않는다.

그러면서 예기치 않았던 사건들이 당신의 드라마에 도입된다. 당신이 쓰지도 않고 허락하지도 않은 각본과 대사, 결정들을 다른 배우들이 끌고 들어온다. 비록 당신이 지금 처해 있는 인생의 구획에 다소 지치고 진저리가 났을망정 당신 드라마의 줄거리에 대한 당신의 통제력이 약화되는 것은 용납할 수 없다. 그건 인간으로서 당신의 권리다! 하지만 다른 사람들이 극을 주도해 나가기 시작하면 당신은 예상치 못했던 상황에 빠져버린 느낌을 받는다. 자신의 역할이 점점 헷갈리고 행동은 방어적으로 바뀌어 간다. 당신이 거둔 성공을 화려하게 마무리하겠다는 생각은 귀에 거슬리는 목소리들의 합창으로 무색해진다. 당신은 낭패감에 휩싸인다. 자부심은 점점 낮아진다. 지금은 정체성의 위기를 겪고 있는 거라고 누군가 생뚱맞은 소리를 하면 즉각 반박하고 나선다. 설사 폭우가 쏟아지고 있을지라도 남들이 당신의 행사를 망치는 꼴은 볼 수가 없다. 하지만 이때 당신은 자신이 견뎌내면서 동시에 놓아 보내야 함을 깨닫게 된다.

더 이상 작동하지 않는 인생의 구획에서 벗어나기
—

이제 이 단계의 마지막 장에서 당신은 마치 길을 가다가 갈림길을 만났을 때처럼 중요한 결정을 하게 된다. 당신 앞에는 두 개의 길이 있다. 만일 당신이 〈일시적 전환〉이라는 이름을 가진 길(〈다이어그램 3〉의 1번 길, 199쪽 참조)을 택하면, 당신은 수정을 가한 다음 똑같은 비전과 종합적인 계획을 가지고 다시 1단계로 가서 마무리한다. 그러나 만일 당신이 다른 길(〈다이어그램 3〉의 2번 길)로 가 인생의 〈완전한 전환〉을 선택한다면 당신은 현재 속해 있는 인생의 그 구획을 떠나서 새로운 방향을 구축할 방도를 찾는 것이다. 마침내 앞을 내다본 선택을 하게 되는 것이다!

두 개의 길 중 〈일시적 전환〉의 길은 당신이 현재 속해 있는 인생의 구획을 빠르게 일신하고 여기에 새로운 활력을 불어넣는 역할을 한다. 보통 이것은 지리적 위치의 변화, 고용주의 변화, 결혼 상태 혹은 가정의 변화, 새로운 업무팀 혹은 새로운 직업 등과 같은 전략적 변화와 함께 찾아온다. 자신의 통제력 밖에 있는 것처럼 보이는 사건들, 즉 가족 누군가의 죽음, 사고 혹은 질병, 로또 당첨, 사업의 실패 등에 당신이 압도되거나 놀라지 않는다면 당신은 아마 이 길을 선택할 것이다. 지금 당신이 속해 있는 인생의 구획을 재편성하는 것은 대개 인생의 완전한 전환기로 넘어가는 것보다는 편안하게 느껴진다. 2단계에서 느껴지는 당혹감은 당신이 처한 인생의 그 구획을 그 어느 때보다 더 나은 것으로 만들기 위해 당신에게 새로운 결심을 하게 할 수도 있다. 그래서 당신은 지금 속해 있는 인생의 구획을 수정하고 치유하고 업그레이드하기 위해 더욱 열심히 노력한다. 성공한 사람들은 종종 변화의 1단계와 2단계를 몇 번이고 오가면서 자신을 거듭 일신한다. 그러다가 결국은 그 인생 구획 자체가 영원히 진부해지고 제 기능을 못하고 무익해지는 때가 반드시 온다. 그러면 그때는 그들 또한 인생의 완전한 전환기로 넘어간다.

인생의 〈완전한 전환〉을 뜻하는 나머지 한 갈래의 길은 대체로 당신이 지금 속해 있는 인생의 구획을 새롭게 만들려는 노력을 하다하다 지쳤을 경우에만 매력적으로 다가온다. 이 길은 당신으로 하여금 더 이상 정상적으로 작동하지 않는 인생의 그 구획에서 벗어나 자신 안에 고치를 짓고 쇄신하고 실험하는 것을 포함한 인생의 새로운 전환기로 접어들게 한다. 당신이 이 길을 택할 때 혹은 당신의 통제력 밖에 있는 사건들로 인해 얼떨결에 이 길로 던져졌을 때, 당신은 정말로 손에 쥐고 있던 것들이 스르르 미끄러져 빠져나가고 있는 느낌을 받으며 그 어느 것도 중요하지 않다고 느낀다. 마땅한 선택지도 없어 보인다. 당신은 그저 떠나고, 끝내고, 벗어나고, 퇴장하고 있다. 그게 전부다.

이 시기의 당신 드라마는 캐릭터 분석이나 일련의 사건들을 분석하는 방향으로 전환될 수 있고 무대에서는 감정적 혼란이 흘러넘칠 수 있다. 각본을 쓰고 연출을 하는 당신의 역할을 다른 사람들이 따라하거나 이어받으려 하면 당신은 편집증적인 두려움을 느끼거나 분노에 찬다. 그러면 당신의 멋진 드라마가 비극처럼 보이고 그것이 끝나려 하는 것에 당신은 오히려 엄청난 안도감을 느낄 수 있다. 당신의 출구는 심지어 당신이 보기에도 분명하게, 바로 코앞에 다가와 있다. 모든 인생의 구획이 빛을 잃고 사용 불가능하게 되어버린다. 그러면 그것은 쇄신을 통해 개선되거나 혹은 당신이나 다른 사람들의 손에 의해 해체되거나 둘 중 하나다. 설사 당신이 일시적 전환이라는 첫 번째 길을 선택해서 현재 위치하고 있는 인생의 구획에 몇 가지 긍정적인 수정을 가하고 변화를 주어 1단계와 2단계를 백 번쯤 성공적으로 오간다고 하더라도 그 틀에서 완벽히 벗어나게 되는 두 번째 길, 즉 인생의 완전한 전환기로 접어드는 때는 언젠가는 오게 되어 있다. 인생의 모든 구획에, 조금 빠르고 조금 늦은 차이는 있더라도, 무풍지대는 커다랗게 이런 글귀가 적혀 있는 작은 문 앞으로 당신을 인도한다.

"이곳이 출구입니다."

그렇다면,
인생의 전환은
왜 일어나는 것일까?

—

어쩌면 소금이 맛을 잃었을 수도 있고 당신이 소금 맛을 느끼지 못하게 되었을 수도 있다. 더 현실적으로 말해서, 당신의 꿈은 희미해지고 당신의 일상은 따분해진다. 어쩌면 당신이 맺은 관계들이 열정을 잃고 시큰둥해질 수도 있다. 혹은 당신이 평생 헌신하고 봉사해온 일이 침체 상태에 빠질 수도 있을 것이다. 당신의 일이 커리어로 발전하지 못해 그것에서 벗어나 새로운 출발을 해야만 하는 경우일 수도 있다. 군인의 신분으로 해외에 파병되어 전쟁에 참가했지만 앞으로의 삶은 결코 그렇게 나아가지는 않을 것임을 당신이 아는 경우가 바로 그런 것이다. 어쩌면 나이가 들어가면서 가치관이 변하고 이전 단계의 인생 구획에서 당신이 맡았던 역할들이 이제는 짐처럼 느껴질 수도 있다. 그게 아니라면 친한 친구들이 세상을 떠나거나 당신 자신이 생명을 위협하는 병에 걸리거나 사고를 당하는 경우도 있을 것이다. 그것도 아니라면 그저 공연히 자신이 지독하게 불행하다고 느껴서 인생의 전환기를 맞기도 한다.

또는 어쩌면 당신 자신이나 인생의 구획 자체에는 본질적인 문제가 아무것도 없는데 새로운 꿈이 당신에게 도전장을 내밀어 미처 가보지 않은 길로 당신을 들어서게 할 수도 있다. 혹은 지금까지 해답을 찾는 데 성공했다고 느꼈던 문제에 대해 다시 생각해 보게 되는 경우도 있고 혹은 전에는 한 번도 제기해 보지 않았던 의문에 새삼 눈을 뜨게 되는 경우도 있을 것이다. 그래서 인생의 전환기를 맞게 될 수도 있다. 신화학자 조셉 캠벨은 종종 이런 말을 했다.

"우리는 가끔 사다리의 맨 꼭대기까지 올라가서는 그제야 그 담장이 우리가 올라야 할 담장이 아니라는 걸 알아차리기도 한다."

거의 예외 없이 우리는 무언가를 끝내는 데 저항감을 갖는다. 대부분의 사람들은 영예롭게 퇴장하기보다는, 엄청난 절망감에 휩싸인 채 인생의 특정 구획에 어떻게 해서든 계속 매달려 보려는 경향을 보인다. 그들은 미지의 것으로 가득한 인생의 전환기로 접어들기보다는 더 이상 제 기능을 하지 못하는 인생의 그 구획을 어떻게든 고치고 개선하면서 계속 그곳에 머물고 싶어 한다. 하지만 미지의 것은 때때로 자기만의 방식으로 우리 인생의 문을 두드리면서 대놓고 우리의 관심을 요구한다. 유명한 심리치료사인 스탠리 캘러먼은 이렇게 말한다.

"사실은 무언가를 끝낸다는 것은 우리가 자기 자신을 의지하지 않을 수 없게 하거나 적어도 그런 기회를 제공한다."

결국 당신은 지난 몇 년 동안 당신의 삶을 규정해 왔고 당신의 정체성과 희망 그리고 아직 미처 실현하지 못한 자아를 담아온 인생의 그 구획을 과감히 떠날 준비를 한다. 당신은 이제 미지의 세계로 들어가는 것이 그칠 새 없는 메아리와 고통, 더 이상 제대로 돌아가지 않는 구획에 빠져 익사하는 것보다는 그래도 견딜 만하다고 혹은 필요하다고 느낀다. 어느 쪽이든 당신은 떠나고 안녕이라고 작별인사를 하면서 새로운 여정과 첫인사를 나눈다. 이제 당신은 변화의 3단계를 향해 나아가는 것이다. 그러나 그것은 외적인 변화가 아니라 내적인 변화의 세계로 들어서는 것이다. 즉 당신 내면과 만나는 단계로 들어서는 것이다.

"막상 저지르고 나면
그게 큰 문제가 아니라는 걸 알게 되죠."
—

57세의 대학교수 마틴은 지금 하는 일에 대해 더 이상 아무런 의욕도 열정도 느낄 수가 없었다. 간호사인 그의 아내 레아는 어떻게든 남편의 심정을 이해하려고 노력했고 그가 우울증에서 벗어나 새로운 삶을 시작할 수 있도록 열심히 도왔다. 두 자녀가 대학에 진학해 집을 떠나자 그녀는 마틴의 상태를 더 이상 두고 볼 수가 없었다.

"하루에 여덟 시간을 병원에서 환자들을 돌보고 집에 오면 전일제로 돌봐야 하는 환자가 또 한 명 있는 셈이라고요!"

그녀가 짜증을 폭발시키며 말했다. 마틴은 아내에게 급습을 당한 기분이었다. 그가 고백했다.

"학교 일에 흥미를 잃은 지는 이미 오래됐지만 그렇다고 내가 달리 뭘 할 수 있겠소? 평생 학교를 떠나본 적이 없는데. 게다가 내겐 종신 재직권이 있잖소. 학장은 내가 조기퇴직을 하길 바라나 보던데 그러고 나면 뭘 하냔 말이지. 학교에 나가는 대신 집에서 뒹굴뒹굴 썩어갈 텐데."

마틴은 이러지도 저러지도 못하는 상황이었다. 변화를 원하지만 자신이 평생을 노력해서 얻은 종신 재직권을 잃지 않고도 인생에 변화를 가져올 방법을 알 수가 없었다. 하지만 그는 자신이 마음을 붙일 수 있는 색다른 미래를 모색하고 싶었다. 그러다가 세미나 마지막 날, 그는 자신의 퇴진 계획을 일단 시험대에 올려보기로 마음먹었다. 그는 이렇게 생각했다.

"그러니까, 학교에서 나한테 이 정도는 해줘야 할 의무가 있단 말이지. 그렇게만 되면 나는 가족을 데리고 프랑스로 가서 일 년 정도 지내면서 은퇴 계획을 세울 거야. 정말 그래볼 거야. 내 여동생이 남프랑스에 별장을 갖고 있으니 그걸 빌릴 수 있을 테고. 그건 틀림없이 멋진 변화가 될 거야. 그리고 일 년 후면 필시 무슨 좋은 방도가 떠오르겠지. 한자리에 붙박여 있는 건 이제 질렸어."

학장은 그의 휴가를 허락해 주었고 프랑스에서 새로운 마음으로 일 년을 지내는 동안 마틴은 자기 안에 아직 꿈이 많다는 사실을 깨달았다. 그는 활력을 되찾았고 그러자 아내와의 관계도 훨씬 좋아졌다. 자신에게 아직 힘이 있다고 느끼자 학교를 떠날 생각을 해도 예전처럼 두렵지가 않았다. 종신 재직권이 그렇게 크게 다가오지도 않았다. 사실대로 말하면, 그는 아예 집에 돌아가고 싶은 마음이 없었다. 그는 교직을 그만두고 계속 프랑스에 머물면서 파트타임으로 부동산 관련 일을 하게 되었다. 아내와 가족들은 모두 기뻐했다. 최근에 그가 보낸 편지에는 이렇게 쓰여 있었다.

"대학을 떠나고 교직을 그만두는 문제를 가지고 고심에 고심을 거듭할 때는 정말 괴로웠는데, 지금은 제 어깨를 짓누르고 있던 수천 톤의 부담이 어디론가 날아간 것처럼 홀가분합니다."

새로운 친밀감을 맺는다는 것
—

44세의 제프는 의사로서는 성공했지만 남편과 아버지로서는 그렇지가 못했다. 의사라는 직업은 오로지 거기에 온 신경을 쏟아 부을 것을 그에게 요구했고, 그렇기 때문에 그의 아내와 아이들은 항상 그에게서 충분한 관심과 배려를 못 받고 있다고 느꼈다. "당신은 어린 피터나 내가 필요로 할 때 곁에 있어 주는 사람이 아니에요." 어느 날 그의 아내가 오래 참았던 것을 터뜨리며 말했다. "그리고 앞으로도 우리한테 좋은 친구가 되어줄 사람도 아니고요. 너무나 미안한데요, 제프, 나는 더 이상은 일중독자와 결혼생활을 유지할 수가 없을 것 같아요. 나는 애인이면서 친구이고 아이들의 아빠 노릇도 제대로 하는 그런 남편을 원한다고요!"

이혼을 한 후에도 내과의사로서의 그의 삶에는 큰 변화가 없었기에 그는 친밀한 관계를 맺는 데 어려움이 많았다. 2년 동안 그는 혼자 살았고 항상 매사가 일 중심이었다. 그에게는 그렇게 사는 것이 가장 쉬웠다. 그러다 집에서 조용히 혼자 있는 시간에 자신의 인생 구획들을 돌이켜보았고 자신이 선택한 길과 화해할 수 있는 새로운 방법들을 발견했다. 그가 제약회사 영업부에서 일하는 버사를 만난 것은 그 무렵이었다. 그녀는 그 못지않게 부지런한 사람이고 일중독자였다. 그들은 큰 노력을 요하는 자신들의 일을 사랑하는 만큼이나 둘이서 함께 보내는 짧지만 강렬한 시간도 사랑했다. 그들은 마침내 결혼하기로 마음먹었다. 결혼 후 그들은 대부분의 시간은 각자 자신들의 생활을 위해 쓰면서 가끔씩 함께 여행을 다녀오곤 했다. 그들 시간의 대부분을 각자 자신의 삶을 위해 쓴 것이며 그 와중에 둘이 함께 보내는 짧은 시간을 그 무엇보다 소중히 여긴 것이다. 다른 부부들이 보기엔 무슨 결혼생활이 저러냐고 하겠지만 버사와 제프는 일과 사생활 사이에서 그들이 창조한 균형에 매우 만족했고 행복했다. 제프는 그런 식으로 새로운 친밀감을 만들 수 있었다.

변화의 제3단계: 내 안의 고치 속에 들어앉기
결국, 내면의 세계에서 해답을 얻다

—

"불운은 있을 수 있지만 그렇다고 크게 해로운 것은 아니다. 원래의 진정한 당신은 회복력을 가지고 있으며 강인하다. 원래의 당신 자신이 되어라. 그래도 크게 해될 것이 없다. 불운이 닥치면 자연의 섭리에 맡기고 흐르는 대로 내버려두어라. 당신이 아무런 행동을 취하지 않아도 때가 되면 상황은 저절로 좋아진다. 당신의 가치관과 목표를 다시 점검해 보라. 아무것도 하지 않는 비활동, 즉 무위無爲는 당신에게 나쁠 것이 없다. 왜냐하면 그 시간에 당신이 누구이며 당신은 지금 어디에 있는지를 들여다볼 수 있기 때문이다. 원래의 당신 자신으로 살되 이기심을 극복하고 무욕의 평정을 찾아라. 이렇게 하면 당신은 우주와 일체가 될 것이다."

이제 변화의 주기 3단계에 들어선 당신은 오랫동안 끌어온 무대에서 빠져나와 자신의 내면을 들여다보고 자신의 내적 자산에 의지한다. 여기서 당신이 수행할 작전 계획은 두 가지다. 이전의 인생 구획에서 양파껍질을 벗겨내는 것, 그리고 당신 자신을 믿고 의지하는 사람이 되는 것이다. 이 단계의 초기에는 당신은 아무런 입장도, 역할도, 자각도 없다. 아무것도 없다. 마치 자신이 참여하고 있는 극이 없거나 아무 역할도 없는 배우처럼 자신이 무존재로 느껴질 수도 있다. 당신이 이렇게 느낀다면 이때 당신은 외부 세계를 떠나 영혼의 탐색이라는 〈내면의 세계〉로 들어온 것이다. 거기서 당신은 자아의 탈바꿈을 위한 또 다른 무대가 있음을 점차 깨닫는다. 이것이 변화의 주기 3단계가 갖는 힘이다.

　이 단계 초기에 당신은 인생의 특정 구획을 잃어버린 것을 슬퍼하고 자신의 인생이 끝나버린 것처럼 느낀다. 미래에 대한 전망은 암울하고 에너지는 떨어져 있다. 설사 2단계에서부터 이미 고치 짓기 단계가 시작되었다고 하더라도 당신은 온전히 고치 속에 들어앉아 격리되어 있는 3단계에 대해 몹시 부담을 느낀다. 여기서 말하는 〈고치〉란, 자신을 세상과 사람들로부터 분리시키는 마음속 깊은 내면의 세계라 할 수 있다. 당신이 고치 속에 틀어박혀 있을 때 당신의 탄식과 한탄은 생각했던 것보다 훨씬 깊고 오래 지속된다. 특히 이런 생각들이 당신을 붙잡고 있을 것이다.

"내 세계에서 밑동이 빠져버린 것 같아요."

"아무것도 중요하지가 않아요."

"내가 없어도 세상은 아무 일 없다는 듯이 너무 잘 돌아가네요."

"인생에 아무 의미가 없습니다."

"저는 더 이상 그곳에 있지 않아요. 어디에 있는지도 모르겠어요."

잃어버린 꿈, 잃어버린 역할, 잃어버린 아름다움, 잃어버린 근육,

잃어버린 부모님, 잃어버린 커리어, 잃어버린 아이들, 잃어버린 결혼생활, 잃어버린 소득, 잃어버린 희망이 당신의 머릿속을 떠나지 않고 계속 맴돈다. 그러다 당신은 아주 서서히 그런 외부적인 것들을 놓아 주게 된다. 그리고 심리학적으로 말해 혼자서, 아무것도 결정되지 않은 불확실한 유예상태로, 당신이 무엇이 되어가고 있느냐가 아니라 당신 자신을 명징하게 인식하는 〈중립지대〉에 한동안 머물게 된다. 즉 자신의 고치 속에 틀어박히는 것이다.

항상 그런 것은 아니지만 대체로 이 단계의 당신은 좀처럼 사라지지 않는 텅 빈 고독을 느끼며 과거로부터뿐만 아니라 미래로부터도 버려진 것이 아닐까 하는 두려움을 느낀다. 당신은 마치 찰스 디킨스의 소설 「크리스마스 캐럴」에 나오는 유령이 된 것처럼 두리번거리며 주위를 살피고 자신의 삶을 들여다본다. 과거로부터 나온 유령들이 당신 앞을 막아서고 미래에서 온 유령들이 당신을 조롱하지만 당신이 조금씩 강인해지고 새로운 내면의 삶을 발견하면서 결국 그들은 점점 힘을 잃는다. 그러다가 조만간 당신 자신이 치유되었을 뿐 아니라 생생하게 살아 있음을 느끼게 되는 순간이 온다. 그것은 내면의 조용한 불이며 당신에게 따뜻함과 더불어 새로운 자신감을 가져다준다. 당신의 눈동자에는 당신이 새로이 발견한 삶의 회복력이 그대로 반영된다. 이런 상태가 되면 원하는 것은 별로 없고 감정은 충만한 상태가 되며 무엇보다도 자기 마음의 깊은 속삭임을 들을 수 있게 된다. 뿌리 깊은 당신의 가치들이 새로운 삶의 의제를 설정하고 당신은 다시 여행을 떠날 준비가 된다.

너무나 놀라운 것은 이 시기에 당신이 삶에 대해 느끼는 조화는 당신이 이전의 구획에서 그토록 간절히 붙들고 싶어 했던 성공과 정체성보다 더 큰 만족감과 안도감을 준다는 사실이다. 자기쇄신이 깊어질수록 당신은 기쁨과 고마움에 압도된다. 이제 당신은 현재의 삶과 운명에 대한 도전에 나섰던 과거보다 훨씬 훌륭한 마음의 장비와 각오를 갖추고 새로운 도전에 나설 준비가 된 것이다. 틀어박혀 있던 고치에서 나올 준비가 된 것이다.

무엇인가로부터 벗어나 해방되는 것은 〈행동하기doing〉가 아니라 〈존재하기being〉를 위한 시기다. 자기치유와 쇄신, 외부적인 요소의 재건을 통해 세상은 다시 시작된다. 이번에는 자아의 외면적 확대가, 마치 현재의 꿈과 가치관과 능력에 꼭 맞는, 그리고 현재의 사회적 조건과 기회에 어울리는 새로운 옷처럼 선택될 것이다. 영혼의 어두운 밤은 아침에 새롭게 떠오르는 태양에 길을 내어준다. 이 단계에서 고치를 열어젖히고 나온 나비는 하늘을 향해 날아오르기 시작한다. 이제 당신은 고치를 완전히 벗어난 것이다.

아이들이 남겨주고 간 삶

프랭크와 헬렌은 2년 전에 교통사고로 두 아이를 잃은 후로 인생이 송두리째 흔들렸다. 이제는 어떻게 해서 그런 일이 일어났는지는 중요하지 않다. 중요한 것은 프랭크와 헬렌이 한 번도 경험해 보지 못한 방식으로 인생을 완전히 재진단할 수밖에 없는 상황에 내몰렸다는 것이다. 그들은 아무와도 말하고 싶지가 않았고 자신들의 취약한 감정에 스스로 당황하고 있었다. 거실에 있는 피아노 위에는 너무나도 짧은 인생을 살다 간 마리와 조의 모습을 담은 사진들이 제단을 이루고 있었다. 그러던 어느 날 헬렌은 비엔나로 혼자 여행을 떠나기로 마음먹었다. 그저 생각을 좀 정리해 보겠다는 마음에서였다. 프랭크는 이해한다고 말했지만 그녀가 없는 동안 그는 그 어느 때보다도 많이 울었다.

프랭크는 자기 인생의 계획을 세워보고 싶다고 말했지만 그러기 위해서는 우선 〈내면의 힘〉을 되찾을 필요가 있었다. 그는 사고를 낸 자동차 근처에도 있지 않았지만 사고를 자기 탓이라고 여겼다. 직장일도 소홀히 하게 되어 부정적인 평가를 받기에 이르렀고, 3개월이라는 기간 동안 달라진 모습을 보여줄 수 없다면 회사를 나가라는 경고도 받았다. 하지만 프랭크는 열심히 일을 할 수가 없었다. "내가 어떻게 해야 할까?"그는 물었다. "지금 내게 정말로 중요한 것은 무엇인가?" 그는 열심히 생각했지만 답을 찾지 못했다. 회사를 좀 쉬어야겠다고 느낀 프랭크는 얼마간의 휴직을 신청했고 그 기간이 끝난 후 직장에 복귀하는 데 성공했다.

하지만 프랭크와 헬렌은 그동안 중요한 사실을 몇 가지 깨달았다. 헬렌은 그것을 이렇게 설명했다. "프랭크와 다시 사랑에 빠지게 되었어요. 그는 아주 정이 많고 부드러운 사람이 되었답니다." 프랭크는 이렇게 말했다. "제 안에는 제가 아는 것 이상의 뭔가가 있다는 것을 알았습니다. 이제 예전보다 더욱 풍부해진 감성과 용기로 제 앞의 삶을 살아가고, 사랑을 하고, 제 신념대로 행동할 수 있게 되었어요."

몇 개월 동안 그들은 집 안에만 틀어박혀 지내면서 자신들이 생각하고 느끼는 모든 것에 대해 실로 많은 대화를 나눴다. 마치 결혼 전으로 돌아간 것 같았다. 두 사람 모두 애도 기간 동안 얼마나 뼛속 깊이 외로웠으며 슬픔을 이겨내기까지 얼마나 끔찍하게 오랜 시간이 걸렸는지 이야기했다. 헬렌이 말했다.

"하지만 나중에 가서는 우리 인생에서 무엇이 중요한지를 보다 확실히 깨달았고, 이상한 얘기지만 저희는 지금 저희 아이들이 남기고 간 삶을 살고 있다고 느낍니다."

변화의 제4단계: 다음 출발 준비하기
드디어, 고치 속에서 빠져나와 나비로 탈바꿈하다

—

"단순하고 자유로워라. 일체의 복잡함을 떨쳐버려라. 내면의 힘에 기초한 미덕을 키우고 겉으로 드러나는 극기로 그것을 표현하라. 남들과 겨루지 마라. 아직은 해법이 간단할 때 사소한 문제들을 해결하라. 어느 정도는 세상으로부터 떨어져서 조용히 자신의 가치를 높여

라. 이렇게 함으로써 당신은 어떤 곤란에도 쉽사리 휘둘리지 않는 강한 사람이 될 수 있다. 설익은 행동을 하지 마라. 성공하기 위해선 당신은 완벽하게 준비가 되고 무르익어야 하며 판단이 성숙해져야 한다. 다른 이들의 도움 없이는 성공할 수 없다. 경험 많은 사람이 당신에게 와서 도움을 줄 수 있다면 성공은 저절로 따를 것이다."

변화의 주기 중 4단계에 접어들면 당신은 이제 고치를 열어젖히고 나와 자기쇄신의 영역을 더욱 확대해서 주변의 세계까지도 쇄신시킨다. 이 단계는 재탄생, 여가생활 그리고 실험을 위한 시기다. 이제 당신은 고치를 뛰쳐나와 내면의 자아와 바깥세상이 함께 춤출 수 있는 새로운 방법을 찾아낸다. 이 단계의 구성 원리는 탐구와 창조성 그리고 사람들과 관계를 맺는 것이다. 따라서 당신의 감정은 눈에 띄게 긍정적이고 표현력이 넘치며 세상은 다시 안전하게 보인다. 이 단계에 들어선 당신은 서서히 자신의 새로워진 자아와 당신 인생에 가능한 각본을 연결하기 시작한다. 새로워진 마음으로 다시 꿈을 꾼다. 창조성을 느끼고 에너지로 가득 찬다. 그리고 어떤 것에도 방해받지 않고 자유로우며 무엇이든 해보려고 하는 아이가 된다.

당신은 새 친구들을 사귀며 결과에 지나치게 연연하지 않고 온갖 가능성들을 실험해 보고 도전해 본다. 새로운 배움에 몰두하고 열심히 여행을 다닌다. 무엇을 하든 서두를 필요가 전혀 없음을 이제 알게 되었으며, 이 깨달음과 발견의 과정을 하나하나 천천히 음미할 줄 알게 된다. 조만간 새로운 인생의 틀을 세우는 데 적합한 길을 발견할 것이며 변화의 주기는 다시 시작된다. 새로운 출발을 위한 준비가 완료된 당신은 낙관적이 되고 활력에 넘치며 사기가 충천한다. 자, 이제 당신은 다시 변화의 주기 1단계로 들어서게 된다. 이처럼 변화의 주기는 계속 순환되며 반복한다.

슬픔의 갑옷을 벗고 놓아 보내기

내가 짐을 처음 만났을 때 그는 47세였고 시카고 YMCA의 간부직에서 막 해고되었을 때였다. 그는 말쑥한 정장 차림에 두툼한 시가를 물고 있었지만 말을 하는 모습에 절망이 묻어났다. 약하게 떨리는 목소리와 툭툭 던지는 생뚱맞은 농담만으로도 그가 얼마나 뿌리째 흔들리고 있는지를 분명하게 알 수 있었다. 처음에 그는 자신이 해고되었다는 사실을 인정할 수가 없었다. 이미 인생의 전환기에 몸을 담그고 있으면서도 그는 그것을 직면할 준비가 되어 있지 않았던 것이다.

짐은 대학을 졸업하면서 바로 YMCA에 들어가 30대의 나이에 임원이 되었다. 사실 짐이 지금까지 가져본 일자리는 오직 YMCA 임원뿐으로, 처음엔 작은 조직을 담당하다가 점점 발전해서 큰 조직을 맡게 된 것이 전부였다. 그는 YMCA라는 세계 속에서 생각하고 숨쉬고 살았다고 해도 과언이 아니었다. 시카고 YMCA의 이사회에서 짐을 해고하기로 의결했을 때 그는 위원회와 전쟁을 선포했고 자신의 지위를 되찾기 위해 노력했다. 그는 분노했고, 낙담했으며, 혼란스러웠다. 자신의 인생이 위험에 처했다고 느꼈다. 이사회의 의결이 있은 지 일주일도 채 못 되어 그는 자기도 모르게 인생의 전환기로 깊숙이 접어들고 있었다.

YMCA에서의 그의 지위, 경험, 성취라는 직업적 정체성을 빼고 나면 그는 누구인가? 그가 보기에 그는 아무것도 아니었다. 그의 자부심과 자신감은 암초에 부딪쳤다. 그는 누가 보더라도 다정하고 사려 깊고 유쾌하고 재미있는 사람이었음에도 불구하고 그에게는 직장에서의 역할과 별개인 정체성 따위는 없었다. 자신이 인생의 전환기를 지나고 있음을 서서히 받아들이면서, 그는 평생 자신이 얻으려고 노력했던 모든 것을 잃어버리고 있음을 깨달았다. 다른 사람들이 아무리 그에게 관심을 보여주고 위로를 해도 그는 슬픔을 갑옷처럼 입고 도무지 벗어버리려고 하지 않았다.

인생의 전환기를 겪고 있는 사람들에겐 자신의 통제력 밖에 있는 힘에 맞서서 내적 자산과 신념을 발견하는 데 도움이 되는 계획이 필요하다. 짐은 자신감이 많이 떨어지고 자신의 내면에 대한 자각도 매우 낮았다. 결국 짐은 임원으로 일하느라 자신의 에너지가 다 소진되었음을 깨달았고 삶을 새롭게 쇄신하고 직장에서의 역할과 지위를 떠나 자신이 진정 누구인지를 알아보고 싶어졌다. 그는 오랫동안 방치했던 결혼생활도 다시금 돌아보고 싶었다. 어느덧 10대 청소년이 된 그의 세 아이들, 심각한 말썽을 피워 학교에서 쫓겨난 그녀석들과의 관계도 쇄신하고 싶었다. 그리고 커리어를 전환해 자기 사업을 해보고 싶은 마음도 생겼다.

짐은 일 년간의 안식년을 계획하고 그 기간을 영혼의 탐색과 쇄신, 새로운 시작의 기회로 삼았다. 그는 성대한 안식년 파티를 연 자리에서 자신의 계획을 사람들에게 알리고 새로운 방향으로 나아가도록 도와준 친구들에게 감사를 표했다. 그 파티는 짐이 과거와 작별을 고하고 미래로 나아갈 수 있게 해주는 하나의 통과의례 같은 것이었고, 그가 그동안 붙들고 있던 것들을 공식적으로 놓아 보내고 앞으로 나아갈 수 있게 해주었다. 슬픔을 치유하는 기간 동안 짐은 집 안과 주변을 손보았고 심지어 10대가 된 딸을 위해 방을 하나 더 만들기까지 했다. 그는 아내 로즈마리와 매일 산책을 했고 그들은 신혼여행 이후로 그 어느 때보다 가까운 사이가 되었다. 짐은 내면의 생각을 기록하기 위해 매일 일기를 썼고 하루에 두 시간은 헬스클럽에서 운동을 하거나 수영을 하며 보냈다.

몇 달 후 짐은 유럽으로 떠났고 아이들 중에 그와 가장 소원했던 큰아들과 더불어 이곳저곳을 여행했다. 그동안의 여행 계획은 아들이 책임졌고 짐은 이야기를 듣는 기술과 남의 말에 따르는 기술을 익혔다. 그것은 두 사람 모두에게 효과가 있었다. 해외에서 6주를 함께 보낸 부자는 온갖 모험담과 서로에 대한 애정으로 가득 차서 집으로 돌아왔다. 이 유럽 여행은 두 남자가 기대했던 것 이상이었고 짐에게는 다시 시작할 용기를 주었다. 그 해가 끝나갈 무렵 짐은 새로운 내적 자산과 자신감을 찾았다. 그는 다시 한 번 세계 여행을 하고 싶었고 커리어와 우정에 대한 아이디어를 갖고 새로운 시도를 해보기 시작했다. 그는 비영리단체와 제휴한 컨설팅 사업 그리고 자기 같은 사람들을 위한 재정설계 사업을 준비 중이었다. 내게 보낸 메시지에서 그는 이렇게 말했다.

"진즉에, 몇 년 전에 그 일을 그만두었어야 했어요. 이제 와서 이런 이야기를 하게 된 것이 당혹스럽지만 저는 이제야 살아가는 방법을 배우고 있어요. 하지만 사실입니다. 다른 사람이 된 것 같은 기분이에요. 제 인생은 결말이 나지 않은 미해결 부분들로 가득하지만 이제 제대로 하고 있다고 느낍니다. 그렇게 숱한 세월을 보내고 나서야, 옛날 방식이긴 하지만 제 개성을 토대로 미래를 세울 준비가 된 거죠."

당신만이
당신의 세계를 작동시킬 수 있다

—

변화의 주기를 거치면서 이 개념들을 당신 자신의 인생에서 활용하기 위해서 파악해야 할 중요한 문제는 무엇일까? 우선 당신은 자신의 인생이 바로 이 순간 변화의 주기 내에서 어디에 위치하는지, 자신의 미래가 힘을 받기 위해서는 어떤 과제가 중요한지를 알 수 있어야 한다. 성인으로서 당신이 맡은 다양한 외적 역할들, 즉 배우자로서, 부모로서, 직장인으로서의 역할을 생각하면 당신은 아마도 자신이 여러 지점에 동시에 위치해 있음을 느낄 것이다. 당신의 결혼 생활은 정체 상태에 있는 반면, 부모로서의 역할은 이제 막 시작되어 한참 잘 나가고 있을 수도 있다. 반면 당신의 커리어나 직장에서의 역할은 전환기를 맞았을 수도 있을 것이다. 그러나 그 역할들의 저변에 있는 개인으로서의 당신, 그 모든 부분들과 대화하고 그것이 갖는 결속과 기쁨을 관리하고자 노력하는 당신 내면의 자아는 아마도 현재 어느 한 지점에 있을 것이다. 온갖 다양한 역할과 임무를 지니고 인생 주기 내내 자신의 길을 걸어가는 당신을 안내하는 것이 바로 그 〈내면의 자아〉다.

우리는 누구나 기본적으로 인생의 한 구획 속에 있느냐 혹은 인생의 전환기에 위치해 있느냐 둘 중 하나다. 인생의 구획은 당신 인생 내의 하나의 응집 단위이며, 인생의 전환기는 내면의 자아를 새로이 하고 재정비하는 시기다. 인생의 구획은 인간들의 체계와 조직으로 당신을 에워싸고 매몰하는 것인 반면, 인생의 전환기는 당신을 자유롭게 풀어주어 내면의 자아를 발견하게 하는 것이다. 둘 중에 어느 것이 더 좋거나 나쁘다고 할 수 없으며, 우리가 성인으로서 살아가는 데는 두 가지 모두 필요하다. 하지만 한 개인으로서 당신은 언제나 삶의 체계를 세우거나 혹은 인생의 목적을 재조정하는 일에 몰두하게 되어 있다. 성공적인 삶을 살아가려면 당신은 두 가지 모두에

통달해야 하며, 대부분의 사람들은 살아가는 동안 그렇게 될 수 있는 수많은 기회를 갖는다.

성인기의 삶은 〈다이어그램 3〉처럼 시계방향으로 때로는 천천히, 때로는 빠르게 원을 그리면서 강물처럼 흐른다. 인생의 구획은 우리가 내적인 강인함을 주변의 자산들과 연결해서 작동 가능한 하나의 계획을 만들어낼 수 있을 때 생겨난다. 창조적 영감에 넘치는 예술가가 작곡을 하고 그림을 그리고 조각을 할 준비가 되었을 때가 그러하다. 갓 결혼을 한 신혼부부가 바야흐로 공통의 꿈을 갖고 가정을 꾸리고 직장에서의 안정을 꾀할 때도 역시 인생의 한 구획이 지어진다. 새로운 항로로 나아가 보고자 시도하는 50세의 직장인도 마찬가지다.

인생의 전환은 인생의 구획이 어딘가 맞지 않아 삐걱거리거나 제대로 작동하지 않아 우리에게 고통을 줄 때 일어난다. 따라서 인생의 전환은 내적인 강인함을 찾아 떠나는 여행이며, 그 여행을 통해 개인적인 쇄신이 이어진다. 어떤 경우에는 이것이 이직이나 이사 혹은 승진처럼 이전의 인생 구획을 재빨리 재건하는 것을 뜻하기도 한다. 또 다른 경우는 아주 천천히 탈바꿈이 일어나서 이전과는 전혀 다른 새로운 인생의 구획으로 접어들게 되는 경우도 있다. 이는 대개 배우자나 자녀의 죽음, 직장에서의 해고, 이혼 등의 후에 따르는 개인적 변화와 함께 찾아온다.

인생의 구획과 전환 두 가지 모두 극적인 형태를 지닌다. 당신은 믿을 만하다고 생각되는 이야기를 향해 자신의 인생을 이끌고 간다. 당신은 영감을 불어넣고, 상상하고, 각본을 만들고, 배우들에게 확신을 심어주고, 대사를 외우고, 연기를 하고, 극을 연출하고, 필요한 조치들을 취한다. 이를 통해 당신은 자신을 보살피고 치유하고 자족적인 사람이 된다. 물론 당신의 통제력 밖에 있는 다양한 요인들이 제한을 가하기도 하지만, 본질적인 것은 당신 자신의 인생 구획과 인생의 전환은 궁극적으로는 〈당신 책임〉이라는 사실이다. 설사 당신의 인생에 비극이 닥친다고 해도 어떻게 이야기를 계속해 나갈지를 결정할 수 있는 사람은 오직 당신 한 사람뿐이다. 당신이 다르게 살기로 마음먹고 자신의 이야기를 확장해 나가는 한, 당신은 자신만의 이야기를 만들어 내고 있는 것이다. 이것은 당신이 자신에게나 남들에게 자기 삶을 설명하는 방식이다. 당신은 자신만의 이야기를 가지고 인생의 숱한 장면들을 거치면서 여행을 하는 한 개인이다. 만일 당신이 각본을 쓰지 않는다면 누군가 다른 사람이 대신 쓸 것이고, 그러면 당신은 공생관계와 역할들을 통해 자기 인생의 항로를 알게 될 것이다. 하지만 만일 당신이 직접 각본을 쓴다면 그것은 당신의 경험과 상상력으로 이루어진, 당신의 세계를 제대로 작동시키기 위한 의도적인 플롯, 즉 당신만의 〈인생 설계〉가 될 것이다.

10

인생의 구획이
제대로 작동되기 위해 필요한 것들

인생의 통과의례를, 치열하게 거쳐라.
그렇지 않으면 당신 인생은 제대로 작동하지 않는다.
통과의례를 힘들게 거치고 나야 새로운 힘이 다시 생긴다.

우리 인생이
제대로 작동되기 위해 필요한 것들

—

성인들은 앞 장에서 살펴본 변화의 주기인 〈다이어그램 3〉을 쇄신의 사이클이라고 느낀다. 따라서 변화의 주기를 원을 그리고 돌면서 당신은 변화가 곧 〈성장, 발전, 쇄신, 진보〉임을 느낄 것이다. 원을 그리며 도는 행동 자체가 당신에게 늘 배우는 자세를 유지하게 한다. 원의 어떤 지점도 다른 지점에 비해 더 좋거나 더 나쁘지 않다. 각각에는 나름의 때와 장소, 교훈이 있다. 각각의 장소는 우리가 완전함을 향해 나아가는 동안 자아를 확장시킬 수 있는 기회가 된다.

이 장에서 다루고 있는 7가지 삶의 기술들은 하나의 인생 구획을 성공적으로 작동시키는 데 필요한 기술들이다. 즉 당신이 변화의 주기 내에서 한 인간으로 성장하고 발전하는 데, 그리고 인생의 구획들을 창조하고 인생의 전환기를 거치면서 중요한 자기쇄신을 이루는 데 필요한 것들이다. 이 장에서 다루는 7가지 삶의 기술은 대략적인 개념을 잡아본 것이다. 삶이 제대로 작동하려면 이 밖에도 수많은 기술들이 필요하지만, 이 7가지는 오늘날의 성인들이 때로는 자기 인생의 실타래를 엮어가고 때로는 풀어야 할 때 필요한 일반적이고 기본적인 능력들이라 할 수 있다.

비록 각각의 기술은 인생의 주기 속에서 특별히 중요한 역할을 담당하는 시기가 따로 있기는 하지만 7가지 모두 때를 막론하고 항상 중요하다. 그 이유는 어느 정도는 우리 인생의 각 역할들이 인생의 주기 내의 여러 지점에서 동시에 존재할 수가 있기 때문이다. 인생의 한 구획 안에서도 사소한 전환들이 수도 없이 일어나게 되며, 우리가 인생의 전환기에 이르렀을 때조차 자신을 돌보기 위해서는 사소한 삶의 틀을 유지할 필요가 있기 때문이다. 7가지 기술은 각각의 주기 내의 특정한 시기와 장소에서의 전략적 행동을 대변한다. 각각의 기술은 마치 시대정신 같은 구실을 하며 때가 오면 다음 것에 자리를 내주면서 당신이 바다 위에서 고비를 만날 때마다 최적의 선택을 하면서 나아가도록 해준다. 또 변화의 주기에서 다양한 지점을 통과하고 있는 당신에게 적잖은 영향력을 행사하고 다음 여정을 준비하게 한다. 어떤 지점에서 어떤 능력이 필요한지를 아는 것은 우리가 성인으로서 삶을 영위해 나가는 데 필요한 지혜인 것이다. 이제부터 그 7가지 기술들을 하나하나 차례로 살펴보겠다.

새로운 꿈을 꿀 줄 아는 능력,
그리고 그 계획을 발전시키는 능력

—

우리가 삶의 구조라는 드라마를 펼쳐가려면 사회적 환경이 자유와 충분한 안정성, 수단을 제공해 주어야 한다. 또한 인생의 한 구획이 만들어지려면 신뢰할 만한 경제적 토대와 사회적 기회가 필요하다. 그리고 그것은 우리 자신의 창조적 에너지와 잘 연마된 기량, 내적 단호함이 넘쳐 흐르는 건강한 자아를 요구한다.

   인생의 한 구획을 시작하는 사람들은 흔히 막 교육 과정을 끝마쳤 거나, 드넓은 세상을 여행하고 돌아왔거나, 미래로 도약할 준비를 목적으로 한 배움을 경험한 사람들이다. 따라서 새로운 인생의 구획을 창조할 준비가 된 사람들은 인생의 전환기가 갖는 내면성으로부터 인생의 구획을 건축하는 사회적 확장성으로 기어가 변속되는 것을 경험한다. 이 시기의 우리는 단순한 것에서 복잡한 것으로, 내면에서 외부로, 자기 자신에서 조직으로, 독자성에서 상호의존으로, 단기 개혁에서 깊이 뿌리를 내리는 장기적 착근으로 옮겨간다. 새로운 인생의 구획에 첫발을 내딛으려는 성인들은 이 세상을 공정하고 우호적인 것으로 보며 자기 삶의 요구와 목표를 충족시킬 준비가 되어 있다.

자신만의 삶의 구조를 펼쳐가는 사람들은 오직 한 가지 목적을 지닌다. 그것은 바로 계속 확장해 가는 자기 삶의 각 부분들을 중요한 목표 혹은 사명을 중심으로 한데 엮어서 미래를 창조하는 것이다. 새로운 인생의 구획을 시작하는 사람은 처음에는 그저 꿈같은 가능성에서 출발했더라도 차츰 구체적인 계획들을 생각해 내고 나중에는 일상 속에서 어떻게든 그것을 이루어 나가게 된다. 만일 장기간에 걸쳐 어렵게 출발시킨 인생의 구획이 궤도 진입에 성공하면 그후에는 점차 안정 수준에 도달하게 된다. 만약 출발이 성공적이지 못했다면 그 구획은 기대했던 것보다 더 일찍 끝난다(〈다이어그램 4〉 참조).

새로운 인생의 구획을 성공시키기 위해 필요한 첫 번째 기술은 새로운 꿈을 꿀 줄 아는 능력과 그 계획을 발전시키는 능력이다. 새로운 〈꿈〉은 삶의 구조를 세우기 위한 일종의 추진력이라 할 수 있으며 열정과 가치의 원천이 된다. 새로운 〈계획〉은 그 꿈을 현실로 만들기 위한 플롯이며 방법적 디테일이라 할 수 있다.

새로운 꿈을 꿀 줄 아는 능력

지금 당신이 꾸는 꿈은 가까운 미래의 당신 모습이다. 미래란 무엇인가? 그것은 당신을 기다리고 있는 무언가가 아니라 당신이 창조하는 것이다. 미래는 프로그램화하기를 기다리는, 아직 이루어지

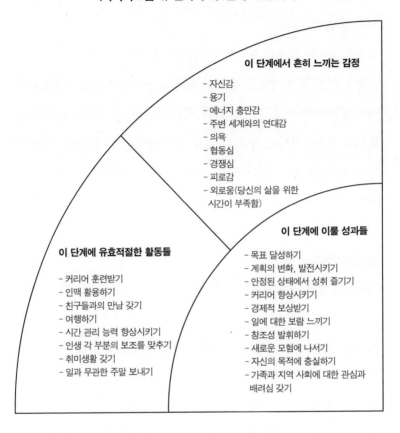

〈다이어그램 4〉 변화의 제1단계: 도전하기

이 단계에서 흔히 느끼는 감정

- 자신감
- 용기
- 에너지 충만감
- 주변 세계와의 연대감
- 의욕
- 협동심
- 경쟁심
- 피로감
- 외로움(당신의 삶을 위한
  시간이 부족함)

이 단계에 이룰 성과들

- 목표 달성하기
- 계획의 변화, 발전시키기
- 안정된 상태에서 성취 즐기기
- 커리어 향상시키기
- 경제적 보상받기
- 일에 대한 보람 느끼기
- 창조성 발휘하기
- 새로운 모험에 나서기
- 자신의 목적에 충실하기
- 가족과 지역 사회에 대한 관심과
  배려심 갖기

이 단계에 유효적절한 활동들

- 커리어 훈련받기
- 인맥 활용하기
- 친구들과의 만남 갖기
- 여행하기
- 시간 관리 능력 향상시키기
- 인생 각 부분의 보조를 맞추기
- 취미생활 갖기
- 일과 무관한 주말 보내기

지 않은 가능성이다. 마틴 루터 킹 목사는 미국에서의 평등과 기회 균등에 대해 자세히 설명하면서 간절한 목소리로 이렇게 말했다.

"나에게는 꿈이 있습니다 I have a dream."

이제 중년 이상의 세대가 공유하는 존 레논의 노래 「이매진Ima-gine」은 인간 세상의 변화를 꿈꾸는 한 몽상가의 이야기다. 이처럼 이상화된 꿈이 먼저 오고, 그 다음엔 그 꿈을 실현하기 위한 현실이 꿈의 뒤를 쫓는다.

우리가 꾸는 꿈은 일반적으로 다음과 같은 모습을 띤다.

꿈은 영감을 불어넣고 동기를 부여하지만 그렇다고 사람들에게 마구 명령하거나 그들을 혹사시키지는 않는다. 당신이 꿈을 지닌 어른으로 살 때, 설사 당신이 그 꿈을 매일 매시간의 진격 명령으로 받아들이지 않더라도 당신에게는 꿈이 있는 것이다. 꿈은 에너지다. 꿈을 생각하면 당신은 항상 힘이 솟는다. 또한 꿈은 당신이 선택한 목적지로 당신을 안내하고 항로를 벗어나지 않게 하는, 배의 방향키 역할을 한다.

따라서 꿈은 잊히지 않고 자꾸 떠오르는 후렴구와도 같다. 그것이 당신을 놓아 주지 않을 때 그리고 그것이 당신 안의 모든 것들을 끌어당길 때, 당신은 자신에게 이뤄야 할 꿈이 있음을 안다. 어느 사이엔가 이미 꿈이 당신의 손을 잡고 그 실현을 향해 이끌고 가는 느낌이 들 때, 그리고 자신에게 이유를 설명할 필요도 없이 그것이 너무나 자연스럽게 느껴질 때, 당신은 자신에게 꿈이 있음을 안다.

다 그런 것은 아니지만 거의 대부분 인간의 꿈은 아동기와 청소년기에 시작된다. 우리는 "너는 어른이 되면 뭐가 되고 싶니?"라는 질문을 통해 어린이나 젊은이들에게 꿈을 가지라고, 그리고 그 꿈을 이룰 계획을 세우라고 격려한다. 그러나 의무와 책임이 늘어나고 삶이 복잡해지는 성인기에는, 우리의 꿈이 하와이로 휴가를 떠나거나 새 집으로 이사하거나 혹은 누군가를 만나 사랑에 빠지는 것처럼 일시적인 것으로 한정되는 경향이 있다. 그러나 사실, 우린 결코 어른이 되지 않는다. 우리는 언제까지고 계속 성장할 뿐이고, 꿈꾸기에 대한 우리의 욕구는 인생 전체에 걸쳐 넓게 퍼져 있으며 결코 끝나지 않는다.

우리가 아는 한, 인간이란 존재는 미래를 마음에 그려볼 수 있고 그것을 이루기 위해 노력할 줄 아는 지구상의 유일한 피조물이다. 우리는 꿈을 꾸고 상상한다. 우리는 기대하고 계획한다. 우리 인간의 가장 위대한 힘은 몇 번이고 계속해서 상상하고, 비전을 갖고, 꿈을 꾸는 능력이다. 그것은 자기쇄신을 거듭하는 성인의 인생에서 가장 중요한 부분이며 만족스러운 삶의 구조에 힘을 불어넣는 첫걸음이다.

계획을 발전시키는 능력

꿈을 꾸는 것과 계획을 세우는 것은 완전히 다른 문제다. 꿈은 상상력의 산물이고, 비현실적이고, 우리를 자극하고, 에너지를 내뿜는다. 반면 계획을 세우는 것은 논리적이고, 실제적이고, 현실적이며, 사실에 입각한 행위다. 의미 있는 꿈이 없다면 계획을 세운다는 것은 그저 기계적이고 무의미한 행동일 뿐이다. 반면에 현실적인 계획이 없다면 꿈은 마구잡이식 희망, 기껏해야 백일몽일 뿐이다. 꿈은 우리에게 새로운 목표를 갖게 하고 계획은 그 새로운 목표가 발전하고 실현되도록 돕는다.

유능한 계획가는 다음의 4가지 원칙을 지킨다.

첫째, 그는 꿈이 계획의 중심이 되게 한다. 계획은 단지 꿈을 구체화하는 수단일 뿐이지 결코 삶의 구조가 존재하는 이유 자체가 될 수는 없다. 꿈은 인생 여정에 대한 경외심과 흥분을 불러일으키는 반면, 계획은 우리에게 분명한 행동방침을 갖게 한다. 훌륭한 계획가는 바람직한 꿈을 현실로 만든다. 그는 가치 지향적인 사람이다. 반면 무능한 계획가는 기계적인 세부사항과 단기적 결과에 집착하다가 큰 줄기를 놓치고 만다.

둘째, 유능한 계획가는 이전의 인생 구조에서 썩 괜찮은 효과를 거두었던 입증된 장점들을 활용한다. 만일 당신이 44세의 나이에 이제 막 새로운 삶의 구조로 접어들고 있는 사람이라면 이전의 인생 구조에서 당신에게 어떤 것이 효과적이었는지를 알 필요가 있다. 그동안 축적해온 경험의 저장고를 활용할 수 있다는 것은 나이 든다는 것이 갖는 가장 큰 이득이다. 그 지식의 보물창고를 활용하라.

사람들에겐 다른 용도로 전환 가능한 능력들이 넘쳐난다. 아이들을 양육한다는 것이 훗날 무엇인가를 관리하는 능력으로 진화할 수 있고, 세일즈 능력이 외교적인 수완으로 방향을 틀 수도 있다. 무슨 일이든 이겨야 직성이 풀리던 성취가들이 존재 자체에 의미를 두는 사람으로 변해갈 수도 있다. 인생의 계획을 세우는 사람들에게 가장 중요한 자원은 이처럼 과거에 효과를 발휘했던 자질들이다. 이러한 능력들이 새로운 꿈을 위한 계획을 세울 때 도움이 될 것이다. 40년이라는 인생을 성공적으로 살아낸 사람이라면 거의 누구나 새로운 기회와 가능성을 창조할 수 있는 고도의 능력이 발달되어 있을 것이다.

셋째, 유능한 계획가는 자신의 한계나 미처 발달되지 못한 능력에 당당하게 대처한다. 중년기 초기에는 거의 모든 이들이 한쪽으로 치우쳐 있다. 그 시기의 당신은 반드시 어떤 특정 분야에 전문성을 띤다. 그리고 당신만의 능력에 집중할수록 덜 발달된 부분과 결점들이 점점 더 두드러져 보인다. 당신이 어느 한 부분에 몰두하면 할수록 다른 분야에 대한 기본 능력들은 묻히게 되고, 그렇잖아도 소홀히 취급했던 부분에 대해 갈수록 더 소홀해진다. 그래서 나이가 마흔을 넘어설 때쯤이면 특정한 능력에만 과도하게 집중하고 다른 것들은 무시한 결과 자신의 삶이 균형을 잃었음을 느끼게 되는 순간이 온다. 그리고 삶의 중요한 부분에 대해 다른 이들의 신세를 지고 있는 자신을 발견하게 된다.

칼 융은, 인생 후반기의 진정한 계획가는 바로 우리 안의 〈미처 개발되지 않은 자아〉라고 말했다. 우리 안의 그 자아는 40대와 50대에 들어서서 새로 태어나길 갈망한다. 우리가 점점 나이를 먹어가면서 지금까지 소홀히 했던 그 부분들이 목소리를 크게 내면서 우리의(그리고 그들 자신의!) 운명에 대한 발언권을 요구한다. 이른바 우리의 약점에 해당했던 것들이 이제는 강점이 되고자 한다. 그것들은 훈련과 연습 그리고 교육과 기회를 필요로 한다. 일부 성인들은 자신의 성공에 갇혀 옴짝달싹 못하고 있는 기분에 사로잡힌다. 그들이 가진 전문적 능력이 그들의 존재를 마치 캡슐에 넣는 것처럼 간단히 요약하게 만들면서 삶이 따분해지는 것이다. 우리 안의 계획가는 이러한 우리의 약점을 이해하고 그것으로부터 우리를 보호하며 그것을 자산으로 바꾸어 놓으려고 한다.

넷째, 유능한 계획가는 자신의 꿈을 변화하는 사회적 환경에 지속적으로 적응시킨다. 많은 사람들이 말하듯이 계획가가 혼돈을 질서 정연한 변화로 단번에 탈바꿈시키지는 못한다. 그는 다만 가능한 한 협조적으로 변화의 바다에서 헤엄치면서 자신이 선호하는 방향으로 나아갈 현실적인 방법들을 모색할 뿐이다. 계획가는 거친 파도와 같은 혼란스러움이 귀납적인 방법으로 하나씩 해결점을 찾을 수 있도록 평가 방법과 원칙을 마련하면서 비교적 단기적인 전략을 수립한다. 또한 계획가는 인생의 새로운 구획을 만들어볼 결심을 한 사람이지만 그렇다고 해서 그가 모든 수를 내다보거나 앞으로 어떤 수단을 취해야 할지 훤히 알고 있는 것은 아니다.

계획이란 살아 숨쉬는 기록이지 요지부동으로 돌에 새겨진 것이 아니다. 세상의 어떤 꿈과 계획도 태어날 때의 그 모습 그대로 이루어지지는 않는다. 실현을 향해 나아가는 동안 그것은 몇 번이고 모습이 바뀌고 재조정된다. 새로운 기회가 온다면, 그리고 꿈을 이루는 데 도움이 된다면 계획가는 그 기회를 이용하기 위해 기어를 변속한다. 반면에 새로운 장애물이 나타날 때, 계획가는 그 장애물로 인해 궤도를 완전히 벗어나는 일이 없도록 전략을 다시 짜기도 한다. 유능한 계획가는 단호하면서도 유연하고, 명확한 태도를 가졌으면서도 융통성이 있으며, 중심이 잡혀 있고, 배움에 열심이고, 성실하면서도 총명하다.

착수할 수 있는 용기

—

새로운 인생의 구획을 성공적으로 작동시키기 위해 필요한 두 번째 기술은 착수할 수 있는 용기, 즉 꿈과 계획을 실천에 옮기기 위해 앞으로 한 발 내딛는 것이다. 상상의 산물인 꿈과 현실적인 계획이 이 세상의 시스템 속으로 발사되면 그 다음은 제대로 궤도에 진입하고 안착하는지를 지켜보게 된다. 새로운 인생의 구획이 정착하는 데 걸리는 이 출발 과정은 몇 달 혹은 몇 년이 될 수도 있다. 이것은 탄생기이며, 노력하면서 동시에 기다리는 시기, 미래를 건설함에 있어 관망하면서 동시에 바삐 움직이는 시기다.

꿈과 계획을 실천에 옮기기 시작하는 이 과정은 우리에게 인생의 경영자로서 각자의 능력을 키울 것을 요구한다. 우리는 자기 인생의 CEO가 된다. 이제 우리가 할 일은 세상의 시스템이 자신의 꿈과 계획과 잘 협조하도록, 꿈과 계획이 세상의 시스템에 잘 맞도록 지속적으로 보완하고 수정해 나가는 것이다. 이때의 목표는 우리가 진입하고자 하는 새로운 인생의 구획이 성공적으로 궤도에 진입해 안착하는 것이다. 하지만 때로 우리는 그 구획을 포기하는 쪽을 선택하기도 한다. 어쩌면 앞에 가로막힌 산이 너무 높다든가, 산에 오르는데 필요한 수단들을 모두 써버렸을 수도 있을 것이다. 혹은 목적지의 중요성에 변화가 생기거나 여행 자체가 취소될 수도 있다. 비록일단 인생의 새로운 구획에 들어선 사람은 그것을 안정 상태로 오래유지하는 것이 목표이긴 하지만 필요할 경우 그것을 폐기할 줄도 알아야 한다. 그리고 그 구획에서 빠져나와서 환경을 바꿔 다시 도전(재조정)해볼 것인지 아니면 전환기로 넘어갈 것인지, 그것도 아니라면 완전히 다른 방향에서 처음부터 다시 시작할 것인지를 결정해야할 것이다.

헌신하기

새로운 인생 구획에 진입해서 그것이 정상궤도에 안착하게끔 하기 위해서는 우선 헌신할 필요가 있다. 그것은 단지 계획대로 실행하는 것 그 이상을 의미한다. 그것은 끝까지 성공시키겠다는 의지이자 상호작용이고, 인내하면서 자신을 온전히 내어주는 것이다. 헌신은 우선 자신의 고결한 성품을 잃지 않는 것에서 시작한다. 그것은 자신에게, 그리고 인생의 행로를 당신과 함께 가는 사람들에게 진실하겠다는 흔들림 없는 서약이다. 진정한 헌신은 내면에서부터 우러나오며 자기 안의 꿈에 닻을 내린다.

　헌신이 분명하고 단호하게 행동하겠다는 내적 결심이긴 하지만 그것은 후천적으로 학습된 행동이기도 하다. 헌신은 신념과 믿음, 희망과 인내심을 요구하는데 이것들은 모두 내적 자질이다. 또한 헌신은 모험과 팀워크, 그리고 장기적인 관리도 필요로 한다. 이것은 외적인 역량이다. 우리 사회의 많은 성인들이 자신의 인생을 작동시키는 방법을 아직 배우지 못하고 있다. 그들은 헌신에 필요한 조건들을 갖추지 못했기에 인생의 구획을 성공적으로 완수하는 데 어려움을 겪는다. 그들은 자신의 의지와 바깥세상의 자원들을 결합시키는 데 도움이 되어줄 기본적인 삶의 기술을 훈련할 필요가 있다.

　성공하기 위해 당신은 자신을 둘러싸고 있는 세상이라는 구조 속에서 꿈을 키워야 한다. 이것은 쉬운 일이 아니다. 어떤 사회 체제든 거기에는 고유의 규칙과 우선순위가 있으며 그것들은 개개인이 가진 우선순위에 그리 쉽사리 협조하지 않는다. 성공적으로 새로운 인생의 구획에 첫발을 내딛는 사람은 어떤 체제든 자신에게 필요한 것이라면 이를 자신의 꿈과 계획에 협력하게끔 만든다. 하지만 그 과정에서 종종 문제가 생긴다. 일단 꿈이 세상 밖으로 나오면 그것은 함정에 빠지기 시작한다. 그러다가 꿈은 서서히 죽어가기 시작하고 외부의 구조가 당신을 통제한다. 당신이 개인적 사명을 지키는 것은 자신의 길을 벗어나지 않고 끝까지 유지하는 것을 의미하며 그러기 위해서는 자기 여정에 대한 지속적인 평가와 쇄신이 필요하다. 어떤 어려움이 있어도 목표를 달성하기 위해 노력하려면 자신의 인생 여정을 평가하는 능력이 뒷받침되어야 한다. "내가 지금 제대로 가고 있는가 혹은 항로를 벗어났는가?" 만일 항로를 이탈했다면 정확한 측정이 이루어져야 한다. 당신은 승리를 좋아하지만 그것을 얻기 위한 도전도 그에 못지않게 사랑한다. 만일 계획이 생각대로 작동하지 않거나 꿈이 너무 시대에 뒤떨어졌다고 판단되면 가능한 한 빠르게 그 구획에서 벗어나야 한다. 그리고 거기서 그 구획을 재건할 것인지, 새로운 방향을 찾아 다시 시작할 것인지를 결정해야 한다.

안정 상태를 역동적으로 즐길 수 있는 여유
—

새로운 인생의 구획을 성공적으로 작동시키기 위해 필요한 세 번째 기술은 안정 상태를 지속시키는 것, 즉 성공적인 인생의 구조를 유지하는 기술이다. 오스카 와일드는 이런 말을 했다.

"이 세상에는 오직 두 가지 비극이 있다.
 하나는 자기가 원하는 것을 갖지 못하는 것이고,
 나머지 하나는 그것을 갖는 것이다."

안정 상태를 유지한다는 것은 실현된 꿈의 정점에 머무르는 방법을 아는 것, 그리고 계속해서 그 꿈을 풍요롭게 만드는 방법을 안다는 것이다. 하나의 인생 구획을 궤도에 성공적으로 진입시켜 안착한 사람들은 안정 상태를 잘 유지한다는 것이 그리 만만찮은 일임을 안다. 쉽지 않은 일이기에 그들은 더욱 자극을 받아 열심히 한다. 그래서 그들은 인정받고 보답이 돌아오는 상황을 한껏 즐기며 자신의 지위를 드높이기 위해 더 노력한다. 반면 또 다른 이들은 일단 고지에 다다른 후에는 의욕을 잃어버리고 시들해져서 모든 것의 가치를 재평가하기 시작하는 자신을 발견한다.

안정기는 초기와 후기, 두 시기로 확연히 구분되는 경향이 있다. 고지에 도달하고 나서 처음 몇 달 혹은 몇 년은 〈불평꾼들〉과 〈장거리 선수들〉을 구분하는 데 도움이 된다. 불평꾼들은 자신의 성공을 즐길 능력을 갖지 못한 사람들이다. 그들은 성공을 진정으로 원하는 것이 아니라 다만 자신이 해낼 수 있다는 것을 보여주고 싶어 할 뿐이다. 그들에게는 그곳에 있다는 것이 그곳에 도달하는 과정만큼 흥분되지는 않는다. 그래서 고지에 다다른 사람들 중에는 더 이상 아무 의욕을 느끼지 못해 이내 거기서 벗어나려 하거나 출구를 찾는 사람들도 있다. 그들은 자신을 정체 상태에 머무르게 하는 성공에 대해 어쩌면 두려움을 갖고 있는지도 모른다. 그래서 그들은 이미 손에 넣은 성공을 오래도록 누리는 대신 또 다른 성공을 찾아 이 직업 저 직업, 이 관계 저 관계, 이 도시 저 도시를 전전하기도 한다. 그들은 인생의 새로운 구획을 시작해서 그것이 안정궤도에 도달하는 딱 그 순간까지를 즐긴다. 그들은 성공을 사랑하지만 그것을 즐기는 방법은 배우지 못한 것이다.

반면 장거리 달리기 선수들은 안정 상태를 적극적으로 즐기며 그 역할 속에서 최고의 자신을 발견한다. 이것은 그들이 힘겹게 얻은 승리이기에 그 상태를 계속 유지하는 것에 시간과 노력을 투자하고 싶은 것이다. 그들은 안정기에 이른 상태에서 자신의 비전을 새롭게 해 지속적인 발전을 도모한다. 그들은 남들에게 조언자가 되어주고, 정책을 구상하고, 자신이 속한 조직을 위한 특사 노릇을 하거나 유산을 남기는 방법을 안다. 그들에게는 내구력이 있다. 그들은 새로운 차원의 성취와 영향력, 성장, 발견, 기여를 통해 성공을 유지한다. 즉, 만약에 부모의 역할을 하는 것이 그의 꿈과 계획의 핵심이었다면 그들은 아이들과 함께 성장하면서 자신에 대해 더 많은 것을 발견한다.

장거리 선수들은 무의식 상태에서도 힘들이지 않고 최고의 능력을 발휘할 수 있는 수준에 이른 사람들이다. 그들은 한결같음, 충실함, 솔직한 비판, 호기심, 그리고 삶에 대한 열정을 바탕으로 무럭무럭 자란다. 하지만 성공적인 인생의 구획이 제공하는 안정성과 안전함에서 기쁨을 느끼기는 하되 그들은 자신이 삶의 정점에 도달했다고는 생각하지 않으며 그 속에서 지속적으로 발전 가능성을 모색한다.

또 다른 산에 오르는 대신 장거리 선수들은 자신이 올라온 산의 정상에 앉아 경치를 즐길 줄 알며 그곳에서 새로이 도전할 거리를 찾아본다. 그들은 또다시 능력을 입증해야 하는 상황으로 자신을 내몰기보다 현재의 자기 자신을 향상시킬 방법을 찾는다. 이미 성취한 것에 싫증을 내고 새로운 미지의 길을 갈망하는 불평꾼들과 달리 현재 자신이 서 있는 길에서 새로운 만족을 줄 수 있는 목적지를 찾는다. 안정기란, 인생의 구획이 성공적으로 궤도에 진입해서 안착한 것을 축하하는 데서 끝나는 것이 아니라 계속해서 그것을 역동적으로 즐기는 것이어야 한다.

정체기를 무사히 통과할 줄 아는 능력

—

랜덤하우스 영어 사전은 〈무풍지대doldrums〉를 〈1. 부진, 정체 상태, 2. 답답함, 침울, 우울함〉이라고 정의한다. 노먼 저스터의 어린이 고전동화 『팬텀 톨부스The phantom tollbooth』에는 마일로라는 소년이 등장하는데, 어느 날 그가 이상한 나라로 여행을 떠나 열대의 무풍지대에 이르게 된다. 그곳에 사는 사람들은 그곳을 〈기대 이상의 땅〉이라고 말하면서 마일로에게 이렇게 설명한다.

"무풍지대는, 아가야, 전혀 아무 일도 일어나지 않는 곳, 어떠한 변화도 없는 곳이란다. 여기서 할 일이란 시간을 죽이는 일밖엔 없지. 이 무풍지대에선 아무도 생각이란 건 할 수가 없단다. 여기선 소리 내어 웃으면 사람들이 찡그린 얼굴로 쳐다보고, 미소조차 목요일에만 그것도 격주로 허용이 되지. 우리가 하는 일이라고는 그저 죽치고 앉아서 게으름을 피우고 터벅터벅 걷고 꾸물거리는 것이 전부란다."

어린이들뿐 아니라 성인들 역시 이따금 이와 같은 무풍지대에 다다를 때가 있다. 그들은 지금까지 자신들이 진입하려 한 인생의 새로운 구획에 성공적으로 안착했으니 잠시 노 젓는 일을 쉬어도 되겠다고 생각한다. 인생의 그 구획을 성공으로 이끌겠다는 동기를 불어넣었던 목적의식은 어제의 꿈을 지탱하기 위해 요구되는 엄청난 에너지에 묻혀버리고 만다. 당신에게 만족을 줄 거라고 생각했던 성공적 구획이 이제는 당신이 숨을 장소가 되고 새로운 가능성을 찾아 떠나지 못하게 발목을 잡는다. 노스탤지어가 꿈을 대체하고 부정과 거부가 사고를 지배한다. 감정은 자기도 모르는 사이에 두려움과 슬픔, 분노 속으로 빠져든다. 그곳은 유쾌한 장소가 아니기에 사람들은 여기에 오래 머물 필요가 없다. 문제는, 이때 대부분의 사람들이 삶의 새로운 도전을 찾아 용감하게 미지의 세계로 나아가기보다는 기울어가는 익숙한 세계에 그대로 남아 있으려고 한다는 것이다.

이 단계에서는 마치 뭔가가 손가락 사이로 빠져나가는 느낌, 뭔가가 어긋나고 잘못되어 가고 있다고 느끼는 것이다. 심지어 가장 성공적인 안정 상태에서조차 그렘린(기계에 고장을 일으키는 것으로 여겨지

는 가상의 존재)이 침입해 평화를 휘저어 놓는다. 이러한 정체 상태에
선 추진력을 잃어버리고 노 젓기를 멈추게 되며 그저 현재의 상태를
유지하려는 경향이 생겨난다. 의욕이 시들해지면서 그 구획의 내적,
외적 힘은 당신의 평온한 시대에 도전장을 내민다. 조만간 당신은
의구심을 갖고 자신이 발 담그고 있는 인생의 구획을 살펴보기 시
작한다. 이때는 마치 당신의 일부는 이미 그 구획의 바깥에 살고 있
는 것만 같다. 당신은 그 구획을 발전시키고 싶다고 생각하지만 당
신 내면에는 의구심이 파고든다. 편안함과 낙천주의, 소박함, 그리
고 무조건적인 결단은 불만족과 비관주의, 그리고 점점 커지는 근심
의 합창에 의해 무뎌진다. 당신 자신이 거둔 성공의 영향이 이제는
당신에게 불리하게 작용하고 당신은 자신이 얻은 성공과 행복이 영
원한 친구 사이일까에 대해 의문을 갖기 시작한다. 그래서 당신은
안정기를 향유하는 대신 마치 익사하지 않으려고 기를 쓰고 물 위를
걷고 있는 듯한 기분을 느낀다.

　이와 같은 무풍지대를 통과하는 것은 세 단계로 이루어진다. 그것
은 내리막을 감지하는 것에서 시작되어("왜 내 삶은 예전처럼 활기차지도
않고 내게 의욕을 불어넣지도 않는 걸까?"), 그 다음엔 덫에 걸린 듯한 기분
으로 발전하고("나는 지독하게 화가 나/ 우울해/ 겁이 나. 그리고 더 이상은 못
견디겠어."), 마지막으로 변화에 저항하는 것으로 끝이 난다("전에는 인
생이 참 멋졌어. 그러니까 나는 예전에 하던 대로 할 거야."). 결국 무풍지대를
지난다는 것은 제대로 되어가는 일과 그렇지 않은 일을 분류해서 현실

적이고도 순리적인 행동계획이 그 뒤를 따를 수 있도록 하는 것이다.

인생의 정체기를 통과하는 3단계

—

내리막을, 감지하다

　당신이 현재의 인생 구획이 아무 문제없이 쌩쌩 잘 돌아가고 있
는 것처럼 행동한다 하더라도 꿈이 그 광채를 잃어버리는 때가 온
다. 대개 인생의 한 구획이 정체 상태에 이르면 바로 그때부터 소멸
이 시작된다. 불안함, 방어자세, 경직성 혹은 행동화(잠재해 있는 감정
적 갈등의 행동적 표현) 등은 정체기가 이제 내리막으로 접어들었음을
보여주는 상징이다. 당신은 벌써부터 정체 상태에 지루함을 느끼고
있었을지 모르지만 그렇더라도 당신의 인생에서 그 외의 상황은 상
상할 수가 없기 때문에 지루함과 불만, 그리고 옛날 생각이 자꾸 나
는 것을 부인하고 마치 아무 문제도 없는 양 덮어두게 된다. 이제 남
들의 인정이나 자신이 느끼는 보람이 최소한으로 줄어드는 정체기
의 한계까지 밀려난 당신은 인생의 이 구획이 다시 잘 작동하기를
원하지만 이미 전환의 씨앗은 뿌려졌고 당신은 마음속으로 이 구획
에서 벗어나기 시작한다. 내리막길에 접어든 사람은 미래에 대한 명
확한 전망 없이 과거 속에서 살고 있는 기분을 느낀다. 그들은 자신
이 살아온 삶을 일일이 되짚어 보고는 현재 자신이 그냥 덤으로 주

어진 여분의 인생을 마지못해 살고 있다고 느낀다. 그들은 에너지가 떨어지고, 중독이나 탐닉에 빠지기 쉬우며, 뭔가 잘못되었다는 것을 강하게 부인하려 한다. 이들이 내리막길에 접어들어 삐걱거리고 어긋나는 과정은 갈등과 불협화음이 내는 내면의 소리다.

일단 성공을 해서 돈과 권위, 남들의 인정과 지위라는 보상을 받으면 혹은 당신이 생각하는 성공이 어떤 것이든 간에, 당신은 아마 그 인생의 구획이 동결되어 영원히 그대로 이어지기를 바랄 것이다. 당신은 자신의 결혼과 가정생활이 앞으로도 계속 행복할 거라고 생각한다. 당신은 안정, 경제적 독립, 신분 보장, 스톡옵션, 협력관계, 사회보장 등 당신의 성공을 영구적인 획득물로 굳혀주는 것들에 대해 이야기한다. 동시에 당신은 어떻게든 1위를 지키려고 하고 주위 사람들의 의도에 대해 이유 없이 두려워하거나 의심하는 경향을 보이기도 한다. 이처럼 성공을 가두는 쪽으로 방침을 바꾸는 순간 당신이 원래 품었던 꿈과 사명은 흐려진다. 부차적인 이득이 당신이 애초에 가졌던 열정을 대체한다. 그것은 단지 당신의 인생 구획에 빵빵하게 들어 있던 바람이 빠졌기 때문이라기보다 당신 삶의 다양한 부분들이 서로 부딪히고 있기 때문이다.

당신은 이제 앞을 내다보고 행동하며 살기보다 주위의 태도에 예민하게 반응하는 방어적인 사람이 된다. 그리고 자신이 머물고 있는 인생 구획 내에서 새로운 도전을 찾기보다는 현재 자신의 위치를 알지 못한 채 과거만 곱씹고 있다. 옛 속담에 이런 말이 있다.

"만일 당신이 어디로 가고 있는지 모른다면 길이 당신을 그곳으로 데려다줄 것이다."

이 시기에 당신의 주된 관심사는 이미 자신의 손에 넣은 것을 어떤 대가를 치르더라도 지켜내는 것이다. 이때 주위 사람들은 당신이 진즉에 자신의 인생을 책임질 권리를 버렸거나 포기했다고 생각할지도 모른다. 그들은 마음속으로 당신의 어정쩡한 위치가 자신들의 인생 구획에 걸림돌이 되고 있다고 느낄지도 모른다. 그들은 당신이 정체성의 위기를 겪고 있다고 말하지만 당신은 그들과 당신 사이에 권력 투쟁을 벌이고 있다고 느낀다. 이 같은 불협화음과 갈등은 당신의 에너지를 좀먹고 당신을 혼란스럽게 만든다. 내리막을 감지하는 것은 이미 어긋나서 삐걱거리기 시작한 사람의 사고 과정이다. 이때 내면의 감정은 〈덫〉에 걸린 느낌으로 표현될 수 있다.

덫에 걸린 기분에 사로잡히다

이 시점에 이른 당신은 몹시 혼란스럽다. 당신의 감정은 마치 롤러코스터를 탄 것처럼 요동친다. 지금의 인생 구획을 구축하는 동안에도 낙담과 슬픔과 분노에 휩싸일 때가 있었다. 하지만 이번에는 그런 부정적 감정들이 마치 원래 당신의 품성이었던 것처럼 당신의 시간과 공간을 지배한다는 점이 그때와 다르다. 당신은 부정적 감정들이 밀려오는 것에 분노를 느낀다. 당신은 서로 돕는다는 느낌과 행복감이 언제까지나 영원할 것이고 긍정적인 감정만으로 인생을 살아갈 권리를 획득했다고 생각했었다. 하지만 이제 당신은 자신의 성공에 배반당하고, 믿었던 사람들에게(당신 자신을 포함해서) 버림받고, 당황해서 쩔쩔매고 있는 자신을 느끼면서도 상황을 정리할 방법을 알지 못한다. 어떤 때는 화가 나고 어떤 때는 슬퍼진다. 이러다가 인생 자체를 잃어버리는 게 아닌가 종종 겁이 난다. 이 복잡한 자기 응시로 심신이 고갈된 당신은 자신이 마치 누군가 다른 사람, 즉 과거에 당신이었던 사람의 가정을 돌보는 집사가 된 것처럼 느낀다.

어떤 사람들은 당신이 스트레스를 받아 지쳐서 그렇다고 말한다. 또 다른 이들은 당신이 이제 정력이 다 소진되었거나 중년의 위기를 겪고 있는 거라고 말한다. 당신은 이 침체의 느낌이 사라지기를 기다리지만 그것은 날이 갈수록 더욱더 깊어져만 간다. 당신은 자신이 가진 선택권들에 대한 재평가를 시도해 보지만, 지금의 인생 구획 자체를 완전히 잃어버렸다고 느끼기보다는 인생 구획이 내리막에 접어든 것에 대해 부정적인 감정에 사로잡혀 있는 편이 그나마 낫다고 결론짓는다. 누군가가 이런 말을 했다.

"당신이 빠진 함정과 무덤의 유일한 차이는 그 구덩이의 깊이뿐이다."

캘리포니아 대학 심리학 교수이자 경영 컨설턴트인 주디스 바드윅은 이미 성공을 해서 안정기에 접어들었다가 뭔가 삐걱거리는 어긋남을 느끼기 시작한 사람의 곤경에 대해 이렇게 말했다.

"우리가 거둔 성공이 안정기를 지나 정체기에 접어들 때 우리는 진정으로 불행하기보다 단지 행복하지 않은 것이다. 그것은 그리 끔찍한 것이 아니기에 앞으로도 적어도 지금처럼은 살 수 있다. 하지만 거기에는 기쁨이 없다. 만일 우리가 진정 불행하다면 그냥 행복하지 않은 것보다 오히려 변화가 쉽다. 불행의 정도가 그렇게 강력하다면 변화의 필요가 명백해지기 때문이다. 하지만 대부분의 사람들은 현재의 고통이 미래에 대한 두려움을 능가하지 않는 한 삶에 변화를 주려 하지 않는다."

인생의 한 구획에서 성공을 거둔 사람은 대개 변화의 주기 1단계에서 자신의 에너지를 다 써버린다. 그래서 그들은 내면에서부터 감정의 붕괴가 일어나는, 무풍지대를 통과해야만 하는 변화의 주기 2단계를 관리하는 데 너무나 미숙하다. 사실 그들은 감정을 다스리는 훈련이 전혀 되어 있지 않다. 이것은 균형이 깨지기 시작하는 2단계에서 많은 성인들이 그토록 어려움을 겪는 이유이기도 하다. 내리막을 감지하고 덫에 걸린 기분을 느끼는 그들은 이제 변화를 거부하는 단계로까지 나아간다(〈다이어그램 5〉 참조).

변화에 저항하다

내리막을 감지하고 덫에 걸린 기분까지 느낀 당신은 이제 필사적으로 변화에 저항한다. 누군가가 당신이 애써 구축한 인생의 그 구

〈다이어그램 5〉 변화의 제2단계: 무풍지대 통과하기

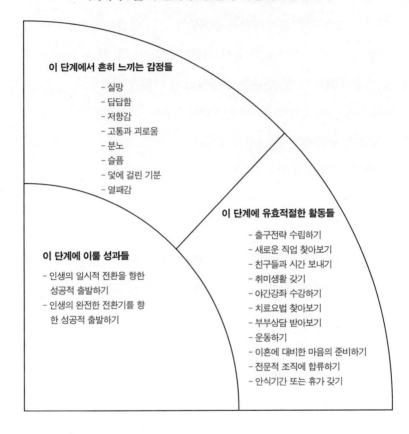

이 단계에서 흔히 느끼는 감정들

- 실망
- 답답함
- 저항감
- 고통과 괴로움
- 분노
- 슬픔
- 덫에 걸린 기분
- 열패감

이 단계에 이룰 성과들

- 인생의 일시적 전환을 향한 성공적 출발하기
- 인생의 완전한 전환기를 향한 성공적 출발하기

이 단계에 유효적절한 활동들

- 출구전략 수립하기
- 새로운 직업 찾아보기
- 친구들과 시간 보내기
- 취미생활 갖기
- 야간강좌 수강하기
- 치료요법 찾아보기
- 부부상담 받아보기
- 운동하기
- 이혼에 대비한 마음의 준비하기
- 전문적 조직에 합류하기
- 안식기간 또는 휴가 갖기

획을 빼앗고 당신을 쫓아내려고 하면서 당신의 인생을 망치고 있다고 느낀다. 여기서 당신이 내리는 결정은 설사 당신 자신이 좀 따분하고 불행하고 무력하고 파괴적으로 흐른다고 해도 어떻게든 고삐를 꽉 잡고 지금의 현상을 유지하는 것이다. 이럴 때의 당신은 종종 남들의 반응에 예민해지고 피가학적인 특징을 보인다. 저항의 정도가 좀 더 심해지면 당신은 과거를 돌아보는 일에 매달린다. 당신은 인생의 그 구획을 유지하면서 즐거움을 얻는 방법을 모르면서도 그 것을 놓아 버릴 수도 없고 놓아 버리지도 않으려고 한다. 로버트 태 넌바움과 로버트 W. 한나는 그것에 대해 이렇게 설명한다.

"변화는 상실이다.
변화는 불확실성이다.
변화는 의미를 무효화시킨다.
변화는 원래의 각본을 따르지 않는다.
요컨대 새로운 상황이나 우리 자신의 발전이 우리에게 정체성, 세계 관, 인생관에 대한 변화를 촉구할 때마다 우리는 일단은 버티고 사수 할 필요를 느낀다."

다음은 존 가드너가 한 말이다.

"인간은 항상 자기 자신으로부터 달아날 온갖 교묘한 방도들을 생각 해 낸다. 우리는 자신을 너무나 바쁘게 만들고, 자신의 삶을 여러 가 지 오락거리로 채우고, 머릿속에 엄청난 양의 지식을 꽉꽉 담아 넣 고, 수많은 사람들과 관계를 맺고, 여기저기 오지랖 넓게 기웃거릴 시간은 있지만 그러느라고 우리 내면의 두려우면서도 멋진 세계를 탐험할 시간은 결코 없다. 그래서 중년기쯤 되면 대부분의 사람들은 자기 자신으로부터 달아나는 데 능란한 선수가 되어 있다."

이처럼 무풍지대를 통과하는 세 단계를 모두 힘겹게 거치게 되면 이제 사람들은 꿈과 계획에 대한 자신감과 거기에 헌신하고자 하는 열정을 회복하거나 혹은 어떻게든 그 구획 자체를 끝낼 방도를 찾아보게 된다. 통과의례를 힘들게 거치고 나면 다시 힘을 얻게 된다. 이제 개인적 사명으로 여겼던 그 인생의 구획에서 당신이 가졌던 영감과 열정을 되찾든, 아니면 그것을 포기하고 새로운 것을 찾아 나서라. 너무 늦으면 환경이 당신에게서 그 기회마저 빼앗아간다. 무풍지대에 머무르는 시간은 짧으면 짧을수록 좋다. 왜냐하면 그곳은 무기력하거나 격분한 사람들에게는 비참한 감옥이기 때문이다. 덫에 걸린 기분에 사로잡혀 있는 대신 당신에게는 긍정적인 힘의 느낌이 필요하다. 변화를 거부하지 말고 자신에게 도전이 될 만한 길을 적극적으로 선택해야 한다.

버릴 것과
취할 것을 가려내는 능력
—

무풍지대를 통과하는 것은 궁극적으로 앞으로 당신이 무엇을 하고 어떤 사람이 될 것인지를 결정하는 것이다. 단순히 과거를 반복하는 것에서 그쳐서는 안 되고 거기서 한 발 더 나아가야 한다. 그러므로 당신은 무엇을 유지하고 무엇을 놓아 보낼 것인지를 판단해야 한다. 자신의 삶의 목록들을 면밀히 살펴본 후에 질문을 던져라. "이것이 내 인생에 의미를 더해주는가?" 만일 그렇다면 그대로 지켜나가라. 혹시 그렇지 않다면 그것을 향상시킬 방법을 모색하거나 대대적인 수술을 준비하라. 당신의 인생을 향상시킬 거라는 확신을 주는 필요한 변화들에 대해서는 당신 자신이 잘 알 것이다. 앞으로 나아가는 것이 어떤 이득을 가져다줄 수 있는지 고려해 보라.

버릴 것과 취할 것을 가려내는 것은 하나의 게임과 같다. 취할 것은 역할, 관계, 기회, 도전 등 당신의 인생 구획을 움직이게 하고 힘을 불어넣는 요소들이다. 버려야 할 것은 그 구획 내에서 목적 있는 활동으로부터 당신을 우회하게 만드는 요소들이다. 그것들을 가려내라. 당신에게 속하지 않는 것들은 남들에게 위임하고, 당신을 정도에서 벗어나게 만드는 곁가지들은 과감하게 제거하라. 당신의 역할들을 현재 당신이 가진 내적인 힘과 어울리는 것으로 바꾸어라. 당신이 열중하고 있는 가치들에 충실하고 그것에 따라 인생의 구조를 재편성하라.

항상 그런 것은 아니지만 대체로 인생의 한 구획은 몇 년간 지속되다가 뭔가가 서서히 혹은 갑작스럽게 내부적으로 혹은 외부적으로 그것에 종말을 가져오는 계기가 있을 때 끝이 난다. 그 계기는 삐걱거리며 어긋나기 시작한 삶이 그렇잖아도 간신히 유지하고 있는 균형을 완전히 뒤엎어버리며 그것을 아예 놓아 버리고 앞으로 나아가도록 우리를 자극한다. 인생의 전환기가 찾아오는 내적 계기 중에 대표적인 것이 권태, 상실감, 공황, 스트레스 혹은 새로운 자아를 찾아 보고자 하는 갈망이다. 외적 계기 중에 대표적인 것을 들자면 사고나 질병, 실직, 새로 태어난 아기, 금융시장의 급작스런 변화, 별거 혹은 이혼, 거주지의 변화, 새로운 손자의 탄생, 가족이나 친구의 죽음, 유산 상속, 빈둥지 증후군, 승진, 새로 싹튼 우정, 커리어의 변화, 복학, 여행, 은퇴 등이 있다.

하나의 인생 구획이 지속되는 기간은 사람마다 다르고, 하나의 구획에 연속해서 이어지는 구획이라도 이전의 것과 그 지속 기간은 다르다. 하나의 인생 구획에서 벗어날 때 당신에게는 두 가지 선택이 가능하다. 인생의 〈일시적 전환기〉를 거쳐 기존의 구획을 재건하든가, 아니면 새로운 성장과 미래의 가능성으로 당신을 안내하는 인생의 〈완전한 전환기〉를 맞이하든가 둘 중에 하나다. 중년기 혹은 그 이후까지는 일시적 전환기를 통해 기존의 구획을 재건하는 방식이 더 선호된다. 아마도 당신은 새로운 출발을 위해 다른 지역으로 이사를 할 수도 있을 것이다. 어쩌면 회사를 옮기거나 직위에 변동이 생길 수도 있다. 또는 개인적인 관계에 변화가 오거나 그때까지 미뤄두었던 치료를 받게 되는 경우도 있을 것이다. 어떻든 간에 당신은 무풍지대와 지금까지의 인생 구획에 안녕을 고하게 된다. 그리고 당신의 시선은 미래에 고정된다.

아름답게
놓아 보낼 줄 아는 용기

—

인생의 한 구획에 작별을 고하고 거기서 벗어나는 데 필요한 기술은 성인에겐 꼭 필요한 것이지만 그것을 가진 사람은 많지 않다. 대부분의 사람들은 자신이 영웅이 되었던 시간과 공간을 뒤로하고 떠나는 방법을 배우지 못했다. 그들은 차라리 스트레스를 받더라도 거기에 머무르려고 한다. 놓아 보낸다는 것은 쉬운 일이 아니다. 실제로 그곳을 떠나게 되면 그들은 공연히 자신을 비하하거나 애꿎은 주위 사람들에게 화풀이를 한다. 하지만 자기를 쇄신하는 사람은 떠나는 자와 남는 자 모두를 영광스럽게 하는 퇴장을 계획한다. 이름하여 윈윈 전략인 것이다. 인생의 한 구획을 떠나는 아름다운 마무리는 인생에 지표가 되는 하나의 사건이 되며 지나온 인생과 앞으로의 인생에 대한 축하를 받을 만한 전환점이 된다.

끝이라는 것이 상징적으로는 죽음을 현실로 받아들이는 것이라고 할 수 있지만, 대부분의 사람들은 일생을 사는 동안 상실의 형태로 경험하게 되는 여러 〈작은 죽음〉들을 한사코 거부한다. 당신의 삶에서 제대로 작동되지 않는 것을 놓아 보내는 것은 새로운 시작과 향상을 위한 기회를 만들어 낸다. 에리히 린데만은 이렇게 말한다.

"만일 당신이 죽음을 비록 눈에 보이지는 않지만 인생 여정을 함께하는 친밀한 길동무로 보기 시작하면, 그래서 그것이 오늘 하려고 마음먹은 것을 내일로 미루지 말 것을 당신에게 부드럽게 상기시켜 주면, 당신은 그저 삶을 지나가는 것이 아니라 〈진정으로 사는 법〉을 배울 수 있다."

이 내용을 그 누구보다 강한 어조로 표현한 사람이 아마 『인생수업』의 작가 엘리자베스 퀴블러 로스일 것이다.

"죽음을 부정하는 것은 사람들이 공허하고 목적 없는 삶을 살게 되는 하나의 원인이기도 하다. 왜냐하면 당신이 마치 영원히 죽지 않을 것처럼 세상을 살 때는 꼭 해야만 하는 일들을 너무나 쉽게 미루게 되기 때문이다. 당신은 내일을 준비하고 어제를 기억하느라 항상 오늘을 잃어버리고 만다."

과거와 작별을 고하지 않고서는 미래를 향해 나아갈 방법이 없다. 상실의 아픔은 뒤를 돌아보기보다 앞을 바라보는 계기가 된다. 〈놓아 보낸다는 것〉은 흔히 상실로 받아들여지지만 그것은 사실 해방이고, 졸업이며, 시작이기도 하다.

인생의 일시적 전환기를
현명하게 관리할 줄 아는 능력

—

새로운 인생의 구획을 성공적으로 작동시키기 위해 필요한 일곱 번째 기술인 인생의 일시적 전환기를 다루는 능력은 다시 변화의 주기 1단계로 거슬러 올라가 꿈을 새롭게 일신하고 계획을 정비하는 것이다. 일시적 전환은 당신이 지금 속해 있는 인생의 그 구획을 수선하고 상황에 맞게 조정해서 그것을 더 낫고 더 튼튼하게 만드는 것이다. 그것은 지금의 인생 구획을 향상시키고 다시 시작하기 위해 과거의 계획들을 수정하는 것이다. 결국 인생의 일시적 전환이란 약간 달라진 계획을 가지고 이전과 똑같은 꿈으로 비교적 빠르게 복귀해 현재의 인생 구획을 발전시키는 것이다. 그것은 마치 다리를 건너서 익숙한 영역으로 가는 것처럼 느껴진다. 이 과정은 재충전된 에너지와 자신감, 결단으로 카타르시스를 만들어 낸다. 이제 당신은 삶의 목적의식과 사명을 되찾는다. 그리고 다시 제 길을 간다.

　인생의 일시적 전환은 당신이 현재 속해 있는 그 구획이 기본적으로 아직 건강하긴 하지만 현재의 상황에서 보다 효율성을 높이기 위한 사소한 변화가 필요할 때 적합한 것이다. 예를 들어, 만일 그 구획의 핵심이 당신의 커리어라면 당신은 다른 지역으로 옮겨가거나 업무에 변화를 주거나 회사를 옮길 수는 있지만 그 직업 자체는 그대로 유지한다. 인생의 일시적 전환은 그 구획의 각 부분들을 재건하는 것이다. 그것은 개인이 느끼는 긴장감을 덜어내고 곤란함을 유발했던 광범위한 시스템의 문제에 변화를 주어 새롭게 안정적인 모습을 창출하려는 노력이다. 그것은 또한 당신에게 다시 영감을 불어넣고 도전의식을 심어주는 것을 목적으로 한다. 실제로 이 과정을 통해 낡은 꿈과 인생의 구획이 원기를 회복해 쭉 뻗어나간다. 성인기 내내 우리는 〈변화의 주기〉 다이어그램(199쪽 참조)에서 윗부분 절반만을 몇 번쯤 반복하면서 하나의 인생 구획을 계속 재건하면서 유지할 수도 있다.

인생의 이러한 일시적 전환은 재처방을 통해 이전의 계획을 연장하는 일종의 개인적인 전략이다. 이때 자아의 깊숙한 내면은 들여다볼 필요도, 변모시킬 필요도 없다. 하지만 일시적 전환이 실패로 돌아가거나 소용없는 일이었음이 입증되면 자연히 고치 짓기로 넘어가게 되며 그 후에 〈변화의 주기〉 다이어그램에서 아랫부분에 위치한 인생의 완전한 전환기로 나아가게 된다. 간략히 요약하자면, 〈인생의 일시적 전환은 인생의 구획을 씻어내는 것이고, 인생의 완전한 전환은 자기 자신을 씻어내는 것〉이다. 하나는 개인적 변모라면, 다른 하나는 구조적인 리폼을 위한 전략적 계획이다. 하나는 현재의 것을 수선하고 업그레이드하는 것인 반면, 다른 하나는 새로운 가능성을 향한 일변이다.

인생의 일시적 전환은 기존의 자동차를 수리하는 것과 같고, 인생의 완전한 전환은 새 자동차를 사는 것과 같다. 사실 모든 사람들이 인생에서 일시적 전환의 길을 택하려고 한다. 자신이 지금 속해 있는 인생의 그 구획을 끝내는 것이 불가피해지거나 혹은 그곳에 남아 있는 것이 더 고통스러워지기 전까지는 사람들은 몇 번이고 일시적 전환을 되풀이한다. 그러다가 인생 주기의 어느 지점에 이르면 모든 이들이 인생의 완전한 전환기로 넘어가는 것이 필요하다고 혹은 일시적 전환보다 그게 더 낫다는 것을 알게 된다. 유능한 사람은 인생 행로에서 필요에 따라 어떤 때는 일시적 전환을, 어떤 때는 완전한 전환을 모두 마스터할 필요가 있다. 어떤 것이 더 낫다고 말할 수는 없으며 두 가지 모두 꼭 필요하고 피할 수 없는 것이다.

인생의 완전한 전환기를 거치려면 일시적 전환보다는 아무래도 훨씬 많은 시간이 걸리지만 그것은 그만큼 깊이 있는 쇄신을 가능하게 하고 새로우면서도 대개는 전혀 다른 인생의 구획으로 우리를 이끈다. 하지만 둘 중에 하나를 선택하는 것이 항상 우리 몫인 것은 아니다. 배우자의 죽음처럼 감정적으로나 현실적으로 강력한 영향력을 지닌 사건, 하나의 구획에서 즉각적으로 빠져나오는 계기가 되는 사건이 있다면 바로 자신의 내면에서 〈고치 짓기〉가 시작된다. 이때는 일시적 전환으로 끝내보려는 노력은 아무런 소용이 없을 것이다. 대다수의 사람들에게 그리고 조직에게 있어 그러한 전환은 극심한 변화를 다룰 때 유일하게 받아들일 만한 사회적 형식이다. 완전한 전환기로 접어드는 것은 생각만 해도 두려워진다. 왜냐하면 그것은 엄청난 시간의 소비, 지위의 상실, 비싼 대가, 순수한 공포로 인식되기 때문이다. 그래서 그들은 성공을 거쳐 열정과 비전이 감소하면서 쇠퇴의 길로 접어드는 똑같은 패턴을 몇 번이고 되풀이하고, 인생의 완전한 전환이라는 다른 길을 택하는 것이 불가피해지기 전까지는 이 과정이 반복된다.

행동하고 성취하는 것은 내적인 자아의 강력한 쇄신 없이는 영원히 지속될 수 없다. 이것이 인생의 완전한 전환이 갖는 기본 원칙이다. 당신이 변화에 압도되었거나 힘에 부칠 정도의 상실에 직면해 있다면 당신은 인생의 전환기로 이끄는 길을 선택하지 않을 수 없다. 그 길에 접근할 때는 그것이 불가능한 일처럼 느껴지지만 거기서 벗어날 때는 거의 모든 사람들이 새로운 인생과 전망을 안게 된다. 다음 장에서 이러한 인생의 완전한 전환기에 대해 좀 더 구체적으로 살펴보겠다.

11

인생의 전환기를
현명하게 통과하기 위해 필요한 것들

어딘가 맞지 않아 삐걱거리거나 더 이상 정상적으로 작동되지 않는
지금의 인생 구획에 영웅적 작별을 고하라.
당신의 삶에서 제대로 작동되지 않는 것을 놓아 보내는 것은
새로운 시작과 향상을 위한 또 다른 기회를 만들어 낸다.

지미 카터가
인생의 전환기를 통과한 방법

—

1980년 11월에 백악관을 떠나면서, 지미 카터와 로잘린 카터 부부는 마음을 어지럽히는 인생의 전환기 속으로 풍덩 빠져들었다. 그들의 삶은 종점에 다다라 있었다. 전직 대통령인 그는 재선에서 로널드 레이건에게 대패하는 고통을 겪었고 그의 땅콩 농장은 1백만 달러의 부채를 안고 있었으며 이란의 인질 문제는 여전히 미해결인 상태로 남아 있었다. 로잘린 역시 버려지고 거부당한 느낌이 아마 남편 지미보다 더하면 더했지 덜하지는 않았을 것이다. 그들은 조지아 주 플레인즈의 집으로 돌아온 후 각자 이런 글을 썼다.

지미: 우리가 지난겨울에 그랬듯이 많은 사람들이 자기 삶에서의 충격적인 변화를 받아들여야만 한다. 본의 아니게 직장에서 밀려나 불확실한 미래로 내던져지는 것, 은퇴할 때가 가까워졌다는 깨달음, 고향집에서 부부가 함께 키워낸 아이들 없이 노부부만 다시 그곳으로 돌아오는 것, 새로운 가족관계 등 우리는 거기에 대해 아무런 준비도 되어 있지 않다. 그리고 우리로서는 이해할 수 없었던 정치적 패배에 대한 당혹감으로 인해서, 또 차마 직면하고 싶어 하지 않았던 심각한 재정 문제들 때문에 우리의 경우엔 이 모든 것이 더 심화되었다. 내가 느낀 실망감은 엄청난 것이었지만 나는 오랫동안 감정을 감추고 억눌러 왔다.

로잘린: 나로서는 우리의 패배를 이해할 방법이 없었다. 우리가 언젠가 이 선거를 되돌아보고 패배한 것이 결국은 잘된 일이었다고 말할 날이 올까? 그리고 우리가 집에 돌아오고 얼마 안 있어 에이미가 애틀랜타의 기숙학교로 떠났다. 그 아이가 없으니 적적하다. 게다가 우리가 적응해야 하는 또 다른 문제가 있다. 우리는 난생 처음으로 매일같이 하루 종일 집에 함께 있게 되었다. 우리가 서로를 배려하는 부부이긴 하지만 이것이 이제 보니 그리 쉬운 일이 아니었다. 그리고 어떻게 하면 우리가 보다 의미 있는 일을 할 수 있을 것인가 하는 장기적인 과제가 또 남아 있다.

지미: 젊은 시절을 보냈던 이 조용한 시골에서 우리는 결국 의미 있는 바깥 활동을 찾을 수 있을 거라는 자신감을 얻었다. 우리는 특

히 숲과 들판을 지나 몇 마일을 걸어도 인가를 한 채도 볼 수가 없는 호사스러운 산책을 즐기고 있다. 여생을 보내기로 선택한 이 지역 사회에서 우리에게 가장 의미 있는 일이 무엇인지도 찾아보았다. 정치적 패배 이후의 치유 기간은 또한 우리 두 사람에게 분명히 배움의 시기이기도 했다. 때로는 둘이 함께, 또 때로는 각자 따로따로 우리는 서서히 내면의 이해심을 키워가고 있다.

로잘린: 어느 날 밤에 잠을 깨어보니 지미가 침대에 일어나 앉아 있었다. 늘 잠을 잘 자는 사람이었기에 나는 그가 어디가 아픈 것이 틀림없다고 생각했다. "무슨 일이에요?" 내가 물었다. "도서관에서 우리가 할 수 있는 일이 있소." 그가 말했다. "분쟁을 해결하기를 원하는 사람들을 도울 수 있는 장소로 우리가 그곳을 발전시킬 수 있을 거요. 지금으로서는 그만한 장소가 없어." 그는 협상이 도움이 될 수 있는 다른 분야들, 그러니까 국내 분쟁들 그리고 시민법 등에 대해서도 열정적으로 얘기를 했다. 분쟁 해결을 위한 센터. 내가 그렇게 들뜬 남편의 모습을 본 것은 우리가 플레인즈로 돌아온 이후 처음이었다. 그는 미래의 가능한 계획들에 대해 얘기하면서 완전히 신이 나 있었다.

지미: 백악관을 떠나온 후 지금까지 우리에게는 예전의 관심사들을 두루 돌아보거나 더러는 새로운 것들을 추구해볼 기회가 있었다. 그런 시간들이 앞으로의 여생에서도 계속 허락되기를 희망한다. 앞으로 몇 년을 우리가 함께 보내게 될지는 알 수 없지만 우리는 그 세

월을 가능한 잘 활용하고 싶다. 좋은 시간을 보내는 것과 아울러 우리가 도전해볼 만한 프로젝트들을 시작해 보고 있지만 우리는 둘이 함께, 그리고 친구들과 공유할 수 있는 보다 단순한 활동 쪽으로 나아가면서 지금 이 시간과 미래의 시간들을 즐기고 싶다.

그 후로 30여 년이 더 지난 지금 지미 카터는 따뜻한 가슴을 지닌 평범한 시민으로 지구촌 곳곳에 모습을 보여주면서 에티오피아에서부터 니카라과에 이르기까지 각 지역의 분쟁을 중재하는 데 온 힘을 쏟고 있다. 대통령직은 그에게 개인적인 아픔을 남긴 것처럼 보이지만, 그리고 그 후로 그의 형제자매들이 모두 세상을 떠났지만, 그의 현재의 삶과 일은 보편적인 인권과 세계평화에 대한 그의 깊은 믿음을 상징적으로 보여준다. 어쩌면 이것은 그가 대통령으로서 행했던 일들보다 더 큰 가치를 지닌 일일지도 모른다. 인생의 전환기와 함께 찾아왔던 위기는 오히려 그의 개인적 고결함과 사회적 현실을 이어주는 새로운 길을 찾는 기회가 되었다.

두려워 말라,
인생에서 전환기를 맞는 것은
아주 자연스러운 일이다

—

인생의 전환기는 저절로 찾아온다. 그 일은 대통령에게도, 보통 사람에게도 똑같이 일어난다. 부자든, 가난한 자든, 남자든 여자든, 나이가 어떻게 되든 예외가 없다. 그것은 자연스러운 삶의 일부다. 그 시기는 장비의 비가동시간(장비가 고장 났거나 오동작을 시작한 후 수리와 조정을 하여 다시 가동이 가능해질 때까지의 시간)을 의미하며, 그 기간에 새로운 개인적 자산들이 발견되고 창조된다. 자동차도 가끔 한 번씩 정비를 해주어야 하듯이 우리의 인생도 정비를 해주어야 한다. 인생의 전환은 자연스러운 것이고 그것은 성인기 삶에서 피할 수 없는 부분이기도 하다. 그것은 삶의 문제들과 인생의 방향을 정리해 준다. 그것은 또한 우리 자신의 진정한 모습으로 되돌아가 그 깊숙한 곳에 머무는 것이다. 성공적인 전환은 한 인간의 인생 여정을 단순화하고 정화하고 중심을 잡아주고 힘을 북돋아준다. 장미나무에 가지치기를 해주듯 그것은 우리 과거의 잔가지를 쳐내고 미래를 준비하게 한다.

인생의 전환은 종종 우리가 제어할 수 없는 상황 때문에 찾아온다. 지진, 산불, 홍수, 총기 난사 사건, 전쟁, 가정폭력 등의 재앙을 당해야 했던 많은 사람들이 그랬듯 우리는 자신이 선택하지 않은 상황에 졸지에 내몰리게 된다. 혹은 단지 나이가 들었거나 가치관이 바뀌었거나 일을 그만두게 되면서 전환기가 찾아오기도 한다. 급격한 변화의 시기에는 삶에서 보다 빈번하게 전환이 일어난다. 우리가 통제할 수 없는 변화를 촉발하는 것들은 수없이 많다. 하지만 더러는 적극적으로 인생의 전환을 선택하기도 한다.

인생의 전환은 그것이 개인적인 것이든 결혼생활, 가정, 조직, 국가 내에서 일어나는 것이든 간에 〈상실에서 재탄생〉에 이르기까지 예측 가능한 패턴을 따른다. 그렇기에 그것을 미리 예측하고 보다 용이하게 만드는 훈련이 가능하다. 이때 무엇보다 먼저 해야 할 것은 인생 전환기의 긍정적인 작용을 이해하고 받아들이는 것이다. 하지만 너무나 많은 사람들이 그곳을 페널티 박스(아이스하키에서 반칙자 대기석)라고 생각하고 실패자, 패배자, 허약자들(공격을 감당 못하는 사람들), 자기연민과 무기력을 너무 편하게 받아들이는 〈패배주의자를 위한 자리〉라고 여긴다. 끝을 받아들인다는 것은 최후, 굴욕, 체념, 패배의 분위기를 풍긴다. 따라서 인생의 전환기를 받아들이느니 설령 너무 마모되어 제 기능을 못하고 삐걱거리더라도 자신이 지금 속해 있는 인생의 그 구획을 끝까지 붙들고 늘어지는 편이 낫다고 생각하는 사람들이 많다. 바로 그런 잘못된 태도 때문에 수많은 사람들이 이미 생명을 잃고 박제된 일상이 되어버린 인생의 특정 구획에 갇혀서 옴짝달싹 못하고 있는 것이다.

인생의 전환에 대한 그런 강한 부정과 폄하는 스트레스가 높고 관계가 이미 손상되고 경제적 손실을 입고 시간이 허비되고 미래에 선택 가능한 옵션들이 얼마 남지 않은 상황에서는 매우 비싼 대가가 따르게 된다. 마무리를 짓는 것을 무작정 거부하다가는 급기야 과거의 방해물들이 산더미처럼 쌓여 미래의 선택을 어렵게 만든다. 중년에 이른 많은 사람들이 서서히 무능력으로 빠져드는 것은 이미 닳을 대로 닳아서 자신들에게 오히려 해가 되는 인생의 구획을 놓아 보낼 능력과 용기가 없기 때문이다. 처음에는 비록 혼란스럽고 고통스러워 보일지 모르지만, 인생의 전환이란 거의 언제나 성장과 발전을 향한 통로 역할을 한다. 핵심적인 문제는 이것이다. 인생의 전환이 갖는 가치를 부정하는 것은 우리 삶에 불가피하게 발생하는 상실에 슬기롭게 대처하는 것을 가로막고 자유롭게 미래로 나아가는 것을 방해하는 중요한 문화적 결손이라는 것이다.

인생의 전환이란,
한 겹 한 겹 허물을 벗는 것
—

인생의 전환은 내적 자아가 쇄신되는 자연스런 과정이며 그것은 다시 외적 자아의 쇄신으로 이어진다. 인생의 전환은 안에서 시작해 밖으로 퍼져나가는 변모의 경험이다. 인생의 전환을 통해 우리는 내적 자산을 발견하게 되며 여기에는 엄청난 가치와 더불어 어떻게 살 것인가에 대한 지침이 담겨 있다. 인생의 전환은 수용과 배려, 인내심을 갖게 해주는 지지 환경 속에서 일어나며 전환 과정이 순조롭게 진행되도록 돕는 사람들에게는 길잡이가 된다. 인생의 전환은 개인의 모든 삶의 영역에 영향을 미친다. 또한 점진적으로, 산발적으로 진행된다. 지름길은 없으며 즉효약도 없다. 성인기의 인생 전환은 대개 1년에서 3년이 걸린다. 하지만 대부분의 경우 일상을 중단하고 전환의 과정에만 몰두할 필요는 없다.

  아직 어린 세 아들을 키우고 있는 우리 집에는 몇몇 동물들도 함께 살고 있는데 그들을 보면서 이 인생의 전환에 대해 생각하게 된다. 예를 들어, 우리가 키우는 애완용 뱀은 자라면서 몇 달에 한 번씩 허물을 벗는다. 허물이 벗겨진 그 가죽의 아름다움에 놀라서 우리는 다른 사람들이 다 보도록 그것을 전시해 놓기도 했지만 그 죽음을 애도하지는 않는다. 단지 생명에 경탄할 뿐이다. 동네 연못에서 잡아온 올챙이들은 때가 되면 조그만 개구리가 된다. 양서류의 면모가 드러나면서 어류의 모습은 점차 사라진다. 몇 주 전에 피크닉을 갔다가 아들녀석들이 회향가지 몇 개를 꺾어왔는데 그 안에 애벌레들이 깃들어 있었다. 회향가지와 애벌레들을 뚜껑 있는 그릇에 옮겼더니 거기서 애벌레들이 고치를 지었다. 오늘 뚜껑을 열어 예쁜 노랑나비 몇 마리를 날려 보냈다. 모두 한 시간 안에 차례로 태어난 것들이었다. 애완용 뱀들과 올챙이 그리고 나비들처럼 우리도 때로는 이전의 위치를 잃어버리고 새로운 생명과 거기에 걸맞은 새로운 라이프스타일로 거듭나기 위해 망각처럼 보이는 어떤 상황 속으로 들어갈 때가 있다. 여기서 제시하고 있는 인생 전환의 모델은 인생의 특정 구획에서 〈벗어나는 것〉으로부터 시작해서 사회적 영향과 〈재통합되는 것〉으로 마무리가 된다.

인생의 전환기를 통과하는 데는 세 가지 기술이 필요한데 그 하나하나가 모두 자아를 쇄신하는 능력이다. 그것은 제대로 작동하지 않는 〈지금의 인생 구획 떠나기〉, 〈내 안에 고치 짓기〉(애도와 치유), 그리고 〈내 안의 나비 탄생시키기〉다. 자기쇄신은 개인적인 재건으로 이어진다. 마치 도공의 물레에 얹어진 신선한 진흙처럼, 자기를 쇄신하는 사람은 중심을 찾고 균형을 잡고, 내적인 힘과 활력, 자존감을 중심으로 또 다른 자신을 만들어 간다. 자기쇄신이 처음에는 타고난 재능처럼 느껴지지만 그것은 어느 사이엔가 개인적 한계를 정하고 새로운 미래를 창조하기 위해 의식적으로 연마한 기술이 된다.

새로워진 자아는 때가 되면 다시 외적 자산들과의 상호작용을 시작할 것이며 이는 새로운 꿈과 계획으로 그리고 새로운 인생의 구획으로 이어진다. 재통합 국면은 희망적이고 낙관적이고 깨우침을 수반하는 시기며 여기에는 흔히 훈련과 여행, 새로운 행동이 포함된다.

제대로 작동하지 않는
지금의 인생 구획 떠나기

—

위에서 언급한 대로 인생의 전환기를 성공적으로 통과하는 데는 3가지 삶의 기술이 필요한데 지금부터 각각을 차례대로 살펴보겠다. 이 3가지는 모두 순차적으로 일어나는 과정이며 이를 통해 우리는 새로운 인생의 구획에 첫발을 내딛게 된다. 먼저 첫 번째 기술인 제대로 작동하지 않는 지금의 인생 구획에서 벗어나는 것부터 살펴보겠다.

인생의 전환이라는 새로운 국면으로 접어드는 것에 대해 얘기할 때 나는 종종 이런 주문을 사용한다.

"붙잡아라, 놓아 보내라, 다시 시작하라, 나아가라."

그리고 이것을 몇 번이고 반복한다. 인생의 전환이란 당신의 삶에서 제대로 작동하는 것은 유지하고, 작동을 멈춘 것은 놓아 보내고, 그리하여 새롭게 배움을 시작하고, 선택 가능한 것들을 탐구하고, 새롭게 자신을 바칠 것을 찾아 나아가는 것이다. 이 네 가지 모두가 자연스러운 것이면서도 당신의 성장과 발전을 위해 꼭 필요한 것이다. 그러나 당신이 하나의 인생 구획에서 떠날 때는 놓아 보내는 것이 전부인 것처럼 크게 느껴진다. 왜냐하면 당신은 무엇으로부터 떠나는지는 너무나 잘 알지만 어디로 가야 할지는 모르기 때문이다. 나중에 가서야 그 중요성을 깨닫게 된다. 적어도 우리 문화에서 가장 다루기 어려운 과제는 바로 〈놓아 보내는 것〉이다. 왜 그런가?

백 년도 더 전에 토크빌은 미국인들이 "외향적이고 행동가이며 성취자들"이라고 말했다. 토크빌이 말한 것은 인생의 구획을 구축하는 데 중요한 특성들이지만 그 구획이 잘 돌아가게 하는 데는 또 다른 장점들이 필요하다. 특히 인생의 전환기를 성공적으로 거치기 위해서는 더욱 그러하다. 그것은 〈전부 놓아 보내는 것〉에서 시작된다.

행동가들은 한 가지 활동에서 다른 것으로, 이 산에서 저 산으로 옮겨 다니기를 좋아한다. 그들은 성취와 결과물을 좋아한다. 행동가들은 인정을 받고 우리 문화에서 특권을 누린다. 하지만 만일 당신이 그 행동의 사이사이에 자신의 존재를 새롭게 하지 못한다면 행동의 축적은 오히려 당신의 힘을 약화시킬 것이다. 자신을 쇄신하고 업그레이드하지 못한다면 당신이 열심히 노력하면 할수록 성취는 점점 보잘것없어지고 결과물은 초라해진다. 연료 탱크가 빈 상태로는 차가 움직이지 않는다. 인생의 전환기는 당신의 존재를 쇄신시키고 새로운 행동을 하게끔 당신을 준비시킨다. 무엇보다도 인생의 전환은 희망에, 당신이 선호하는 미래상에 다시 불을 붙인다.

인생의 구획이 〈외면화한 자기발달〉이라면, 인생의 전환은 〈내면화한 자기발달〉을 말한다. 그리고 그 안에 당신의 과거와 현재, 미래를 연결하기 위해 고안된 접합점이 생긴다. 이 전환기를 통해 당신은 의식에서 무의식으로, 그리고 자신이 갖고 있었는지도 몰랐던 자산들과 가능성을 향해 방향을 틀게 된다. 비록 그것에 대한 문화적 보상도 별로 없고 성공적으로 전환기를 마무리한다고 누가 알아주는 것도 아니지만, 전환기가 마무리될 시점에는 당신이 이전보다 훨씬 단단히 자신의 인생과 운명에 대한 통제권을 쥐게 되었음을 깨닫게 될 것이다.

당신이 자존감과 생산성, 사랑, 기쁨을 잃지 않으려면 삶의 모든 부분들과의 조화를 유지해야 한다. 만일 당신이 상처입고 너덜너덜해지고 제 기능을 하지 못하는 인생의 구조를 구태여 미래까지 끌고 가서 그것을 새로운 시나리오 위에 덕지덕지 바를 생각이라면 당신의 머릿속은 새로운 시작이 아닌 망설임과 갈등으로 가득 찰 것이다. 당신은 어쩌면 남은 인생을 무풍지대에서 보내도록 운명 지워졌다고 느낄지도 모른다. 지금까지의 여정 내내 당신을 담고 있던 그릇을 개조하는 것보다는 그 편이 차라리 낫다고 느낄 것이다.

지금의 인생 구획에서 빠져나오는 것은 무척이나 외롭고 두려운 일이다

낡은 구획을 놓아 보내는 것은 성공적인 인생의 구조에 먼저 적극적으로 〈영웅적인 작별〉을 고하는 능력에서 비롯된다. 하지만 그것은 쉬운 작업이 아니다. 그 과정에는 필시 상실감이 뒤따르며 당신은 그 상실감을 치유할 줄도 알아야 한다. 어렵긴 해도 조금이라도 그 과정을 수월하게 하기 위해 당신은 안식년을 선언하거나, 한동안 휴가를 내거나, 잠시 뒤로 물러나거나 혹은 졸업이나 새로운 출발을 구상할 수도 있다. 이때 당신 자신이나 혹은 당신이 두고 떠나는 구조 자체에도 도움이 되는 일련의 계획을 세워서 그것을 다른 사람들이 맡아서 돌볼 수 있도록 해야 한다. 그 과정에서 자신이 받을 자격이 있다고 생각되는 어떤 혜택이나 호의를 요구할 수도 있지만 떠날 때 떠나더라도 어디까지나 품위와 존엄, 타인에 대한 배려를 잃지 말라.

『상실과 변화*Loss and change*』라는 책에서 피터 매리스는 개인적이든 사회적이든 모든 심오한 변화를 이해하는 모델로 〈사별〉을 예로 들고 있다. 그는 이렇게 말한다.

"사별의 근본적인 위기는 타인을 잃어버리는 것이 아니라 자신을 잃어버리는 데서 온다. 목적과 관심의 상실, 무엇보다도 의미를 잃어버리는 것이 가장 크다."

심리학자 엘런 Y. 지글먼은 재능 있는 젊은 보석세공사 베스가 한 다음과 같은 이야기를 들려준다.

"좌절감에 빠져 옴짝달싹 못하고 있는 것은 끔찍해요. 하지만 그건 한편으로는 안전하기도 하죠. 그건, 음, 당신이 싫어하는 방 안을 컴컴할 때 왔다갔다하는 것과 같아요. 테이블이 어디 있는지, 모서리가 깨진 의자가 어디 놓여 있는지, 그림은, 재떨이는 어디 있는지 당신은 다 알죠. 눈을 감고 걸어도 부딪히거나 긁히지 않을 자신이 있죠. 그 방은 칙칙하고 추해서 당신이 싫어할지 몰라도 당신에겐 익숙해요. 그래서 편안하죠. 하지만 변화를 줄 때, 그러니까 당신이 모험을 하거나 자신의 성격에 맞지 않는 일을 할 때는 얘기가 달라져요. 그건 새 가구들로 가득 찬 낯선 방에, 그것도 컴컴할 때 불쑥 들어가는 것과 같아요. 그곳은 아마도 이전의 방보다 훨씬 흥미로울 수도 있고 이 방이 당신 방이 된다면 금세 좋아하게 될 수도 있겠죠. 하지만 가구들은 낯설고 당신은 어디에 무엇이 있는지 아직은 몰라요. 당신은 딱딱하고 날카로운 모서리에 부딪히거나 걸려 넘어질 수도 있어요. 그래서 처음에는 불안하죠."

비록 친구들이 있고 사랑하는 사람들이 당신을 지지해 주더라도 자신이 지금 있는 인생의 구획을 빠져나온다는 것은 외로운 행동이다. 그것은 당신이 맡았던 역할과 익숙한 일상과 당신에게 너무나 중요했던 그리고 영원할 줄 알았던 관계들을 당신에게서 거두어 간다. 당신이 오랜 세월 하루같이 중심에 놓고 살아온 인생의 구획과 작별하면서 당신이 선택할 태도는 오직 둘 중 하나다. 당신 생애 최고의 나날들로부터 버려지고 추방당한 기분에 사로잡히느냐, 아니면 그 구획 속에서 충만한 삶을 살아온 데 대해 그리고 앞으로 새로운 여행을 할 기회를 가질 수 있다는 데 대해 고마움을 느끼느냐 하는 것이다.

어떤 쪽이든 간에 당신이 상실감을 느끼지 않을 도리는 없다. 앤 카이저 스턴스는 이렇게 쓰고 있다.

"상실로부터의 회복은 직행의 최단코스가 복구공사 중이어서 주요 간선도로를 아주 멀리 벗어나야만 하는 경우와도 같다. 도로 표지판을 따라가다 보면, 그런 곳에 가게 될지 예상하지 못했던 작은 마을들과 달갑지 않은 울퉁불퉁한 길이 나온다. 당신은 기본적으로는 옳은 방향으로 가고 있는 것이다. 하지만 당신이 가고 있는 길을 지도로 보면 직선이 아니라 마치 상어의 이빨처럼 들쭉날쭉하다. 당신은 결국엔 목적지에 도착하겠지만 가끔은 이러다가 다시 간선도로를 찾아 제대로 갈 수 있을까 하는 의구심이 고개를 든다."

다행히 인생의 전환은 거의 언제나 당신을 쇄신으로 이끈다. 외적인 인생의 구획에서 벗어나면서 당신은 치유를 위해 자신의 내면으로 향한다. 치유는 의학적인 것이 아니라 인간적인 것이고 자연스러운 것이다. 그것은 당신이 살 만한 미래를 위해 당신의 존재 전체를 준비시키는 것이다. 치유에는 시간이, 그것도 많은 시간이 걸린다. 치유의 과정을 재빨리 끝내버릴 방도는 없으며, 허둥지둥 서둘렀다간 쇄신이 엉망이 되고 새로운 인생 구획으로의 출발이 오히려 지연된다. 치유는 상처를 처매는 것뿐 아니라 당신 내면의 새로운 문과 창문들을 열어주기도 한다. 덕분에 당신은 자신이 가지고 있었던 여러 능력들에 접근할 수 있게 된다. 또한 있는지도 몰랐던 당신 자신의 내적인 강인함을 발견하기도 한다. 당신의 외적 삶에서 제대로 작동하지 않는 부분을 놓아 보냄으로써 당신은 자기 내면 깊숙한 곳에 있던 뿌리 깊은 연속성을 자신이 꽉 붙잡고 있다는 것을 깨닫게 된다. 치유의 과정이 끝나면 당신은 자신의 마음과 정신이 움직이는 대로 자유롭게, 현재의 당신 모습과 딱 어울리는 인생의 새로운 기회를 붙잡을 수 있게 된다.

내 안에 고치 짓기
—

꿈도 사라진 채 이전의 인생 구획에서 떠나게 될 때 당신은 출구가 없는 방에 갇혀버린 듯한 기분을 느낄 수 있다. 영혼은 공허하고 어떠한 미래도 떠오르지 않는다. 향상에 대한 전망도 희망도 없고 앞으로 무엇을 얻을 수 있으리라는 기대도 없기에 당신은 엄청난 상실감에 휩싸일지 모른다. 하지만 그 시기에 슬픔과 우울함을 모른다면 그것은 어딘가 잘못된 것이다!

인생의 전환기가 시작될 때 당신의 삶은 판단의 기준을 잃어버리게 되고 당신이 의지할 대상도 없어진다. 당신은 버려진 고아, 배신당한 사람, 패배자, 지옥에 떨어진 영혼이라도 된 기분이 든다. 당신은 평범하지 않은 시간과 공간 속에 존재하며 밤이고 낮이고 무겁게 공중에 떠도는 느낌에 사로잡힌다. 어쩌면 꽤나 오랫동안 이런 느낌에서 헤어나지 못할지도 모른다. 이제 혼자라는 것에 대한 두려움이 극에 달한다. 에너지는 소진되고 그동안의 일상과 관계들은 낯설고 멀게만 느껴진다. 익숙했던 당신의 영역은 이제 이용할 수 없게 되어버리고 당신은 사람들로부터 소원해지고 혼자가 된 기분이 든다. 자신 안에 고치를 짓고 들어앉는 기분은 마치 죽음을 경험하는 것과도 같다. 모든 것이 끝이고 아무것도 시작되는 것은 없어 보인다. 이때 당신은 죽음에 맞닥뜨렸을 때와 같은 반응을 단계별로 모두 혹은 그 중 일부를 거치게 된다. 그 단계는 바로 부인, 흥정, 분노, 두려움, 애도와 상실감, 그리고 마지막으로 받아들이고 앞으로 나아가는 것이다. 25세의 나이에 소아마비에 걸려 하반신이 마비된 아놀드 R. 바이서는 36세에 이런 글을 썼다.

"몇 해 전에 나는 죽음을 두려워하는 것이 실은 삶에 대한 두려움을 감추려는 위장일 수 있음을 깨달았다. 항상 존재하는 죽음을 인식하는 것은 그 나름대로 이점이 있다. 만일 그것이 당신에게 삶이 얼마나 소중하며 매순간이 음미할 가치가 있음을 깨닫게 한다면 말이다."

활기차게 새로 부상한 자아가 현재의 상황과 다가올 미래에 걸맞은 새로운 인생의 구획을 만들어 낸다면 이전의 인생 구획을 잃는 것은 결국에는 당신에게 잘된 일이 될 수 있다(《다이어그램 6》 참조).

이전의 정체성 털어내기
극심한 상실을 경험하면 우리는 거기에 약물을 투여하고 치료를 해서 어떻게든 그 상실감을 제거하려고 시도한다. 그러나 상실감은

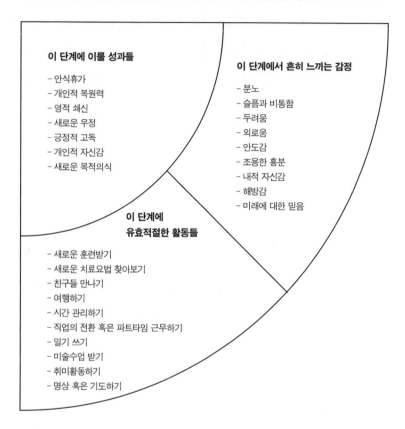

〈다이어그램 6〉 변화의 제3단계: 내 안의 고치 속에 들어앉기(당신 자신과 화해하기)

이 단계에 이룰 성과들

- 안식휴가
- 개인적 복원력
- 영적 쇄신
- 새로운 우정
- 긍정적 고독
- 개인적 자신감
- 새로운 목적의식

이 단계에서 흔히 느끼는 감정

- 분노
- 슬픔과 비통함
- 두려움
- 외로움
- 안도감
- 조용한 흥분
- 내적 자신감
- 해방감
- 미래에 대한 믿음

이 단계에 유효적절한 활동들

- 새로운 훈련받기
- 새로운 치료요법 찾아보기
- 친구들 만나기
- 여행하기
- 시간 관리하기
- 직업의 전환 혹은 파트타임 근무하기
- 일기 쓰기
- 미술수업 받기
- 취미활동하기
- 명상 혹은 기도하기

인간의 시스템이 발달하는 정상적인 과정의 일부이며 인간의 경험 속에 고집스럽게 존속한다.

하지만 불행하게도 우리 중에는, 인생의 전환기를 거치는 동안 힘을 실어줄 이런 능력을 가진 사람이 많지 않다. 그리고 설사 그런 능력을 가졌다 하더라도 개인적인 상실로 방향감각을 잃고 당황하고 있을 것이다. 우리에게 가장 필요한 것이 정상적인 인간으로서 자신을 쇄신하고 치유하는 것일 때 문화적으로 공인된 해결책은 전문가에게 그 문제를 들고 가서 상담하는 것이다.

물론 일부 사람들에게 인생의 전환은 사회적 부적응과 정신적 질병을 통해 자신을 표현하는 퇴행을 야기하기도 한다. 상실이 이런 사람들에게 심한 충격을 주었을 때는 의학적, 심리학적 보살핌이 필요하다. 하지만 인생의 전환기를 거치더라도 대부분의 성인들은 우울증을 털어내기 위한 목적으로 행해지는 치료나 처치를 필요로 하지 않는다. 그보다 그들은 어떤 식으로 자신의 상실에 대해 애도를 하고 어떻게 전환기 영역을 통과해 새로운 방향으로 나아갈 것인가를 배울 필요가 있다. 인생의 전환이 성공하면 잘못되었던 것, 상태가 나빴던 것, 기능장애와 같은 것들은 이전의 낡은 구획이라는 사회적 환경 속에 묻히고 새롭게 힘을 찾을 가능성은 극대화된다. 방향을 잃은 상황에서 새롭게 방향을 찾아나가는 것은 우리 모두에게 필요한 능력이다.

각각의 인생 구획이 진행되는 동안에도 그 안에서 사소한 전환은 끊임없이 일어나는 것과 마찬가지로, 발달 단계상의 전환기에도 그 저변에 깔린 인생의 구조는 삶의 기본적인 연속성을 부여하고 필요한 것들을 제공해 준다. 발달상의 전환은 우리가 미처 몰랐던 자신에게서 새로운 가능성을 발견하면서 이전에 가졌던 정체성의 대부분을 혹은 일부를 떨어내는 정상적인 과정이다. 정확히 말해 떨어내고, 빼앗기고, 놓아 보내는 행동 속에서 우리는 새로운 가치들과 우선순위, 흥밋거리, 새로운 인생 구획을 창조하겠다는 꿈을 찾게 되는 것이다. 스탠리 캘러먼은 그것에 대해 이렇게 표현하고 있다.

"우리가 사회적 역할들을 내려놓고 예정된 두려움에서 해방될 때, 그리고 자기 체험의 강물에 자신을 담글 때 우리는 비언어적, 비개념적, 비시각적, 비이상적인 세계와 통합된다. 우리는 실제로 창조의 바다에 존재하게 되는 것이다. 우리는 곧 바다이며, 거기서부터 우리의 삶을 창조한다. 당신이 자신만의 해답을 찾을 때 그 해답은 바로 당신이다."

내 안에 고치를 짓는다는 것

고치를 짓는 것은 거의 전적으로 인생의 어느 한 구획과의 작별을 경험하고 있는 개인의 내면에서 일어나는 일이다. 짐이 되어버린 이전의 구획을 잃는 것은 건강한 내적 자아를 온전히 얻는 것과도 같다. 행동주의자들은 고치 짓기를 비겁한 후퇴로 볼지도 모른다. 하지만 그것은 사실 한 개인의 용기 있는 쇄신이다. 『역사의 연구A study of history』에서 아놀드 토인비는 문화적 쇄신의 기본 원칙을 지도자들과 창조적 소수자들에 의한 〈후퇴와 복귀〉라고 주장한다. 정치 감각이 발달한 지도자들은 자신의 사회적 환경으로부터 일시적으로 철수하고 후퇴했다가 새로운 확신과 힘을 가지고 다시 돌아온다는 것이다.

아놀드 반 게네프는 고치를 〈중립지대neutral zone〉, 즉 사람들의 발길로 다져진 길과 따로 떨어져 있는 일시적 장소이며 애도하고, 부화하고, 정신을 시험하고, 자아를 새롭게 하기에 안전한 장소라고 설명한다. 중립지대에 있는 사람들은 마치 괄호가 쳐진 삽입구와 같은 삶, 즉 잠시 유예상태인 삶을 산다. 한마디로, 고치 짓기는 새로운 내적 가능성을 모색하기 위해 외적 구조로부터 물러나는 것이다. 고치 그 자체는 우리에게 안전함과 보호를 제공했던 바깥세상으로부터 떨어져 나와 내면에 충분한 휴양을 허락하는 것이다.

내 안에 고치를 짓는 과정

—

내 안에 고치를 짓는 것은 애도하기, 외로움 겪어내기, 그리고 치유하기 세 단계로 진행된다. 각각의 단계는 다음과 같다.

자신의 상실감 애도하기

고치 짓기는 대개 상실에 대한 애도, 이전 구획을 떠나옴에 대한 애도와 함께 시작된다. 그리고 〈행동하기〉에서 〈존재하기〉로 과제의 강조점이 이동한다. 존재하기는 치유와 관계가 있다. 당신은 현재 떠나오고 있는 인생의 구획에서 자신이 누구였는지를 기준으로 스스로를 평가한다. 그래서 그곳을 떠나면서 공허함을 느낀다. 앞을 내다보면 암담하기만 하고 실제로 아무것도 보이지 않는다. 이때 당신의 상태는 다음과 같다.

- 유리된: 익숙한 인생의 구조를 떠나온
- 미몽에서 깨어난: 부정적인 감정들로 가득 찬
- 낙담한: 의욕을 잃어버린
- 실망한: 슬프고 우울한
- 방향을 잃은: 혼란스럽고 당황하고 궁지에 빠진
- 환멸을 느끼는: 과거에 대해 냉소적이고 미래에 대해 회의적인
- 정체성을 상실한: 많은 익숙한 역할들과 사건들로부터 떨어져 나온
- 분개한: 화가 나고 기분이 상한
- 어긋난: 길을 잃고 단절된
- 무시당한: 자존감의 상실과 남들로부터 거부당할까봐 두려움을 느끼는

애도 기간에 당신은 지금까지 푹 빠져 있었던 복잡한 삶의 방식을 모두 벗어던지고 삶을 단순화한다. 애도는 단순함과 고요함을 향해 나아가는 것이다. 애도하는 것은 작동하지 않는 과거를 떨쳐버리고 상실을 슬퍼하고 거기에 작별인사를 고하는 것이다. 애도한다는 것은 놓아 보내는 것이다.

애도의 감정에는 우리 내면에 다양한 수준으로 존재하는 복잡한 상실들이 모두 포함되어 있기에 서둘러 처리할 수 있는 것이 아니다. 슬픔에 잠긴 사람은 "왜 지금 당장 새로운 일자리를 찾아보지 않는 거죠?"라거나 "오늘밤 우리가 여는 파티에 참석해 주세요."라는 말에 반응을 보이지 않는다. 그들에겐 먼저 치유의 과정이 필요하기 때문이다. 깊은 상처가 아무는 과정과 마찬가지로 그들에겐 시간이 필요하고 새로운 개인적 자산을 발견해야 한다.

나는 자신 안에 고치를 짓고 들어앉으려는 사람에게 집 안에 방을 하나 따로 마련할 것을 권하고 싶다. 그 방에는 텔레비전도 컴퓨터도 휴대전화도 없어야 하며 매우 한갓지고 조용해야 한다. 당신이 원한다면 간단한 이불과 CD플레이어, 그리고 아이디어가 떠오르는 대로 적어서 벽에 붙여둘 포스트잇 정도는 있어도 좋을 것이다. 당신의 생각을 기록할 일기장도 좋다. 매일 그곳에서 시간을 보내면서 통찰력과 에너지, 새로운 목표가 저절로 떠오를 때까지 참을성 있게 기다려라. 바쁘게 사는 대신 모처럼 자신의 내면을 들여다보는 자성의 시간을 보낼 수 있을 것이다. 그 기간 동안은 알코올은 피하고 의사가 처방하지 않은 약도 삼가라. 그곳에 들어가는 것은 임상적 사건도, 기능장애도 아니고, 자신의 발달상 꼭 거쳐가야 할 자연스러운 과정일 뿐이다.

스스로에게 외로움의 자리 허락해 주기

고치에 싸여 있는 동안 극심한 외로움이 밀려오는 것은 너무나 당연하다. 외로움을 일부러 추구하는 사람은 없겠지만 그것은 누구나 인생의 구획으로부터 버림받을 때마다 거치는 과정이다. 외로움은 인간 조건의 일부다. 외로움을 다스리는 방법을 아는 것은 인생의 전환기에 필요한 생존 기술이다. 외로움은 단지 혼자 있는 것을 의미하는 것이 아니다. 그것은 이전의 인생 구획에서 가졌던 신념과 역할, 관계, 판단 기준으로부터의 단절을 뜻한다. 변화의 주기에서 이 지점에 위치하는 사람들은 의지할 바를 잃은 채 아직 새로운 대체물을 찾지 못하고 있다. 외로움에 대한 글로 널리 알려진 클라크 무스타카스는 이렇게 말한다.

"외로움 속에서는 압도적이고도 중요한 인생의 국면이 졸지에 도전을 받고, 위험에 직면하고, 바뀌어 버리고, 부인된다. 그런 시기에는 오직 외로움 속으로 들어가고, 그 경험에 자신을 온전히 던져넣고, 그것이 자신의 항로대로 나아가도록 허락할 때만이 우리 세계가 조화와 화합을 이룰 거라고 희망할 수 있다. 그런 다음 우리는 다시 시작할 수 있고 관대함과 자발성, 믿음을 가진 새로운 자신으로 다시 태어난다. 내가 내 안에서 경험하는 것, 내가 다른 사람들에게 갈망하는 것은 나에게 외로움의 자리를 허락해 주고 그것을 소중히 여겨 주고 그 가치를 인정해 주는 암묵적인 합의다."

외로움 속에서 애도하는 사람은 확실한 고독을 누린다. 외로움은 상실을 슬퍼하는 것인 반면, 고독은 긍정적인 의미의 홀로됨, 자기 충족적으로 자신 있게 존재하는 것이다. 고독은 애도하는 자아가 진정한 자아에 길을 내어주면서 시작된다. 진정한 자아는 능력과 자산, 긍정의 깊은 저장고다. 자아의 긍정적인 힘은 존재의 깊이와 넓이를 당신에게 상기시킨다. 이때 당신은 경외심에 차 있고 경탄하고 있고 조용한 평화에 기쁨을 느낀다. 시인 워즈워드는 「서곡Prelude」에서 이렇게 노래했다.

"우리가 바쁜 세상으로 인해
너무 오랫동안 더 나은 자신으로부터 헤어져
의기소침해지고
세상의 일에 신물이 나고
그 쾌락에 지쳤을 때
고독이란 얼마나 아름답고 자비로운 것인가."

고독은 조용하고 깊숙한 내적 경험이다. 알버트 아인슈타인은 고독을 가리켜 〈인성의 스승〉이라고 했다. 고독을 경험함으로써 당신은 내면의 감수성과 가치를 끌어낼 수 있다. 우리 문화에서는 종종 소홀히 취급되지만 고독을 다룬다는 것은 인간의 중요한 능력이다. 정신적 태도 변화가 요구될 때는 혼자 있는 능력이 소중한 자산이다.

자신을 치유하기

치유는 쇄신이 시작되는 자리다. 성인기에 그리고 그 이전에 우리에게 가해진 매서운 돌팔매와 화살은 무시당하고, 버림받고, 학대받고, 거부당하고, 모욕을 당하는 데서 오는 아픈 상처를 남길 수 있다. 그 상처들은 타인의 행동뿐만 아니라 우리 자신의 개인적인 태도에서 비롯되었을지도 모른다. 고치를 짓는 것은 이런 것들을 치유하는 시간이다. 우리는 치유란 상처가 아무는 물리적 회복 혹은 버려지고 배신당한 것에 대한 심리적 회복이라고 생각한다. 육체는 반드시 치유되어야 하며 바람직한 섭생과 운동은 고치를 짓고 들어앉아 자기를 치유하려는 사람에게 매우 중요한 요소다. 정신도 반드시 치유되어야 한다. 당신 내면의 목소리를 당신 인생의 1차적 관리인으로 만드는 것은 치유 과정에 자양분이 된다.

당신의 고결함을 거스른 사람들을 용서하는 법을 배우는 것만이 당신을 치유하고 궁극적으로 그들로부터 자유로워질 수 있는 유일한 방법이다. "그대 자신을 치유하라."는 고치를 짓는 사람들이 따라야 할 이행명령이다. 당신 자신을 보살피기 위해서 필요한 여러 가지 방법들에 충분히 관심을 기울여라. 치유는 자기쇄신과 희망의 부활을 위한 기초다. 앞을 바라볼 수 있을 만큼 충분히 치유가 되었을 때 당신은 이제 변화의 주기에 따라 앞으로 나아가게 된다. 신기한 것은 치유는 단지 상처를 붕대로 처매는 것이 아니라 한 사람을 완전히 새로운 사람으로 탈바꿈시킨다는 것이다.

내 안의 나비 탄생시키기

—

고치가 제 할 일을 다 하면 나비가 나온다. 사람의 경우에는 자기 내부에서 쇄신이 시작된다. 변화의 주기에서 자기쇄신이 삶의 중심적인 현상이 되는 지점은, 겹겹이 당신을 에워싸고 있던 과거의 존재방식, 사고방식, 행동방식을 모두 떨어낸 후에 구조적 내재성으로부터 최대한 멀리 벗어나게 되는 때다. 과거의 인생 구획에서 이 정도 거리쯤은 떨어져야 자기 내면에 존재하는지도 몰랐던 새로운 삶을 받아들일 준비가 된다. 낡은 구획에서 벗어나고, 고치를 짓고, 외로움에 빠져보는 과정이 가져다주는 긍정적인 결과는 바로 〈자아의 재탄생〉이다. 여기에는 세 가지가 포함된다. 핵심적 가치의 재조정, 세상에 대한 재탐구, 그리고 퇴장의식을 창조하는 것이 바로 그것이다.

핵심적 가치 재조정하기

고치 짓기가 그렇듯이, 다음 구획을 준비하는 것도 서둘러서 될 일이 아니다. 삶의 외부적 사건들은 인생에 대한 당신의 전망을 한 순간에 바꿔놓을 수 있지만, 내면의 회복력과 전망을 재건하는 데는 시간이 걸린다. 고독 속에서 당신은 아직 사용되지 않은 당신 내면의 풍부한 자산들과 당신을 연결해 주는 삶의 우물을 발견한다. 이제 당신은 자신의 내면에 앞으로 나아가기에 충분한 삶과 아름다움과 힘이 있음을 알게 되고 이러한 자신감이 에너지와 희망, 용기를 만들어 낸다.

프랭클린 루스벨트가 소아마비로 인해 부분적으로 장애를 안게 된 몸으로 어떻게 훌륭한 대통령이 될 수 있었느냐는 질문을 받았을 때 그는 이렇게 대답했다.

"그것(일부 장애가 있는 몸)은 당신이 잃어버린 것이 아니라 당신에게 아직 남아 있는 것입니다. 당신은 그것을 가지고 무엇이든 할 수 있습니다."

그것이 바로 자신을 훌륭하게 다시 일으켜 세운 사람의 자세다.

성인기 내내 당신은 어린 시절부터 지금까지 자신을 이끌어온 전제들에 대해 중요한 수정을 가할 기회들을 갖는다. 변화의 주기상 그런 때야말로 당신이 각본을 손에 쥐고 성인기 동안 당신이 축적해온 정보와 경험을 바탕으로 그 각본을 직접 써볼 수 있는 때다. 인생의 전환기에 대한 탁월한 전망은 당신이 존재하는 이유와 삶의 보람을 수정하는 강력한 토대가 된다(〈다이어그램 7〉 참조).

다시금 당신의 내면에 닿는 일이 가능해지면 당신의 삶을 이끌고 있는 가치와 신념들을 재조정할 수 있는 드문 기회가 온다. 정신적인 자각뿐 아니라 불같은 감정들이 가득한 이 내밀한 공간은 당신의 자아가 외부 구조로부터 멀리 떨어져 내면으로부터 스스로를 쇄신할 때 비로소 발견할 수 있다. 이것은 당신에게 새겨진 인간적 각인을 보다 많이 확인하고 다음의 인생 구획을 설계할 수 있는 시간이며 공간이다. 당신은 여전히 예전의 그 사람임에 틀림없지만 그때에

〈다이어그램 7〉 변화의 제4단계: 다음 출발 준비하기(실험을 위한 시간)

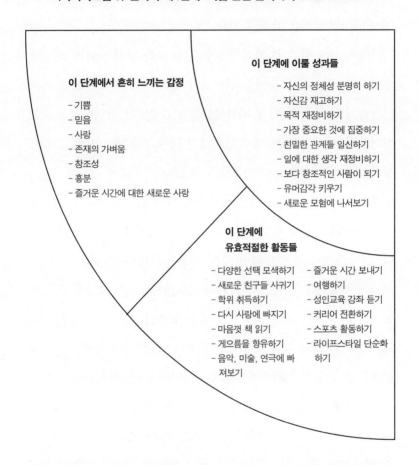

이 단계에서 흔히 느끼는 감정

- 기쁨
- 믿음
- 사랑
- 존재의 가벼움
- 창조성
- 흥분
- 즐거운 시간에 대한 새로운 사랑

이 단계에 이룰 성과들

- 자신의 정체성 분명히 하기
- 자신감 재고하기
- 목적 재정비하기
- 가장 중요한 것에 집중하기
- 친밀한 관계를 일신하기
- 일에 대한 생각 재정비하기
- 보다 창조적인 사람이 되기
- 유머감각 키우기
- 새로운 모험에 나서보기

**이 단계에
유효적절한 활동들**

- 다양한 선택 모색하기
- 새로운 친구들 사귀기
- 학위 취득하기
- 다시 사랑에 빠지기
- 마음껏 책 읽기
- 게으름을 향유하기
- 음악, 미술, 연극에 빠 져보기
- 즐거운 시간 보내기
- 여행하기
- 성인교육 강좌 듣기
- 커리어 전환하기
- 스포츠 활동하기
- 라이프스타일 단순화 하기

비해 자각이 훨씬 깊어진 상태다. 그것은 마치 곤충의 변태, 즉 새로운 시작처럼 느껴진다. 당신이 누구이며 당신에게 중요한 것이 무엇인지에 대한 기본 전제들을 재정비할 수 있고, 그것에 따라 당신이 미래에 어떻게 살고 싶은지를 심사숙고해서 결정하게 된다. 이제 당신은 성인기 삶의 양극성을 당당히 마주볼 수 있고 새로운 방식으로 양자 사이의 균형을 맞출 수 있다.

이때 당신이 할 일은 뭔가 특별한 일을 하는 것이 아니라, 당신을 기다리고 있는 삶을 받아들이는 것이다. 당신은 이제 비로소 자기 마음의 창문을 통해 다시 바깥세상을 내다보면서 편안함을 느끼기 시작한다. 이제 당신의 새로운 미래가 시작되려 하고 있다. 그것은 당신의 경험 깊숙한 곳에 기초를 두고 있다.

이제 막 고치 밖으로 나온 사람들은 새로운 자신감에 충만하다. 그들은 대체로 단순하게 살아간다. 그들은 정신적으로 곤궁하지 않다. 그들은 완전히 각성되어 있다. 그들은 귀를 기울이고, 느낀다. 그들이 사용하는 단어는 매우 적다. 그들의 사고는 내면의 깊은 우물과 머리 위의 드높은 하늘에 연결된 것처럼 보이고, 그들은 자기가 아는 진리대로 살아갈 준비가 되어 있다. 그들은 자기 자신으로 존재하는 것을 선택하며 자신만의 북소리에 맞춰 행진한다.

새로워진 자아는 자유로움을 느끼고 살아 있음을 느낀다. 그들은 지난 인생의 구획과 똑같은 하루하루를 보내지 않으며 다음 구획의 첫 페이지를 시작하는 것이다. 그들은 살아볼 가치가 있는 미래에 대해 다시금 믿음을 갖기 시작하고 마음에서부터 미덕들이 빛처럼 발산된다. 죽음과의 상징적인 만남이 어떻게 세상과의 조화를 이루고 살 것인가에 대한 단순한 공식으로 우리의 삶을 다시 일으켜 세운 것이다. 자기쇄신에서 비롯된 새로운 자각은 세상 모든 곳에서

부활하는 것들에 대한 경외심과 존경을 담고 있으며 희망은 삶의 새로운 시나리오를 향해 그 문을 연다.

세상에 대해 재탐구하기

인생의 전환기에 있는 사람이 바깥세상으로 다시 나갈 자신감과 자존감을 회복했다면 그때부터 〈재통합〉이 시작된다. 내면의 삶이 외적인 구조들과 한데 엮이는 것이다. 핵심적 가치의 수정이 치유를 넘어서서 내적 자산의 회복을 반영한다면, 세상에 대한 재탐구는 세상 속에서의 자아의 재탄생을 반영한다. 이 단계를 경험하는 사람들은 대개 호기심이 많고 용감하고 열정적이고 모험을 즐기며 긍정적이고 관능적이지만, 아직 장기적인 헌신을 할 준비는 되어 있지 않다.

건강한 내면의 에너지는 자신감과 능력, 새로운 미래를 설계하기 위해 거기에 걸맞은 외부적 기회를 찾는다. 이 단계는 활기와 배움, 성장으로 대변되는 청년기 후기와 너무나도 비슷하다.

세상에 대한 재탐구에는 세 가지 능력이 포함되는데 창조하기, 실험하기, 네트워크 만들기의 세 가지가 한데 합쳐져서 한 개인으로 하여금 다시 삶의 구조를 쌓아 올리게 만든다.

〈창조하기〉는 새로운 아이디어와 가능성을 가지고 마치 놀이를 하듯 탐구하는 것을 말한다. 그것은 사슬이 풀린 상상력을 발휘하는 일이다. 그것은 검열받지 않는 브레인스토밍이고 신기한 것의 추구이자 발견이며, 인습에서 벗어난 방식으로 자신을 표현하고자 하는 의지다. 새로워진 자아는 놀기를 좋아하고 발명을 즐기며 무엇이든 축하하고자 한다. 그들은 재미있는 시간을 보내고 싶어 한다. 이 시기의 성인들은 다시 에너지로 가득 찬 어린아이로 돌아간 것만 같다. 종종 그들은 시를 쓰고, 작곡을 하고, 춤을 추고, 그림을 그리기 시작하고, 정치 단체에 가입하고, 무언가를 만들고, 정원을 넓히고, 여행을 한다. 그들은 감동받고 남을 감동시키는 것을 좋아한다. 창조성을 주제로 글을 쓰는 실바노 아리에티에 따르면, 창조의 과정은 고독과 외로움, 그리고 아무것도 하지 않는 비활동에서 나온다. 창조성은 인생의 전환기에 있는 개인의 내면에서 형성되고 있는 새로운 삶의 상징적 표현이며, 인생의 전환 그 자체가 창조성을 낳는 과정이기도 하다. 변화의 주기에서 이 지점에 위치하는 사람들은 흔히, 전에는 자신을 가두고 제한해 왔던 한계를 넘어 변화하고 있는 자신을 느낀다. 개인적인 에너지에 닻을 내린 상태에서 예술, 과학, 놀이, 탐구와 같은 창조성이 위로 떠오른다.

〈실험하기〉는 새로운 아이디어와 계획들을 일단 시도해 보는 것이다. 그것들을 영원한 것으로 만들겠다는 생각은 아직 없다. 실험은 새로운 발견으로 이어질 수도 있고 실패로 돌아가도 그뿐이다. 실험하기는 즐기는 것이며, 배움의 방법을 배우는 것이다. 실험을 한다는 것은 미래의 가능성에 에너지를 주입하는 것이다. 새로운 사회적 지원과 정보가 있다면 개인은 인생의 선택권들을 가지고 실험을 시작한다. 갓 대학을 졸업한 사람들처럼 인생의 전환기를 맞은 중년의 사람들은 인간관계, 직업, 여가활동, 취미생활, 여행, 라이프 스타일, 사회운동, 환경에 대한 관심을 가지고 실험을 한다. 이처럼 여러 가능성들을 놓고 실험을 한다는 것은 새로운 인생의 구획으로 이끌어줄 길이 어떤 것인지를 가려내는 데 도움이 된다. 실험에는, 그것이 어떤 결과를 가져오든 간에 사람을 흥분하게 만드는 에너지가 있다. 이 에너지는 개인적 삶의 재건에 도움이 될 뿐만 아니라 그것을 넘어 훨씬 멀리까지 영향을 미친다. 미하이 칙센트미하이는 이를 자신이 하는 모든 일에서 기쁨을 표현하고 의미를 드러내는 개인의 능력에서 우러나오는 〈몰입〉이라고 설명한다.

〈네트워크 만들기〉는 인생 전환의 마지막 단계에서 선택 가능한 옵션들을 시험해 보는 중요한 수단이다. 네트워크를 만드는 것은 당신을 새로운 자산에 연결시켜 준다. 우정을 탐색해 보고, 일을 하는 새로운 방법들을 찾아보고, 정보를 수집하고, 새로운 배움을 추구하는 것이 이에 속한다. 성인들에게 있어 인생의 전환이 가져다주는 가장 보편적인 환경은 새로운 배움을 시작하거나 제도권 교육으로 다시 들어가는 것이다. 자신감이 굳건해졌다고 느껴지면 당신은, 역시 호기심이 충만하고 생기 넘치는 새로운 친구들을 찾게 된다. 그리고 인생의 다음 구획에서 탐험해 보고 싶은 새로운 영역에 대해 당신보다 더 많이 아는 친구들을 찾는다. 그리고 친구들의 인정을 받거나 칭찬에 기대기보다 당신이 선호하는 미래로 당신을 이끌어 줄 조언자와 역할 모델을 찾는다.

인생의 전환기를 거쳐 진화하기 시작한 개인은 대개 새로운 정보와 배움에 대한 갈증을 느낀다. 그들은 새로운 사고방식을 받아들이고 미래의 여러 가능성들을 열어놓고 여기서 즐거움을 얻는다. 대학에 진학하는 젊은이들처럼 그들은 미래의 가능성에 대한 새로운 배움, 교육, 정보를 원한다. 때로 그들은 학교로 돌아가 더 높은 학위를 따거나 자격증을 받기 위해 전문 연수 프로그램에 들어가기도 한다. 이 과정이 끝나면 그들은 새로운 인생의 구획을 준비하면서 중요한 통과의례를 수행한다.

퇴장의식 치르기

인생 전환기의 마지막 단계가 진행되는 동안 성인들은 내면적인 활력과 생명력을 바탕으로 미래를 건설한다. 그들은 자신의 쇄신된 삶과 조화를 이루는 외적 환경의 지평을 면밀히 살펴보고 검토한다. 만일 당신이 변화의 주기 내에서 이 지점에 위치한다면 이런 질문들을 스스로에게 던져보라. "나 자신이 새롭게 뿌리를 내린 지금, 내가 인생에서 다른 것에 비해 더욱 열정적으로 좋아하는 것은 무엇인가? 내 목표는 무엇이며 이 시기에 내가 살아 있는, 거스를 수 없는 이유는 무엇인가? 무엇이 내게 에너지를 주고 방향과 한계를 제시하는가? 나의 재능과 능력은 어떤 것인가? 나는 어떤 목표와 보람을 추구하는가?" 자신이 보다 가치를 두는 것에 대한 신중한 선택이 이 시기에 당신이 꼭 해야 하는 일이다. 왜냐하면 이제 당신은 새로운 인생의 구획을 앞에 놓고 막 출발하려는 찰나에 있기 때문이다.

대개 전환기의 마지막 나날을 정리하고 새로운 인생의 구획을 시작하는 것은 꽤 빨리 이루어진다. 마치 뒤통수를 한 대 얻어맞은 것처럼 당신이 무엇을 원하고 어떤 인생을 살 것인지에 대한 깨달음이 온다. 당신은 자신감에 차 있고 준비가 되어 있으며 중심이 잡혀 있다. 미래에 대한 당신의 꿈은 당신이 앞에 놓인 길을 잘 알아볼 수 있도록 돕고, 당신은 매우 우호적으로 보이는 세상에 자신의 삶을 쏟아 부을 준비가 되었음을 느낀다. 이때 당신은 명쾌하고, 살아 있고, 의욕이 넘치고, 무엇으로도 당신을 막을 수 없다.

12

인생을 성공적으로 작동시키기 위한
10가지 삶의 기술

이제 우리에게 주어진 운명은 변화의 강물 위를 여행하는 것이다.
그 강물 위에 자신을 적응시킬 줄 아는 자만이
인생을 제대로 작동시킬 수 있다.

자기쇄신을 이루는 사람들의 10가지 특성

—

우리가 사는 목적은 그저 존재하거나 늙어가기 위해서가 아니라 삶을 살기 위해서다. 단지 성공하거나 부자가 되기 위해서가 아니라 열정적으로 사는 것이 우리 삶의 목적이다. 여기서 가장 중요한 것은 대부분의 성인들이 일생을 사는 동안 어떤 상황에서든 〈자신을 지키는 방법〉을 알고 있다는 것이다. 그들은 설사 삶이 조각조각 흩어지는 것처럼 느껴지는 순간에도 자기 인생에서 현재 진행 중인 변화를 마스터하는 데 필요한 기술을 이용하는 법을 알고 있다. 그리고 자신의 삶과 자신이 타고난 시대에 대한 정확한 정보에 자신의 기대치를 단단히 붙들어 맬 줄 알며 설사 장애물들과 걸림돌로 온 세상이 다 우왕좌왕하고 있어도 가족과 일, 지역 사회를 위한 길을 찾을 줄 안다.

21세기로 접어들면서 우리는 일상 속에서 더 많은 혼란을 느낀다. 우리의 일상이야말로 자기쇄신이 무엇보다 필요한 부분이다. 하루하루의 일상은 우리가 가진 기본적인 능력이 발휘되고 가늠되는 곳이다. 자기쇄신은 긴 생애 동안 우리의 몸과 마음과 정신이 최고의 상태에 머무는 것을 의미한다. 자기를 쇄신하는 사람들은 다음과 같은 10가지 기본적인 특성을 공유하고 있다.

고독과 고요를 필요로 한다

자기를 쇄신하는 사람들은 고독과 고요함에 빠질 수 있는 시간을 필요로 한다. 앤서니 스토는 이를 단순하게 이렇게 표현한다.

"우리는 익숙해진 환경으로부터 스스로를 떼어놓음으로써 바쁜 일상 속에서 요리조리 피하기만 하던 깊은 내면의 자신과 만날 수 있고 동시에 자신에 대한 이해를 드높일 수 있다."

자기를 쇄신하는 사람들은 잔이 완전히 비기 전에 그것을 채우는 방법을 안다. 그들은 자신을 돌아보는 시간을 계획적으로 마련한다. 그들에게는 자신이 사랑하고 아끼는 사적인 삶이 있다. 그들은 일상에서 벗어나 혼자가 될 수 있는 시간을 정기적으로 갖고자 한다. 그들이 때때로 은거하는 〈비밀의 정원〉은 쇄신을 예측할 수 있고 자발적이며 경이적이다. 고독 속에서 그들은 보고, 듣고, 명상하고, 자신에게 자양분을 공급한다. 그들은 내적인 삶을 존중하고 그 가장 바깥쪽의 선인 외부 경계를 존중한다. 그런 사람들에게 고독은 자신을 더 많이 발견할 수 있는 저수지다. 다그 함마슐드는 고독을 자신의 개인 행동의 기준점으로 보며 이렇게 말했다.

"당신이 내면의 목소리에 충실하게 귀를 기울일수록 바깥에서 들리는 소리를 더 잘 들을 수 있을 것이다. 오직 듣는 사람만이 말할 수 있다."

자연과 접촉한다

자기를 쇄신하는 사람들은 종종 자연이야말로 신뢰할 만한 재생의 원천이라고 생각한다. 역사를 통해 바람과 비, 태양, 별, 산, 강, 지구, 바다, 그리고 사계절은 인류의 재생을 위한 원천이 되어 왔다. 그것은 파도가 해안에 부딪히는 소리를 듣는 것이나 가을이 되어 나뭇잎이 노랗게 물드는 것을 보는 것, 당신의 볼에 흰 눈이 내려앉는 감각을 느껴보는 것, 봄이 되어 숲이 소생하는 냄새를 맡아보는 것이다. 앤 모로 린드버그는 중년에 쓴 『바다의 선물 *Gift from the Sea*』에서, 굴 껍데기를 보며 어떻게 살아야 하는지를 생각했다.

"중년의 결혼을 표현하기에 굴 껍데기만한 것이 또 있으랴. 그것은 그 자체로 삶의 험난한 여정을 보여준다. 굴은 바위 위의 한자리를 어렵사리 차지하고 이제는 자신이 마치 바위인 양 완벽하게 딱 들어맞게 된 그 자리에 꼭 들러붙어 살아간다.

어쩌면 중년이란, 껍데기를 벗어던지는 혹은 벗어던져야만 하는 시기인지도 모른다. 야망의 껍데기, 물질의 축적과 소유라는 껍데기, 자아의 껍데기 말이다. 아마도 사람들은 인생의 이 시기에 바닷가에서 옷을 벗듯 그렇게 그것들을 벗어던질 수 있을 것이다. 자만심, 그릇된 야망, 가면과 갑옷을. 갑옷은 이 경쟁의 세계에서 자신을 보호하기 위해 입은 것이 아니었던가? 만일 경쟁을 멈춘다면 굳이 갑옷이 필요할까? 중년이란 시기는, 만일 그 이전에 그렇게 되지 못했다면, 이제야 비로소 완전한 자기 자신이 될 수 있는 때인 것이다. 이 얼마나 놀라운 해방일 것인가!"

성인기 인생의 대부분은 자연의 힘과는 무관하게 빌딩 속에서, 언제라도 가능한 강력한 쇄신으로부터 우리를 차단시키는 환경 속에서 보내게 된다. 자연적인 환경 속에서 보고, 냄새를 맡고, 들으면서 하루 중 다만 30분이라도 보낼 수 있는 사람은 별로 많지 않다.

어려운 시기에서 교훈을 얻는다

자기쇄신을 게을리 하지 않는 사람들은 실망, 불가피한 상실, 그리고 인생의 하락기에서 교훈을 얻는다. 대부분의 사람들이 그렇게 살 듯이 그들의 삶도 때로 방향감각을 상실하고 실의에 빠지기도 한다. 그들이라고 해서 스트레스, 실패, 실수, 상실, 비극이 없는 삶을 사는 것은 아니다. 또한 삶이 달콤한 것만도 아니고 완벽하지도 않

312

다. 그들에게도 해결되지 않은 갈등, 제한된 전망, 때로 자신을 압도하는 충동이 있고 그들 자신도 이를 알고 있다. 그들은 자신이 딜레마에 빠졌음을 부인하지 않으며 자신 역시 죽음을 피할 수 없는 운명이라는 것도 안다. 하지만 일찍이 그런 어려운 시기를 어떻게 헤쳐 나왔는지를 알기에 결국 이 시기를 헤치고 앞으로 나아갈 수 있음을 믿는다. 또한 그들은 갈등과 불일치를 굳이 피하지 않는다. 중요한 문제를 둘러싼 이견과 갈등이 오히려 상황을 명확하게 정리해주고 관계를 일신한다는 것을 알고 있다. 혼란과 애매모호함에 대해서도 한껏 관용적이다. 지금껏 인생의 전환기를 통해 많은 것을 배웠고 스러지는 생명을 가슴 아파한다. 그들은 자기쇄신이 종종 애도 과정의 맨 끝에 온다는 것을 알고 있으며 자기쇄신의 과정을 믿는다. 또한 매듭 짓지 못한 문제를 인정하고, 마무리하지 못한 일들일랑 미래의 자신들의 몫으로 남겨놓는다.

항상 배운다

자기를 쇄신하는 사람들은 결코 배움을 멈추지 않는다. 세상이 그들 앞에 문제를 던지면 그들은 우선 새로운 배움을 통해 그것을 해결할 수 있을 거라고 생각한다. 배움이란 미지의 것을 마주하는 태도다. 자기쇄신을 게을리 하지 않는 사람들은 과거의 자신에 얽매이지 않으며 항상 변화하는 모습으로 살아간다. 배움은 그들이 자신의 맥박을 느끼고 자신이 가야 할 길을 가늠하고 삶을 완성할 수 있도록 도와준다. 배움은 그들이 가진 능력을 드러나게 해주고 새로운 가능성의 문을 열어준다. 이렇게 세월이 흐르면 그들은 극기심이 깊어지는 것을 경험하고 영원한 배움을 통해 세계적 거장이 될 수도 있다.

자신을 믿는다

자기를 쇄신하는 사람들은 가치와 목적에 명확한 태도를 취한다. 그들은 자신이 무엇을 선호하는지를 알고 있다. 그들이 가장 중요하게 생각하는 닻은 자신의 내면에 뿌리박고 있다. 그들에게 쇄신이란 단지 변화에 대한 반응이 아니라, 변화하는 환경 속에서 자기 삶의 중심적 관심사를 끊임없이 재생시키는 것이다. 그들은 중요한 우선순위를 중심으로 시간을 계획하고 정리한다. 그들은 세상에 도움이 되고 변화를 가져올 결심에 차 있다. 그리고 자신의 믿음에 따라 살아가겠다는 의지로 충만하다. 삶에 대한 그들의 몰두에는 다소 분명한 철학적인 얼개가 포함되며 그 안에서 그들의 인생 경험이 해석되고 관점이 유지된다. 그들은 자신들이 항로를 제대로 나아가고 있는지 혹은 이탈했는지를 알고 있다.

자기를 쇄신하는 사람들에게는 개인적 권위가 있다. 그들은 자기가 갖지 않은 권위를 가장하지 않으며, 자신이 가진 권위에 대한 합법적 사용을 굳이 피하려 하지도 않는다. 그들의 삶은 맥없이 축 늘어지지도, 그렇다고 권위적이지도 않으며 확고하면서도 탄력적이다. 그들은 단호하지만 유연하고, 무언가에 대해 명확한 태도를 취하면서도 배움을 계속한다. 그들이 모험을 마다하지 않고 실패를 두려워하지 않는 것은 자신을 그만큼 믿기 때문이며 자신의 성장을 위해 삶을 이끌어가기 때문이다. 그들은 자기 내면의 목소리를 믿는다. 다수의 성인들을 대상으로 그들의 일대기를 연구했던 학자 샬롯 뷸러는 성인기 삶에서 만족감을 느끼려면 〈목표를 갖는 것〉이 가장 중요한 전제조건이라고 결론지었다.

"목표가 있는 삶을 산다는 것은 욕망을 갖는 것 혹은 심지어 의무감을 갖는 것을 뜻하며, 한 개인의 삶이 어떤 성과를 낳으면서 절정에 달하는 것을 보는 것이다. 이렇게 사는 사람들은 항상 자신들이 어디로 가고 있는지 알며 자신의 운명을 책임질 사람은 오직 자신뿐임을 아는 것처럼 보인다."

자신을 둘러싼 세계와 연결되어 있다

자기를 쇄신하는 사람들은 자기 주위의 세상과 항상 연결되어 있다. 그들은 어떤 얘기든 할 수 있는 친구를 찾아낸다. 타인의 이야기를 경청하며 세상 모든 곳의 생명에 마음으로부터 공감한다. 또 배려하고 소통한다. 부모나 자녀들과도 항상 연결되어 있으며 적극적으로 좋은 관계를 유지한다. 그들은 이 세상은 그들이 즐기고 자기 것으로 만들고 배우기 위해 존재한다고 느낀다. 자기쇄신을 하는 사람들은 대부분 외톨이가 아니다. 타인들과 깊게 결합되어 있다. 또한 공공정원이나 도서관을 찾고, 여행을 하고, 자기가 좋아하는 사교행사에 참석하면서 예술과 자기 주변의 아름다움을 삶에 활용한다. 그들은 사회운동을 지지하고 명확한 입장을 갖는다. 세계는 그들에게 속해 있고 그들은 세계에 속해 있다.

자신에게 맞는 속도를 지킨다

우리의 현재 관행은 열정적으로 일에 몰두하고, 한 주 내내 빡빡한 일정이 잡혀 있고, 주말에는 자기쇄신으로 잠깐 구두점을 찍고, 가끔 한 번씩 휴가를 갖는 것이다. 그러나 어쩌다가 한 번씩 갖는 휴식으로는 자기쇄신의 과정을 지속하기가 어렵다. 그것은 지배적인 일상에 어느새 씻겨 내려간다. 자기쇄신은 지속적인 리듬으로 우리 일상 속에 자리 잡을 수 있어야 한다.

자기를 쇄신하는 사람들은 자신만의 일정한 속도를 지킨다. 그들은 여행이나 휴일, 휴가, 묵상, 세미나, 연극 관람, 스포츠 활동, 안식년 등을 통해 일상에서 벗어나 휴식을 계획한다. 만일 그들이 잘못 판단해서 열대무풍지대에 맞닥뜨리거나 인생의 전환기를 맞는다 하더라도 그들은 절대 서두르지 않고 그 시간과 공간에 맞는 속도를 찾는다. 그들은 자신이 하는 모든 일에서 최적의 성취를 해내려고 기를 쓰지 않는다. 그보다는 오히려 어떤 상황이든 그 순간에 자신의 모든 것을 털어 넣어 온전히 집중한다. 그들은 바쁜 스케줄보다는 질적인 시간에 보다 흥미를 느끼고, 능률적인 행동보다는 효과적인 삶에 더 관심을 가지며, 단기적인 성과나 박수갈채보다는 본질과 스타일에 더 몰두한다. 그들은 자신을 쉽게 포기하지도, 그렇다고 자신에게 맞지 않는 역할을 갈망하지도 않는다. 그들은 자신의 탄력성과 에너지가 고갈되는 일이 없도록 자신의 속도에 맞춰 그것을 잘 관리한다. 그들은 많든 적든 간에 자신의 긴 인생 여정이 필요로 하는 만큼의 쇄신을 추구한다.

창조적이고 쾌활하다

자기를 쇄신하는 사람들은 대개 창조적이고 쾌활하다. 수동적이지 않고 능동적이다. 가장자리로 물러나 앉아 세상이 돌아가는 모습을 구경이나 하는 것이 아니라 어떻게든 자신을 표현할 방법을 찾는다. 텔레비전을 보기는 하지만 텔레비전 앞 소파에 죽치고 앉아 시간을 다 보내지는 않는다. 그들은 운동하고 탐험하고 실험하기를 즐긴다. 유머를 즐길 줄 알고 자기 자신을 향해 웃을 줄 안다. 책을 읽고 자신이 좋아하는 예술작품을 감상하고 자신이 즐기는 음악을 듣고 자신이 고른 연극을 보면서 늘 자신을 새롭게 한다. 그들은 삶을 받아들이고 또한 그것을 표현함으로써 항상 생생하게 살아 있다.

변화에 적응한다

자기를 쇄신하는 사람들은 변화에 적응할 줄 알며 그래서 항상 최선의 선택을 위해 고심한다. 자신이 버려야 할 습관과 새롭게 가져야 할 습관이 무엇인지 살핀다. 자신이 지금 무엇을 하고 있고, 지금 어떤 기분을 느끼며, 혹시 자신이 변화해야 하는 것은 아닌지 늘 관심을 기울인다. 꼭 필요하다면 새로 시작한다. 그들은 사랑할 줄 알고, 다른 사람과 가까이 지낼 줄 알며, 시간이 흘러 그 사랑이 성숙해지면 그것을 품위 있게 만들어 나갈 줄도 안다. 또한 그들은 새로운 전망, 새로운 목표, 새로운 사고방식에 적응할 줄 안다. 그들은 본질적인 것과 비본질적인 것, 일시적인 것과 영속적인 것을 구분하는 새로운 방법들에 대해 늘 마음이 열려 있다. 자기쇄신을 게을리하지 않는 사람은 정보를 모으고 이를 평가하고 다른 사람들의 의견을 구하는 능력을 늘 유지하며 비판적으로 사고할 줄 아는 사람들이지만 결정을 할 때는 단호하고 재결단은 그보다 더 단호하다.

미래 지향적이다

자기쇄신을 하는 사람들은 미래 지향적이다. 그들은 과거나 현재를 가볍게 여기지는 않지만 〈아직 오지 않은〉, 그리고 〈만일 ……한다면〉의 미래에 자신의 삶의 초점을 맞춘다. 그들은 미래를 지향하면서 의식을 갖고 현재를 산다. 미래의 시나리오를 작성하고 그것을 연습함으로써 현재 자신들이 처한 상황과 바람직한 미래가 자연스럽게 이어질 수 있도록 노력한다. 미래를 그려보고 연습하는 바로 그 행동으로 그들은 미래를 창조해 나가는 것이다.

현대를 살아가는 우리는 다차원의 혼돈 속에서 삶을 영위하고 있다. 그것이 우리가 처해 있는 전체적인 환경이자 우리가 타고난 시공간이다. 다그 함마슐드는 유엔 사무총장으로 있을 때 이런 말을 했다.

"우리에게는 운명의 틀을 선택할 권리가 없다. 하지만 그 틀은 우리가 가진 것으로 채워진다. 모험을 마다하지 않는 사람은 그가 가진 용기의 정도에 따라 그것을 경험할 것이다."

이제 우리에게 주어진 운명은 변화의 강물 위를 여행하는 것이며, 이것은 언제나 사시사철 훌륭하게 모험을 수행할 수 있는 능력을 요구한다. 끊임없이 자기를 쇄신하는 사람은 자신들의 이 여행을 위해 훈련되고 단련된다. 모험은 그들이 추구하고 또 원하는 것이다. 성인기 여정 또한 수많은 모험으로 가득 차 있다.

우리가 사는 세상이 성인들에 의한, 성인들을 위한, 성인들의 세상이 되면서 우리는 성인기 내내 우리에게 힘을 실어줄 자기쇄신을 해야 한다. 변화의 강물 위에 자신을 적응시킬 줄 아는 자기쇄신이 기나긴 성인기 인생을 통과하는 데 버팀목이 되어줄 것이며 우리의 인생 또한 훌륭하게 작동시킬 것이다.

옮긴이 김경숙

서울에서 태어나 이화여대 영문과를 졸업하고 현재 전문 번역가로 활동 중이다. 『화성에서 온 남자 금성에서 온 여자』 시리즈 일곱 권, 『서드 에이지, 마흔 이후 30년』, 『마인드 짐』, 『오해의 심리학』, 『침묵의 나선』, 『경제가 성장하면 우리는 정말로 행복해질까』 등을 우리말로 옮겼다.

인생은 어떻게 작동되는가

1판 1쇄 찍음 2017년 6월 20일
1판 1쇄 펴냄 2017년 6월 25일

지은이 프레더릭 M. 허드슨
옮긴이 김경숙
펴낸이 권선희

펴낸곳 사이
출판등록 제313-2004-00205호
주소 121-819 서울시 마포구 동교동 198-24 재서빌딩 501호
전화 02-3143-3770
팩스 02-3143-3774
email saibook@naver.com

ⓒ 사이, 2017, Printed in Seoul, Korea

ISBN 978-89-93178-76-0 03180

값 15,500원